全国电力行业"十四五"规划教材
职业教育电力技术类项目制 新形态教材

中国电力教育协会职业院校
电力技术类专业精品教材

电力营销与客户服务

DIANLI YINGXIAO YU KEHU FUWU

主　编　王金亮
副主编　张俊玲　荣　潇　周博曦
主　审　孙晓红

中国电力出版社
CHINA ELECTRIC POWER PRESS

内 容 提 要

本书为全国电力行业"十四五"规划教材，中国电力教育协会职业院校电力技术类专业精品教材。

供电企业电力营销岗位员工的服务意识、行为习惯和业务技能在新形势下需要提升和优化。在此要求下，需对职工学员、职业学生实施技能培训和业务提升，从而达到培养供电企业员工的优质服务意识，提升服务的能力与品质的目的。

本书设置了十个情境二十三个任务，为从事供电企业电力营销与客户服务相关岗位的人员技能提升提供实训指导。实践教学采用任务驱动型的行动式培训模式，内容涵盖营业厅受理、优质服务、系统操作、电力用户信息查询、用电检查、电能计量资产管理、业扩报装、电费抄核收等相关岗位的技能操作。

本书可作为职业院校的电力营销相关专业教学用书，也可作为电力营销与客户服务相关岗位培训用书。

图书在版编目（CIP）数据

电力营销与客户服务/王金亮主编．—北京：中国电力出版社，2023.8（2025.8重印）
ISBN 978-7-5198-7737-8

Ⅰ.①电… Ⅱ.①王… Ⅲ.①电力工业-市场营销学-中国②电力工业-工业企业管理-销售管理-商业服务-中国 Ⅳ.①F426.61

中国国家版本馆CIP数据核字（2023）第062269号

出版发行：中国电力出版社
地　　址：北京市东城区北京站西街19号（邮政编码100005）
网　　址：http://www.cepp.sgcc.com.cn
责任编辑：乔　莉（010—63412535）
责任校对：黄　蓓　常燕昆
装帧设计：郝晓燕
责任印制：吴　迪

印　　刷：北京锦鸿盛世印刷科技有限公司
版　　次：2023年8月第一版
印　　次：2025年8月北京第三次印刷
开　　本：787毫米×1092毫米　16开本
印　　张：17
字　　数：358千字
定　　价：56.00元

编 委 会

主　编　　王金亮

副主编　　张俊玲　荣　潇　周博曦

编　写　　朱正堂　王竟飞　张　浩　刘昳娟　仇兴玲

　　　　　朱国进　许敏敏　徐爱蓉　张　颖　戴　谦

　　　　　王文波　许吉凯　王　鑫　荆　辉　胡春静

　　　　　康婉莹　杨巍巍　接怡冰　田梓清　黄　欣

　　　　　郑申辉　崔冬梅　李　想　陈心洁　黎　庆

　　　　　王志刚

前　言

为贯彻落实党和国家关于职业教育改革的部署和国家电网有限公司职业院校改革发展精神，推进"三教"改革，提高公司职业院校教育质量，按照"统筹规划、统一标准、分类培养、按需配置"的原则，充分利用系统内教学资源和校企合作平台，针对电网企业生产技能要求，根据职业院校的专业特点，组织编写了本教材。对学生进行文化知识、专业技能、职业素质的定向培养，为电网的发展提供人力资源保障。

本教材按照任务型驱动的行动式教学教材开发的总体要求，突破传统教材章节结构限制，依据电力营销相关岗位设置具体情境和任务，按照任务驱动模式实施，突出实用性和针对性。本书共设置了十个情境二十三个任务，内容涵盖电力营销与客户服务涉及的营业厅受理、优质服务、营销业务应用系统操作、业扩报装、电费抄核收相关岗位技能。

本教材紧贴工作实际，相关内容由浅入深，主要根据国家、行业及国网系统相关规定、标准、规程编写而成，着重对现场需要用到的知识和技能进行重点介绍，浅显易懂，让学生知其然且知其所以然。

为学习贯彻落实党的二十大精神，本书根据《党的二十大报告学习辅导百问》《二十大党章修正案学习问答》，在数字资源中设置了"二十大报告及党章修正案学习辅导"栏目，以方便师生学习。

本教材由国家电网有限公司技术学院分公司（山东电力高等专科学校）牵头负责组织编写，国网北京、上海、山东、天津、河北、福建、新疆等电力公司人员参与编写。全书由王金亮担任主编，张俊玲、荣潇、周博曦担任副主编，情境一由荣潇、仇兴玲、崔冬梅、王文波、李想编写；情境二由荣潇、刘眹娟、接怡冰、胡春静、陈心洁编写；情境三由王金亮、王竟飞、田梓清、黄欣编写；情境四由王金亮、王竟飞、康婉莹、杨巍巍编写；情境五由周博曦、朱国进、张浩、黎庆编写；情境六由朱正堂、周博曦、荆辉、黄欣编写；情境七由许敏敏、王鑫、王志刚、郑申辉编写；情境八由张俊玲、戴谦、许吉凯编写；情境九由张俊玲、刘眹娟、朱正堂、许敏敏编写；情境十由徐爱蓉、张颖、张俊玲、仇兴玲编写。本书由郑州电力高等专科学校孙晓红主审，在此表示衷心感谢。

由于编写时间仓促，本教材难免存在疏漏之处，恳请各位专家和读者批评指正，使之不断完善。

编写组

2023 年 5 月

目　录

树立良好服务形象

【情境描述】

本情境设计了两项工作任务，分别是"学习服务礼仪"和"认识供电营业厅"。本情境核心知识点是掌握供电服务礼仪入手，熟悉供电营业厅业务范围、设置分级、区域功能，有助于学生快速掌握供电营业厅的运营模式和服务规范，从而塑造良好的供电服务形象。

【情境目标】

（1）知识目标：掌握服务人员服务规范要求，包括服装服饰、仪容仪表、行为举止、服务用语等；正确认知供电营业厅规范化管理具体工作内容，包括业务范围、设置分级、区域功能等。

（2）能力目标：能够按照营业人员服务规范的要求，为电力客户提供优质服务，包括服装服饰、仪容仪表、行为举止、服务用语等。

（3）素质目标：能够将服务礼仪运用到日常生活中，提升个人素质和修养，培养优质服务的意识。

任务一　学习服务礼仪

任务描述

为客户拥有更好的用电服务体验，规范学习人员的言行举止，分组练习服务礼仪中的标准站姿、坐姿、走姿、手势、引导等仪态的动作要领，通过模拟演练，深化对服务用语和服务行为的运用和掌握。

任务目标

掌握供电营业厅服务人员服务规范要求，包括服装服饰、仪容仪表、行为举止、服务用语等，将服务理念和服务宗旨"内化于心外化于行"。

📖 知识准备

一、服务行为规范

（1）遵守国家法律法规，诚实守信，爱岗敬业，廉洁自律，秉公办事，真心实意为客户着想。

（2）上岗必须统一着装，佩戴工号牌。

（3）接待客户礼貌谦和，主动热情，使用规范化文明用语，提倡使用普通话。

（4）熟知本岗位业务知识和相关技能，岗位操作规范、熟练，具有合格的专业技术水平。

二、行为举止规范

（1）行为举止应做到自然、文雅、端庄、大方。站立时，抬头、挺胸、收腹，双手下垂置于身体两侧或双手交叠自然下垂，双脚并拢，脚跟相靠，脚尖微开，不得双手抱胸、叉腰。坐下时，上身自然挺直，两肩平衡放松，后背与椅背保持一定间隙，不用手托腮或趴在工作台上，不抖动腿和跷二郎腿。走路时，步幅适当，节奏适宜，不奔跑追逐，不边走边大声谈笑喧哗。尽量避免在客户面前打哈欠、打喷嚏，难以控制时，应侧面回避，并向对方致歉。

（2）为客户提供服务时，应礼貌、谦和、热情。接待客户时，应面带微笑，目光专注，做到来有迎声、去有送声。与客户会话时，应亲切，诚恳，有问必答。工作发生差错时，应及时更正并向客户道歉。

（3）当客户的要求与政策、法律、法规及本企业制度相悖时，应向客户耐心解释，争取客户理解，做到有理有节。遇有客户提出不合理要求时，应向客户委婉说明，不得与客户发生争吵。

（4）为行动不便的客户提供服务时，应主动给予特别照顾和帮助。对听力不好的客户，应适当提高声音，放慢语速。

（5）与客户交接钱物时，应唱收唱付，双手递送，轻拿轻放，不抛不丢。

🌱 场景准备

"练习服务礼仪"任务的场景准备见表1-1。

表 1-1　　　　　　　　　　　　　场景准备表

序号	准备工作	内容
1	营业窗口外	设置国家电网公司规定的统一 VI 标识和营业时间牌
2	营业窗口内外	环境整洁

续表

序号	准备工作	内容
3	营业窗口	设置醒目的业务受理标识
4	客户自助查询机	计算机终端设备正常
5	排队机、呼叫器	设备正常
6	自助缴费机	设备正常
7	业务受理机	设备正常
8	应用服务器、数据服务器	确保应用服务器、数据服务器正常运行
9	电源插排	开启
10	电脑主机、鼠标、键盘、显示器、耳麦、录音电话	工位就绪
11	多层交换机	开启
12	工号权限角色	赋权
13	系统平台	正常运行
14	多媒体设备	运行正常
15	打印机	设备正常
16	工作牌	照片、字迹清晰

材料准备

统一工装、丝巾、头饰、正装黑色皮鞋（女士鞋跟高度≤5cm），其他所需材料见表1-2。

表1-2　　　　　　　　　　　所需材料及要求

序号	材料名称	单位	数量
1	作业指导书	份	1
2	单元教学设计	份	1
3	安全交底签字表	份	1

人员准备

一、劳动组织

每6～8名学生一组进行分组练习，由至少一位教师进行指导监护。本任务所需人员类别、职责和作业人数，具体要求见表1-3。

表 1-3 劳动组织

序号	人员类别	人员构成	职　责	作业人数
1	工作负责人	由教师担任	(1) 正确安全地组织工作； (2) 负责检查安全措施是否正确完备、是否符合实训室实际条件，必要时予以补充； (3) 工作前对工作班成员进行危险点告知，交代安全措施和技术措施，并确认每一个工作班成员都已知晓； (4) 严格执行实训室安全措施； (5) 督促、监护工作班成员遵守电力安全工作规程，正确使用劳动防护用品和执行实训室安全措施； (6) 工作班成员精神状态是否良好，变动是否合适； (7) 交代作业任务及作业范围，掌控作业进度，完成作业任务； (8) 监督工作过程，保障作业质量	1～4 人
2	工作班成员	学生	(1) 熟悉工作内容、作业流程，明确工作中的危险点，并履行确认手续； (2) 严格遵守安全规章制度、技术规程和劳动纪律，对自己工作中的行为负责，互相关心工作安全，按照指导老师的要求开展实训操作； (3) 工作服，衣服扣子要扣紧，不得将袖子、裤腿挽起； (4) 完成工作负责人安排的作业任务并保障作业质量	根据作业内容与实训室情况确定

二、人员要求

工作人员的身体、精神状态和工作资格等，具体见表 1-4。

表 1-4 人员要求

序号	内　容	备注
1	学生身体健康；身体状态、精神状态应良好，并经安规考试合格	
2	教师具备必要的安全生产知识，学会紧急救护法，特别要学会触电急救，并经安规考试合格	
3	培训教师具备必要的安全生产知识，学会紧急救护法，特别要学会触电急救	
4	培训教师应熟悉实训场地内的设备设施，能够对学生遇到的问题进行解答和处理	

场地准备

具有能满足供电营业厅服务功能培训的实训室，实训场地的危险点分析与预防控制措施见表 1-5。

表 1-5 危险点分析及预防控制措施

序号	防范类型	危险点	预防控制措施
1	触电伤害	设备、插排漏电	(1) 工作前应检查实训设备可靠接地,且绝缘良好; (2) 电源盘、盒必须带漏电保护
2	意外伤害	玻璃破碎	(1) 加强监护,严禁学生倚靠玻璃墙; (2) 严禁学生在业务办理柜台玻璃下方违规操作
3	设备损坏	实训设施损坏	(1) 按照教师的讲解和示范进行操作; (2) 严禁在实训电脑上使用移动存储设备
4	火灾	设备漏电引发火灾	(1) 严格按照实训要求使用设备; (2) 告知学生消防通道,火灾逃生知识

任务实施

一、召开班前会

召开班前会,进行安全交底。介绍安全注意事项和学员行为规范,着重强调:①着装规范要求;②手机、书包、水杯水瓶等定置管理要求;③实训室周围环境及应急逃生措施;④实训设施设备使用的安全要求;⑤实训结束时清扫实训现场。

二、仪容仪表应用实践

(一)整理仪容

1. 仪容要求

仪容是指人的外貌,是个人形象中最突出、最重要的部分。它由发式、面容以及人体所有未被服饰遮掩的肌肤(如手部、颈部等)部分构成。工作场所仪容要求标准见表1-6。

表 1-6 工作场所仪容要求标准

内容	男士仪容	女士仪容
发式	前不覆额、后不触领、侧不掩耳,发无头屑、发不染色、梳理整齐	不留怪异发型,头发要梳洗整齐;长发不披头散发,前发不遮眼,后发不过肩,使用统一的发夹;短发前不覆额、后不触领、侧不掩耳
面容	眼角、耳朵不留异物,不留胡蓄须,鼻毛不外露	面容清洁干净,眼角、耳朵不留异物;面化淡妆
气味	保持口气清新,不吃有异味的食品	保持口气清新,不吃有异味的食品;不用香味过浓的香水
手部	保持清洁,指甲不得超过指尖1mm	保持清洁,指甲不得超过指尖2mm,不涂有色指甲油

2. 表情要求

微课1

微笑动作示范

表情是人的面部动态所流露的情感，在给人的印象中，表情是非常重要的。在为客户服务时应做到要面带微笑，和颜悦色，给人以亲切感。

（二）检查仪表

仪表是指人的外表，包括容貌、姿态、神情、手势、仪态和服饰，是人精神面貌的外在表现。良好的仪表可增强个人的亲和力，提升客户对企业形象的认知度。下面介绍工作场所仪表具体要求。

1. 男士着装

（1）着公司统一制服、领带、工号牌。

（2）工作牌佩戴于左胸，不得佩戴装饰性很强的装饰物、吉祥物。

（3）手腕部除手表外不得带有其他装饰物，手指不得佩戴造型奇异的戒指。

（4）服装熨烫整齐，无污损、无破损。

（5）领带长度为刚盖过皮带扣 1.5～2cm 为宜，领带夹不外露，应夹在第四颗衬衫纽扣的地方，忌领带歪斜松弛。

（6）衬衫袖口的长度应超出西装袖口 1～1.5cm 为宜，扣上衬衫袖口，衬衣下摆束入裤腰内，忌袖口挽起或磨损。

（7）西裤裤脚的长度以穿鞋后距地面 1cm 为宜。

（8）着黑色皮鞋，皮鞋应保持光洁，穿黑、深蓝、深灰色袜子，忌穿白色或其他浅色袜子；不得穿凉鞋。

2. 女士着装

（1）着公司统一制服、头花、领带、工号牌，切忌穿紧、透、露、花哨、颜色过艳的服装。

（2）工作牌佩戴于左胸，不得佩戴装饰性很强的项链、耳环等饰，项链应在制服内，不得外露，佩戴耳环数量不得超过一对，式样以素色耳针为主。衬衫袖口须扣上，衬衫下摆须束在裙内或裤内。

（3）手腕部除手表外不得带有其他装饰物，手指不能佩戴造型奇异的戒指。

（4）服装熨烫整齐，无污损。

（5）着裙装时，须穿丝袜，颜色以肉色为宜，忌光脚穿鞋，忌鞋跟过高。

三、形体仪态应用实践

微课2

（一）标准站姿练习

（1）抬头、挺胸、收腹。

（2）双眼平视前方，下颌微微内收，颈部挺直。

站姿动作示范

（3）双肩平衡放松，但不显得僵硬。

（4）双手下垂置于身体两侧或双手交叠置于腹前。

（5）男士脚位有三种：标准脚位双脚完全并拢；V字脚位双脚脚尖呈30°～45°；双脚分开，宽度不超过肩宽。

（6）女士脚位有三种：标准脚位双腿完全并拢；V字脚位双脚脚尖呈15°～30°；"丁"字形脚位一只脚脚尖正对前方，另一只脚内侧与前脚脚跟相靠。

（7）男士站立时，可有三种手位：自然下垂式手位，两臂及双手自然下垂；前搭手式手位，左手握空拳，右掌轻搭在左拳上，自然下垂于小腹前；后背手式手位，右手握虚拳置于身后，左手轻握右手背，自然搭在尾骨处。

（8）女士站立时，可有两种手位：自然下垂式手位，两臂及双手自然下垂；礼仪式手位，双手四指并拢略向内扣，右手在上双手叠握置于小腹前。

图1-1所示为女士标准站姿。

禁忌：

身体东倒西歪，双手叉腰或双手插口袋。

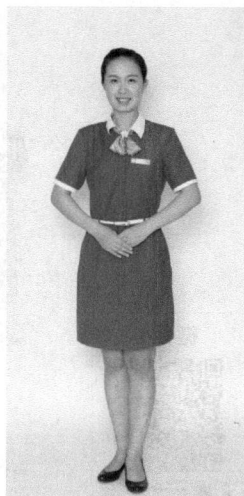

图1-1 女士站姿

（二）标准坐姿练习

（1）上身自然挺直，双目平视，下腭内收。

（2）两肩平衡放松，后背与椅背保持一定间隙。

（3）挺胸收腹，上身微微前倾，立腰、双肩舒展并略下沉；颈直、头正、双目平视。

（4）采用中坐姿势，坐椅面1/2或2/3的面积。

（5）双手自然交叠，轻放在柜台上，不用手托腮或趴在工作台上。

（6）男式双腿可并拢，也可分开，但分开间距不得超过肩宽。

（7）女士双腿完全并拢垂直于地面或向左倾斜。

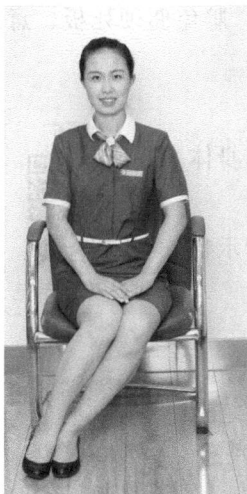

图1-2 女士标准坐姿

微课3

坐姿动作示范

图1-2所示为女士标准坐姿。

禁忌：

（1）坐在椅子上前俯后仰，摇腿跷脚；

（2）将脚跨在桌子或沙发扶手上、或茶几上；

（3）在上级或客人面前双手抱着胸前，跷二郎腿或半躺半坐；

图1-3　女士标准走姿

（4）趴在工作台上。

（三）标准走姿练习

（1）方向明确。

（2）身体协调，男士姿势稳健，女士姿势优美。

（3）步伐从容，步态平衡，步幅适当，步速均匀，节奏适宜，走成直线。

（4）双臂自然摆动，挺胸抬头，目视前方。

图1-3所示为女士标准走姿。

禁忌：

摇头晃脑，左顾右盼，手插口袋，搂腰搭背。

（四）标准手势练习

1.手势

（1）手掌自然伸直，掌心向内向上，手指并拢，拇指自然稍稍分开。

（2）手腕伸直，手与小臂成直线，肘关节自然弯曲，大小臂的弯曲以140°为宜。

（3）出手势时动作柔美、流畅，做到欲上先下，欲左先右，避免僵硬死板、意思模糊。

2.指引方向

（1）身体略微前倾，手臂要自下而上从身前自然划过，且与身体成45°。

（2）手臂伸直，五指自然并拢，掌心向上，以肘关节为轴指示目标方向。

（3）用目光配合手势所指示的方向。

图1-4所示为指引方向。

3.行进指引

（1）请客户开始行进时，应面向客户稍许欠身。

（2）若双方并排行进时，服务人员应居于左侧。

（3）若双方单行行进时，服务人员应居于左前方约1m的位置。

（4）在陪同引导客户时，服务人员行

图1-4　指引方向

进的速度须与客户相协调。

（5）及时地关照提醒，经过拐角或楼梯之处时，须关照提醒客户留意。

（6）在行进中与客户交谈或答复其提问时，应将头部、上身转向客户。

（7）引导手位有三种："中位引导"用于请人上下楼梯、进出直梯、进出房门、引导及方向指引等。"上位手势"用于请或方向及位置的指引等。在基本手势基础上，保持手不要高于头顶，并指向高处。"低位手势"用于请小心地滑、请人入座，方向或位置的指引，还用于提醒等。在基本手势基础上，保持手不要低于髋部，并指向低处。

（五）标准蹲姿练习

（1）男女高低位蹲姿：下蹲时左（右）脚在前，右（左）脚稍后。

（2）左（右）脚全脚着地，小腿基本垂直于地面，右（左）脚脚跟提起，脚掌着地，上身保持直立，整体下沉。

（3）面带微笑，身体尽量保持笔直。

（4）女士应大腿靠紧向下蹲；女士双手四指并拢略向内扣，右手在上双手叠握置于腿上。

（5）男士下蹲时两腿之间可有适当距离；男士将左手掌放置左脚上，右手掌放置右脚上。

图 1-5 所示为女士标准蹲姿。

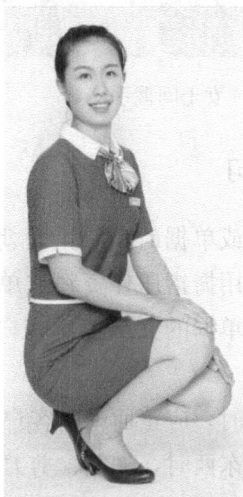

微课6

蹲姿动作示范

图 1-5 女士标准蹲姿

任务拓展

在供电营业厅，可能会发生握手、递接等行为，应掌握以下要领。

微课7

握手动作示范

一、握手练习

走至距离对方约 1m 处，双腿并立，上身略向前倾，伸右手，四指并拢，拇指张开，与对方相握，用力适度，上下晃动 2～3 次。

握手时应面带微笑，神情专注，目视对方，同时寒暄问候。握手应遵守"尊者决定、尊者先行"的原则。在公共场合，如需与多人握手，应从职务和身份高的人开始。

男士与男士握手应握住整个手掌，虎口相交；男士与女士握手应握在虎口与食指位中间；女士与女士握手应握住食指位，如图 1-6 所示。

握手的禁忌：

（1）不可交叉握手（多人见面时会遇到）；

（2）不可戴着墨镜和他人握手；

图1-6 女士间握手

（3）握手时切忌心不在焉、东张西望；

（4）握手时不要一只手插在衣袋里；

（5）如果对方两只手都有拿着东西，不要争着与对方握手；

（6）握手后不要马上擦拭自己的手掌；

（7）不要拒绝与他人握手，如有特殊情况与对方委婉说明；

（8）握手时不可以一只脚在门内，另一只脚在门外。

二、递接练习

微课8

递接动作示范

递送客户资料或单据时，应正面朝向客户，面带微笑，将资料或单据放置手掌中，用拇指压住资料或单据边缘，其余四指托住资料或单据反面，资料或单据的文字正对客户，然后身体略前倾，用双手或右手递上。

接收客户资料时，应正面朝向客户，面带微笑，双手接过，并向客户道谢。

递接较锋利的东西时，如笔、剪刀之类的物品须将尖端朝向自己。

任务评价

分组练习标准站姿、坐姿、走姿、引导、蹲姿，并填写评价表见表 1-7。

表 1-7   任务实施评价标准表

考核点	考核要求	分值	得分
站姿	抬头、挺胸、收腹，双手下垂置于身体两侧或双手交叠置于腹前，双脚并拢，脚跟相靠，脚尖微开，不得双手抱胸、叉腰	20	
坐姿	上身自然挺直，两肩平衡放松，后背与椅背保持一定间隙，不用手托腮或趴在工作台上，不抖动腿和跷二郎腿	20	
走姿	(1) 眼平视，挺胸、收腹、肩放松	20	
	(2) 双肩平稳，两臂自然摆动，摆动幅度以 30° 为宜		
	(3) 步态协调、稳健		
	(4) 全身协调，匀速前进，两脚内侧踏在一条直线上		
引导	应走在客户的侧前方，适时介绍或提醒；手指并拢，用手掌指向所指示方向，手臂微曲、低于肩部，身体微微前倾	20	
蹲姿	采用标准蹲姿或交叉式蹲姿，要做到面带微笑，身体保持笔直，下蹲时不低头，不弯腰	20	
总分		100	

任务二　认识供电营业厅

📺 任务描述

　　本任务主要引导大家学习认识供电营业厅内的人、事、物。通过本任务学习，能够利用课件和网络资源，全面认识供电营业厅，包括业务范围、设置分级、区域功能等；根据所学内容，能够正确辨识各级供电营业厅，包括供电营业厅的设置地点、服务功能、服务方式、功能区域等。

⌨ 任务目标

　　通过学习和实践，熟悉供电营业厅业务范围、规范化管理具体工作要求等，能够正确认知不同级别供电营业厅的相关设置和要求。

💻 知识准备

一、术语和定义

　　(1) 客户。可能或已经与供电企业建立供用电关系的组织或个人。

　　(2) 供电服务。服务提供者遵循一定的标准和规范，以特定方式和手段，提供合格的电能产品和满意的服务来实现客户现实或者潜在的用电需求的活动过程。供电服务包括供电产品提供和供电客户服务。

　　(3) 供电客户服务。电力供应过程中，企业为满足客户获得和使用电力产品的各种相关需求的一系列活动的总称。以下简称"客户服务"。

　　(4) 供电客户服务渠道。供电企业与客户进行交互、提供服务的具体途径，简称"服务渠道"，如供电营业厅、95598 客户服务热线等。

二、营业场所环境要求

　　(1) 环境整洁。有条件的地方，可设置无障碍通道。

　　(2) 营业场所外设置规范的供电企业标志和营业时间牌。

　　(3) 营业场所内应张贴"优质、方便、规范、真诚"的服务标语。公布供电服务项目、业务办理程序、电价表、收费项目及收费标准。公布岗位纪律、服务承诺、服务及投诉电话。设置意见箱或意见簿。

　　(4) 营业场所内应布局合理、舒适安全。设有客户等候休息处，备有饮用水；配置客户书写台、书写工具、老花眼镜、登记表书写示范样本等；放置免费赠送的宣传资料；墙面应挂有时钟、日历牌；有明显的禁烟标志。有条件的营业场所，应设置业务洽谈区域和电能利用展示区。

（5）营业窗口应设置醒目的业务受理标识。标识一般由窗口编号或名称、经办业务种类等组成。必要时，应设有中英文对照标识，少数民族地区应设有汉文和民族文字对应标识。

（6）具备可供客户查询相关资料的手段。有条件的营业场所，应设置客户自助查询的计算机终端。

任务实施[1]

一、召开班前会

召开班前会，对安全进行交底。本情境设置在城市模拟供电营业厅实训室，进入实训室前教师应向学生介绍安全注意事项和学员行为规范。着重强调：①着装规范要求；②按照要求进行手机、书包、水杯、水瓶等定置管理要求；③实训室周围环境及应急逃生措施；④实训设施设备使用的安全要求；⑤实训结束时清扫实训现场。

二、认识供电营业厅

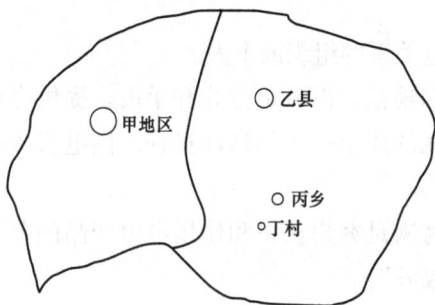

图1-7 某地区示意图

假设甲、乙、丙三地（见图1-7）均无供电营业厅，请以小组为单位，通过下述内容，为甲、乙、丙三地分别配置一所供电营业厅，配置内容包括服务功能、服务方式、服务人员及功能区域等。

（一）确定供电营业厅等级

供电营业厅的服务网络应覆盖公司的供电区域，其布设应综合考虑所服务的客户类型、客户数量、服务半径，以及当地客户的消费习惯，合理设置。

供电营业厅按 A、B、C 三级设置，其要求如下：

（1）A 级营业厅为地区中心营业厅，设置于地级及以上城市，每个地区范围内最多只能设置 1 个；

（2）B 级营业厅为区县中心营业厅，设置于县级及以上城市，每个区县范围内最多只能设置 1 个；

（3）C 级营业厅或 C 级自助营业厅为区县的非中心营业厅，设置于城市区域、郊区和乡镇，数量可视当地服务需求确定。

---

[1]本任务场景准备、材料准备、人员准备、场地准备可参考本情景任务一。

根据上述内容分析，图1-7中，甲位于地区中心地段，应配置A级营业厅；乙位于区县中心地段，应配置B级营业厅；丙位于区县非中心地段，应配置C级营业厅。

（二）明确供电营业厅的服务功能

供电营业厅的服务功能包括：①业务办理；②交费；③告示；④引导；⑤洽谈；⑥互动体验及展示。

（1）业务办理是指受理各类用电业务，包括客户新装、增容、变更用电及校表申请，故障报修，电动汽车充电账户服务，信息订阅，信息查询，咨询、投诉、举报、意见、建议，客户信息更新等。

（2）交费是指提供电费及各类营业费用的收取和账单服务，充值卡销售、表卡售换等。

（3）告示是指提供服务承诺、服务项目、业务办理流程、服务监督电话、电价、收费项目及标准等各种服务信息公示，计划停电信息及重大服务事项公告，功能展示等。

（4）引导是指根据客户的用电业务需要，将其引导至营业厅内相应的功能区。

（5）洽谈是指根据客户的用电（用能）需求，提供专业接洽服务。

（6）互动体验及展示是指提供推广服务项目的宣传展示和互动体验。

根据供电营业服务功能的设置标准要求：

A级营业厅：须提供第①～⑥项服务功能；B级营业厅：须提供第①～⑤项服务功能；C级营业厅：须提供第①～③项服务功能；C级自助营业厅提供第①、②项服务功能。

因此，甲、乙、丙三地供电营业厅应具备的服务功能见表1-8。

表1-8 各等级营业厅服务功能

序号	地区	供电营业厅等级	服务功能
1	甲	A	①业务办理；②交费；③告示；④引导；⑤洽谈；⑥互动体验及展示
2	乙	B	①业务办理；②交费；③告示；④引导；⑤洽谈
3	丙	C	①业务办理；②交费；③告示。若为自助厅则提供第①、②项服务功能

（三）梳理供电营业厅的服务方式

供电营业厅的服务方式包括：①面对面；②电话；③书面留言；④传真；⑤客户自助。

根据服务方式的设置标准要求，各级供电营业厅必须具备的服务方式如下：

（1）A、B级营业厅：第①～⑤种服务方式；

（2）C级营业厅：第①、②、③、⑤种服务方式；

（3）C级自助营业厅：第⑤种服务方式。

因此，甲、乙、丙三地供电营业厅应具备的服务方式见表1-9。

表1-9　　　　　　　　　　　　各等级营业厅服务方式

序号	地区	供电营业厅等级	服务方式
1	甲	A	①面对面；②电话；③书面留言；④传真；⑤客户自助
2	乙	B	①面对面；②电话；③书面留言；④传真；⑤客户自助
3	丙	C	①面对面；②电话；③书面留言；④客户自助。若为自助营业厅只提供第④种服务方式

（四）配备供电营业厅服务人员

供电营业厅的服务人员包括：①营业厅主管；②营业员（包括但不限于引导、业务受理、收费、线上渠道工单处理等职责）。

服务人员应满足如下要求：

供电营业厅的服务人员经岗前培训合格，方能上岗工作。要求 A 级厅的第①、②类服务人员、B 级厅第①类服务人员达到普通话水平测试三级及以上水平；

除 C 级自助营业厅外，各级供电营业厅均应配备第①、②类服务人员。

因此，甲、乙、丙三地供电营业厅应配备的服务人员见表1-10。

表1-10　　　　　　　　　　　　各等级营业厅服务人员

序号	地区	供电营业厅等级	服务人员
1	甲	A	①营业厅主管；②营业员
2	乙	B	①营业厅主管；②营业员
3	丙	C	①营业厅主管；②营业员，若为自助营业厅则无需配备上述人员

（五）划分供电营业厅的功能区域

如图 1-8 所示，供电营业厅的功能区域包括：①综合业务办理区；②业务待办区；③咨询引导区；④自助服务区；⑤展示体验区；⑥客户洽谈服务区。

图 1-8　供电营业厅功能区域示意图

根据服务环境的设置标准的要求，各级供电营业厅必须具备的功能分区如下：

（1）A、B级营业厅：须设置第①～⑥个功能区。

（2）C级营业厅：须设置第①、②、④个功能区。

（3）C级自助营业厅：须设置第④个功能区。

（4）供电营业厅各功能分区的设置标准如下：

1）综合业务办理区：一般设置在面向大厅主要入口的位置，其受理台应为半开放式；

2）业务待办区：提供客户等候，临时休息服务。应配备营业厅整体环境相协调且使用舒适的桌椅；

3）咨询引导区：面向大厅主要入口的位置，其受理台应为开放式；

4）自助服务区：提供查询、交费、票据打印等自助服务；

5）展示体验区：通过宣传手册、广告展板、电子多媒体、实物展示等多种形式，向客户宣传科学用电知识，介绍服务功能和方式，公布岗位纪律、服务承诺、服务及投诉电话，公示、公告各类服务信息，展示节能设备、用电设施等；

6）客户洽谈服务区：一般为半封闭或全封闭的空间，应配设与营业厅整体环境相协调且使用舒适的桌椅，以及饮水机、宣传资料架等。

因此，甲、乙、丙三地供电营业厅应配备的功能区域见表1-11。

表 1-11 各等级营业厅功能区域

序号	地区	供电营业厅等级	功能区域
1	甲	A	①综合业务办理区；②业务待办区；③咨询引导区；④自助服务区；⑤展示体验区；⑥客户洽谈服务区
2	乙	B	①综合业务办理区；②业务待办区；③咨询引导区；④自助服务区；⑤展示体验区；⑥客户洽谈服务区
3	丙	C	①综合业务办理区；②业务待办区；③自助服务区（C级自助营业厅包含③自助服务区）

任务拓展

查阅资料，进一步了解"三型一化"营业厅、"全能型"乡镇供电所。

一、"三型一化"营业厅

随着"互联网＋"时代的到来，现有的实体供电营业厅重"业务办理"、轻"客户体验"的模式已经不能适应时代发展进步要求。因此，供电营业厅必须与时俱进，以国家"互联网＋"战略为契机，积极应用新技术，深化"互联网＋"供电服务，从传统业务型向客户体验型转变，从形象展示窗口向市场拓展平台转变，为客户提供更加高效、便捷、精准的优质服务和线上线下互动结合的全新体验。

《国家电网有限公司关于进一步优化营业厅建设运营工作的意见》国家电网营销〔2020〕649号文件指出："聚焦服务人民美好生活、服务经济社会发展、服务能源转型的新要求，充分利用能源互联网技术，创新运营模式，加快推进营业厅向服务型、体验型、智慧型、线上线下一体化优化升级，全面打造智慧绿色用能、畅享美好生活的窗口，普及电力知识、增强互动体验的窗口，宣传公司战略、展示品牌形象的窗口。"

二、"全能型"乡镇供电所

国家电网公司在2017年年初提出：改善生产条件，推进营配合一，打造业务协同运行、人员一专多能、服务一次到位的"全能型"乡镇供电所。要求加快推进"互联网＋营销服务"建设，创新业务模式和人员使用方式，打造具有更高服务水平的乡镇供电所，以适应新时代、新农村需要的新型供电服务形式。"全能型"乡镇供电所将营销、运检等各专业服务资源和信息资源统一整合，实现工作过程中"指挥、协调、监测、分析"一体化运作，实现业务统一开展，一次安排、一次实施、一次到位，做到业务协同运作，服务一次到位。在实施"台区经理制"、构建网格化管理、片区化服务模式的基础上，推行业扩报装可视化平台、台区经理"一人一码"、配变设备"一变一码"的服务举措。

任务评价

任务完成后，根据表 1-12 所列考核要求对学生进行综合评价。

表 1-12　　　　　　　　　　　　任务实施评价标准表

考核点	考核要求	分值	得分
个人"一问一答"掌握供电营业厅基本情况	（1）供电营业厅建设实行分级管理，共分为几级？设置要求分别是什么？本题分值 15 分，答错第一问扣 5 分，答错第二问扣 5 分	50	
	（2）各级供电营业厅的服务功能有哪些？本题分值 15 分，答错不得分		
	（3）各级供电营业厅的服务人员包括哪些？本题分值 10 分，答错不得分		
	（4）各级供电营业厅的功能分区包括哪几个？本题分值 10 分，答错不得分		
团队协作配置各级供电营业厅情况	（1）正确配置各级供电营业厅服务的设置地点，分值 10 分	50	
	（2）正确涵盖各级供电营业厅的服务功能，分值 10 分		
	（3）正确涵盖各级供电营业厅的服务方式，分值 10 分		
	（4）合理配置各级供电营业厅服务人员，分值 10 分		
	（5）正确划分各级供电营业厅的功能区域，分值 10 分		
总分		100	

优 质 服 务

【情境描述】

本情境主要包含两项工作任务，分别是"受理用电业务"和"善用沟通技巧"。本情境关键技能是能够熟练运用基本技能完成用电客户受理员的常规工作，从而提高客户办理用电业务过程中的满意度，全面提升优质服务水平。

【情境目标】

（1）知识目标：能够正确认知供电营业厅各类业务受理的工作内容、申请资料、流程环节，熟悉变更用电业务的含义、分类及工作流程及变更用电查询、咨询的内容和处理方法。

（2）能力目标：能够完成变更用电、停电、电量电费、电价政策等咨询查询业务的处理。

（3）素质目标：将沟通技巧运用到日常与他人的相处中，提升团队协作能力。

任务一　受理用电业务

任务描述

通过缴纳电费、办理新装、受理变更用电业务、受理客户咨询与查询业务、答复营销新业务办理流程等场景的案例分析，熟悉电费缴纳、业扩报装、变更用电、咨询与查询、营销新业务等业务流程和操作规范。

任务目标

熟悉供电营业厅用电业务受理内容；掌握营业厅业务办理的流程和规范；能够处理日常用电业务。

知识准备

一、变更用电

变更用电就是客户在不增加用电容量和供电回路的情况下，由于自身经营、生产、建设、生活等发生变化而向供电企业申请，要求改变原《供用电合同》中约定的用电事宜的业务。变更用电可分为减容、暂停、暂换、迁址、移表、暂拆、更名过户、分户、并户、销户、改压、改类12类。其中：①减容是指减少合同约定的用电容量；②暂停是指暂时停止全部或部分受电设备的用电；③暂换是指临时变换大容量变压器；④迁移是指受电装置用电地址；⑤移表是指移动用电计量装置安装位置；⑥暂拆是指暂时停止用电并拆装；⑦更名或过户是指改变用户的名称；⑧分户是指一户分列为两户及以上的用户；⑨并户是指两户及以上用户合并为一户；⑩销户是指合同到期终止用电；⑪改压是指改变供电电压等级；⑫改类是指改变用电类别。下面介绍几种常见变更用电业务。

1. 减容

（1）减容必须是整台或整组变压器的停止或更换小容量变压器用电。供电企业在受理之日后，根据用户申请减容的日期对设备进行加封。

（2）减少用电容量的期限，应根据用户所提出的申请确定，但最短期限不得少于六个月，最长期限不得超过两年。

（3）在减容期限内，供电企业应保留用户减少容量的使用权。超过减容期限要求恢复用电时，应按新装或增容手续办理。

（4）减容期限内要求恢复用电时，应在五天前向供电企业办理恢复用电手续，基本电费从启封之日起计收。

（5）减容期满后的用户以及新装、增容用户，两年内不得申办减容或暂停。

2. 暂停

（1）用户在每一公历年内，可申请全部（含不通过受电变压器的高压电动机）或部分用电容量的暂时停止用电，每次不得少于十五天，一年累计暂停时间不得超过六个月。季节性用电或国家另有规定的用户，累计暂停时间可以另议。

（2）按变压器容量计收基本电费的用户，暂停用电必须是整台或整组变压器停止运行。供电企业在受理暂停申请后，根据用户申请暂停的日期对暂停设备加封。从加封之日起，按原计费方式减收其相应容量的基本电费。

（3）暂停期满或每一公历年内累计暂停用电时间超过六个月者，无论用户是否申请恢复用电，供电企业须从期满之日起，按合同约定的容量计收其基本电费。

（4）在暂停期限内，用户申请恢复暂停用电容量用电时，须在预定恢复日前五天向供电企业提出申请。暂停时间少于十五天，暂停期间基本电费照收。

（5）减容（暂停）后执行最大需量计费方式的，合同最大需量按照减容（暂停）后总容量申报。

3. 更名或过户

用户更名或过户（依法变更用户名称或居民用户房屋变更户主），应持有关证明向供电企业提出申请。供电企业应按下列规定办理：

（1）在用电地址、用电容量、用电类别不变条件下，允许办理更名或过户。

（2）原用户应与供电企业结清债务，才能解除原供用电关系。

（3）不申请办理过户手续而私自过户者，新用户应承担原用户所负债务。经供电企业检查发现用户私自过户时，供电企业应通知该户补办手续，必要时可中止供电。

4. 销　户

用户销户，须向供电企业提出申请。供电企业应按下列规定办理：

（1）销户必须停止全部用电容量的使用。

（2）用户已向供电企业结清电费。

（3）查验用电计量装置完好性后，拆除接户线和用电计量装置。

（4）完成上述事宜，即解除供用电关系。

二、停电查询

1. 分清停电类型

（1）计划停电。计划停电应有正式计划安排，分为检修停电和施工停电。供电部门按照工作计划对电网进行扩建、改建、迁移，对业扩报装工程进行接电，或对电力线路及设备进行正常的停电预试工作，这种停电工作均按周期报调度部门申请批准，事先通过新闻媒体及 95598 客户服务系统等方式进行预告。

（2）临时停电。临时停电无计划安排，但在停电 6h 前经过批准。临时停电主要是因为供电部门巡视过程中发现了电力线路或设备异常，但还未引起故障，此时必须立即停电对障碍进行紧急处理，以免发生更大的故障。

（3）故障停电。故障停电是由于供电系统故障引发的停电，可分为内部故障停电和外部故障停电。造成内部故障停电的原因是电力线路或设备在运行过程中出现异常后保护动作或设备损坏，导致后端客户无电。产生外部故障停电的原因很多，例如，机车撞杆、建筑工地落物砸线、树木倾倒造成线路短路升断线，大风、雷电，洪水等自然灾害，以及第三方挖掘破坏或盗窃电力设施等。故障停电事先无法预知，因此无法进行提前公告。

（4）欠缴电费停电。自用电客户欠缴电费逾期之日起计算超过 30 日，经催缴仍未缴纳电费的，供电企业可以按照国家规定的程序停止供电。

（5）其他。①政府明令禁止的用电行业，供电企业配合政府实施的停电；②政府要求的限电停电；③由于客户窃电，供电企业停止供电；④客户违约用电情节严重的，供电企业可以按照国家规定的程序停止供电；⑤客户内部故障引起的停电。

2. 处理停电查询业务

（1）接到用电客户停电查询请求后，受理人可通过客户提供的客户编号、客户名称等客户信息，查询系统，获取停电信息。

（2）客户的停电信息已在系统公布的，可直接答复客户；未在系统公布的，受理人员应及时将该查询业务转到 95598 系统处理。

三、业扩进程查询

业扩进程查询是指供电企业为合法用电人提供业扩报装流程进程信息的查询服务。供电企业依据客户提供的相关报装信息，通过营销系统的业扩流程查询功能，准确告知客户目前该流程所在的节点。业扩进程查询处理流程如下：

（1）接到业扩进程查询请求后，通过客户提供的客户名称、客户编号，居民用户需提供身份证或其他有效证件原件，企业用户需提供签字盖章的查询介绍信和查询人的身份证或其他有效证件原件、复印件，否则不予办理。准确操作营销系统业扩进程查询功能，获取客户在办信息。

（2）准确告知客户在其办理的用电业务的进程查询结果，引导客户配合完成后续的业扩进程。

（3）应用满意度管理，开展客户满意度调查。

四、电量、电费查询

电量、电费查询是指供电企业为合法用电人提供某个抄表周期用电量及电费的查询服务。

（1）接到电量、电费查询请求后，通过客户提供的客户名称、客户编号，居民用户需提供身份证或其他有效证件原件，企业用户需提供签字盖章的查询介绍信和查询人的身份证或其他有效证件原件、复印件，否则不予办理。准确操作营销系统电量、电费查询功能，获取客户电量、电费信息。

（2）准确告知客户所需查询抄表周期的用电量及电费。

（3）应用满意度管理，开展客户满意度调查。

五、电价政策及其他用电业务咨询

电价政策及其他用电业务咨询处理方法如下：

（1）接到咨询请求后，了解客户所咨询的内容，准确确定客户所咨询的类型；

（2）通过查询电力知识库和公共信息，准确解答客户所咨询的问题，可以直接答复的须直接答复，不能直接答复的下发业务咨询单到相关部门或专家进行解答；

（3）填写、下发业务咨询单到相关部门或专家，并负责按照时限督办，在规定时限内答复客户；

（4）应用满意度管理，开展客户满意度调查。

六、居民分布式电源并网业务办理流程

（1）并网申请。用户在申请分布式电源并网申请时，需提供：变更用电申请单、申请人身份证、房产证（或乡镇及以上政府出具的房屋使用证明）、物业出具同意建设分

布式电源的证明材料。

（2）接入系统方案答复。受理申请后，按照与客户约定的时间进行现场勘查，并在规定期限内答复接入系统方案，第一类项目 40 个工作日，第二类项目 60 个工作日。

（3）设计文件审核。380V 多点并网和 10kV 及以上并网的分布式电源需进行设计。10 个工作日内完成设计文件的审查并答复意见。

（4）工程施工。客户自主选择产权范围内工程的施工单位（需具备相应电压等级的《承装（修、试）电力设施许可证》）。

（5）并网运行。工程竣工后，用户提出报验申请，在受理并网验收及并网调试申请后，0.4kV 及以下电压等级接入的分布式电源 10 个工作日内完成并网验收与调试；10kV 及以上分布式电源 20 个工作日内完成并网验收与调试。

供电公司与用户签署发用电合同，10kV 及以上并网的分布式电源需与调度部门签订并网调度协议。

七、低压充换电设备用电业务办理流程

（1）用户在申请分布式电源并网申请时，需提供客户有效身份证明、固定车位产权证或产权单位许可证明、物业出具同意使用充换电设施的证明材料。

（2）供电方案答复。

在受理用电申请后，须在下一个工作日或按照与用户约定的时间进行现场勘查，并答复供电方案。办理时间：居民客户不超过 3 个工作日，低压电力客户不超过 7 个工作日。

（3）装表接电。在受理工程检验合格并办结相关手续后，居民客户须在 3 个工作日内送电，非居民客户须在 5 个工作日内送电。

（4）合同签订。在受理工程检验合格后签订《供用电合同》。

任务实施

一、召开班前会●

召开班前会，对安全进行交底。介绍安全注意事项和学员行为规范，着重强调：①着装规范要求；②按照要求进行手机、书包、水杯水瓶等定置管理要求；③实训室周围环境及应急逃生措施；④实训设施设备使用的安全要求；⑤实训结束时清扫实训现场。

二、模拟训练

作为用电客户受理员，应熟悉相关业务的办理流程和规定，熟练操作营销业务应用

● 本任务场景准备、材料准备、人员准备、场地准备可参考"情景一任务一"。

系统。在本任务中，请小组成员选取下列不同场景，轮流扮演营业人员和客户，在实训场地进行模拟训练。

（一）场景一　缴纳电费

（1）柜台收费时，请客户提供客户编号，在营销业务应用系统中查询客户信息，核实户名、用电地址等信息，确认无误后执行收取电费及打印票据等操作，收取电费过程中应实行唱收唱付。

（2）客户较多时，引导客户通过自助设备、"网上国网"APP、微信或支付宝等方式缴纳电费，减少客户等待时长。

【案例1】 柜台缴费业务（A：营业人员，B：用电客户）

A：您好，请坐。（客户坐下后）请问您需要办理什么业务？

B：我要交电费。

A：请问您的用户编号？

B：我的编号是×××。

A：请问您是×××先生，住址是新民小区23号楼4单元501室，对吗？

B：是的。

A：您这个月的电费是236元。

B：这里是250元。

A：谢谢，收您250元（接客户递来的现金时，应双手接进来），找您14元。这是找您的零钱和您的电费发票，请收好（双手将找零的钱和票据递给客户）。

B：好的。

A：请慢走，再见！（起身送客）

（二）场景二　办理新装（增容）

（1）询问客户申请意图。根据客户申请类型主动向客户提供《客户业扩报装办理告知书》，一次性告知办理用电需提供的资料、办理的基本流程、相关的收费项目和标准。

其中，引导高压客户并协助客户填写用电申请单；低压客户实行免填单，由营业人员录入完整信息并打印，客户签字确认即可。

（2）审核客户历史用电情况、欠费情况、信用情况。如客户存在欠费情况，则须结清欠费后方可办理。

（3）接受客户用电申请资料，应查验客户资料是否齐全、申请单信息是否完整、检查证件是否有效。审查合格后向客户提供业务联系卡。对于资料欠缺或不完整的，营业人员应书面告知客户需要补充、完善的具体资料清单。

（4）在营销业务应用系统中发起流程。受理客户用电申请后，应在一个工作日内将相关资料转至下一个流程相关部门。

【案例2】 非居民客户新装业务（A：营业人员，B：用电客户）

A：您好，请坐！（客户坐下后）请问您需要办理什么业务？

B：我想装块电能表，请问应该怎么办理？

A：请问您是自己家里居民生活用电装表还是其他用电装表？

B：我办的一个小型加工厂要装表。

A：请问您的用电地址在哪里？（对是否符合装表条件做初步判断）

B：在红光村一组。

A：请问加工厂产权是您自己所有还是租赁？

B：自己所有。

A：您需要带上户主的身份证、营业执照、房产证明原件及复印件、用电设备明细表，若不是本人来办理还需要加上委托授权书和经办人身份证复印件来申请报装。

B：我都带齐了，你看看是不是这些。

A：（认真核对客户资料，资料齐全时），先生您的资料完整、规范，符合报装条件，马上为您受理。麻烦您提供一下手机，我帮您下载我们的"网上国网"APP，可以直接在上面申请业务，后期您也可以在上面缴纳电费。

B：好的。

A：王先生，您申请业务的信息已经录入系统了，这是申请信息，麻烦您在电脑上对关键信息进行核实。我将申请单打印出来给您签字确认，请问您留下的电话号码139×××1234可以随时与您联系吗？

B：可以。

A：流程已经发起，工作人员会在7个工作日内勘查现场，确定供电方案。（低压电力客户7个工作日内，高压单电源客户15个工作日内，高压双电源客户30个工作日内）如果符合装表条件，我们会及时通知您的。

B：那什么时候可以有电用呢？

A：您的受电工程验收合格并办理相关手续后，5个工作日内送电。

B：好的。

A：请问您还需要办理什么业务吗？

B：没有了。

A：如果以后有什么问题，您可以拨打95598咨询。

B：好的。

A：（站立并微笑）请慢走，再见！

（三）场景三 受理变更用电业务

客户到供电营业厅办理变更用电手续，同时变更供用电合同。作为业务受理员首先应了解什么是变更用电。

【案例3】 减容受理业务（A：营业人员，B：用电客户）

A：您好，请坐！（客户坐下后）请问您需要办理什么业务？

B：我是纺织二厂的，现在想停用一台变压器，如何办理手续？

A：您办理的是减容业务，减容分为永久性减容和非永久性减容，永久性减容后再恢复容量只能办理高压增容；非永久性减容在减容期限内供电企业保留客户减少容量的使用权，到期或者满 6 个月后可以恢复减少的容量。请问您需要办理哪种？

B：永久性减容。

A：好的，永久性减容需要提前 5 个工作日办理，这边有"暂停/减容用电申请表"，请您填写一下。

B：好的。

A：已帮您办理好，后续会有工作人员联系您进行现场勘查。请问您还有其他业务需要办理吗？

B：没有了。

A：如果以后有什么问题，您也可以拨打 95598 咨询。

B：好的。

A：（站立并微笑，客户按完评价器后）请带好您的随身物品，请慢走，再见！

（四）场景四　受理客户查询与咨询业务

用户查询或咨询业务时，可以通过供电营业厅、95598 客户服务热线、"网上国网"APP 等多种渠道进行查询或咨询。

营业厅柜台受理客户查询、咨询主要体现在以下几方面内容：停电查询、业扩流程进程信息查询、电量电费查询、电价政策及其他用电业务咨询。受理的方式主要为柜台和电话咨询。接到客户的查询、咨询请求后，应核对客户身份证明材料并及时查询营销系统知识库及公共信息，准确确定客户查询、咨询类型，可以直接答复的须直接答复，不能直接答复的，下发业务咨询单到相关部门或请专家进行解答。

【案例 4】　电量突增咨询业务（A：供电员工 B：用电客户）

A：您好，请坐！（客户坐下后）请问您需要办理什么业务？

B：我家电费这个月突然翻了几倍，是不是电能表有问题？

（帮助客户分析电量突增原因：①用电负荷或家庭人口增加；②抄表是否正确；③是否有人窃电。排除以上三点后建议客户校表。）

1. 用电负荷或家庭人口是否增加

若客户回答"新增了家用电器"时，则与客户分析新增负荷的容量，判断是否与电量突增有关；若客户回复"没有新增电器"时，则继续询问。若客户回答"新增了家庭人口"时，则与客户分析使用习惯是否变化，判断是否与电量突增有关；若客户回复"没有新增家庭人口"时，则继续询问。

2. 抄表是否正确

A：请问您是否核对了现场的电能表止码和电费发票上的抄表止码？

若客户回答"没有核对"时，参考话述为：

A：您最后一次抄见电量为×××度，您家电能表资产号为×××××，您可以请家人到现场查找电能表核对一下，电能表示数是否高于我给您的电量；或者我联系一下抄表人员，到现场帮您核对，看是否存在抄表错误的问题。若抄表正确的话，您可以再申请校验，您看可以吗？

若客户回答"已核对止码，抄表正常"时，参考话述为：

A：在正常情况下，居民电能表的误差应控制在±2%。如果您确实怀疑电能表走快了，也可以申请校验。

3. 是否有人窃电

A：您是否检查过从电能表到家里的线路，是否有其他人从您表后窃电。

若客户回答"没有检查"时，参考话述为：

A：您能否找社会电工检查一下，看看这段线路有没有问题。另外，请核对现场的表码和电费发票的表码是否一致，看看是否有误抄的情况。

若客户回答"已检查"时，则继续询问。

B：我怀疑电能表有问题，要验表。

A：请您填写申请单。学习人员会拆回电能表校验，在此期间为您安装备用电能表计量电量。

B：那如果是表的问题，这段时间我多交的电费怎么办？

B：请您放心，检验结果出来以后，如电能表误差超出允许范围，我们会把多缴的电费退还给您。

B：好的。

A：请问您还需要办理其他业务吗？

B：没有了。

A：如果以后有什么问题，您可以拨打95598咨询。

B：好的。

A：（站立并微笑，客户按完评价器后）请慢走，再见！

（五）场景五　营销新业务办理流程

【案例5】　自家屋顶建设业务（A：供电员工 B：用电客户）

A：您好，请坐！请问您需要办理什么业务？

B：我想咨询一下怎么办理太阳能发电。

A：您好，分布式光伏发电有"自发自用、余电上网"和"全额上网"两种消纳模式，这是"一次性告知书"，请您阅览。

B：好的。

A：请问您打算在自家屋顶建设还是在公共区域建设？

A：准备装在自家屋顶上。

B：好的，这是业务告知书，您需要提供身份证原件及复印件、房产证或其他房屋使用的证明文件，就可以申请办理了。

A：好，我回去考虑一下再来办理。

B：好的。

A：请问您还需要办理其他业务吗？

B：没有了。

A：如果以后有什么问题，您可以拨打 95598 咨询。

B：好的。

A：（站立并微笑，客户按完评价器后）请慢走，再见！

任务拓展

在模拟业务受理的过程中，应注意从客户走近柜台到办理结束整个过程中的言行举止。

一、客户走近营业柜台时

（1）若前台无其他客户，服务人员起立迎候（站姿：眼平、颌收，颈直、肩松平、收腹、挺胸、垂臂、腿直、跟拢，尖分、V/丁字），双手自然叠放于小腹前，右手叠加在左手上，面带微笑，点头示意。

客户走近营业柜台约 1m 时，使用标准指向手势示意客户坐下，并致问候语"您好，请坐！"由××号营业人员为您服务。

待客户坐下后再入座，询问客户："请问您需要办理什么业务？"

（2）若前台已经有客户正在办理业务，服务人员面带微笑，点头示意，提醒后一位客户："您好，欢迎光临！请稍等。"再继续为前一位客户办理业务。

二、受理客户用电业务时

（1）服务人员头正、目平、颌内收、体端、肩松、身微倾、坐椅面 1/2 或 2/3 处、腰部挺直，上身趋近于柜台，手臂自然弯曲，将腕至肘部的 2/3 处搭在桌面或柜台边沿，双手自然交叠，手里不得把玩任何物品。

（2）服务人员在座椅上应尽量避免以下姿态：叠腿，大幅度双腿叉开，将双腿伸向前方，脚藏在座椅下，用脚勾住椅子的腿，背部靠在椅背上，坐在椅子上转动或移动椅子的位置。

（3）主动向客户说明该项业务需客户提供的相关资料、办理的基本流程、相关的收费项目和标准，并提供业务咨询和投诉电话号码。

（4）临下班时，对于正在处理中的业务应照常办理完毕后方可下班。下班时，如仍有等候办理业务的客户，应继续办理。

三、客户提供证件或资料时

（1）需要客户证件或资料时，服务人员询问客户："请问，您带了××证件吗？"

（2）客户递来证件或资料时，应双手接过，并说："谢谢！"。

（3）认真检查证件或资料，表情自然。

当客户证件或资料不全时，提醒客户："对不起，按规定您还缺××资料，这是缺件告知书，已经将您缺件资料写清楚，请签收，因您缺少身份证明材料，您可以收集完整后通过我们'网上国网'APP申请流程，或者来营业厅申请，谢谢！"

当证件或资料看不清时，询问客户："对不起，这里我看不太清楚，麻烦您告诉我，好吗？"

（4）客户证件或资料需复印时，告知客户："您的××证件需要复件，我来帮您复印一下，好吗？"征得客户同意后说："请稍候。"

（5）递还客户证件或资料时，应双手将证件的正方朝向客户，说"这是您的证件，请收好，谢谢！"

四、需要客户填写申请表时

（1）当客户资料齐全，需填写申请表时，说："这是《××申请表》和书写示范样本，请您参照填写，谢谢！"同时将笔双手递给客户，笔尖朝向自己。

（2）客户填写申请表时，应给予热情的指导和帮助，并认真审核，如发现填写有误，应及时向客户指出。

（3）需要客户签名或填写遗漏项目时，将资料端平，正方朝向客户摆放在客户面前，用食指示意，说："麻烦您在这里签名。"说明情况后，迅速将笔递向客户，笔尖朝向自己。

（4）若客户填写有困难时，可协助填写并请客户签名确认。

五、因业务需要暂时离开座位时

（1）若离开柜台时间稍长，应列出"暂停服务"标示牌，并告诉客户："对不起，我需要查询一下××，需要离开一会儿，麻烦您稍等片刻。"

（2）处理完毕回来后继续为客户服务或让客户等待时间较长时，应说："对不起，让您久等了。"或者"感谢您的耐心等待。"

六、业务受理结束时

（1）业务受理结束时，主动询问客户："您的业务已全部办理完了，请问还有其他需要帮助吗？"

（2）当客户没有其他问题时，服务人员提醒客户："如果以后有什么问题，您可以拨打 95598 咨询。"

（3）办理业务的客户较少时，需起身送客（站姿：眼平、颔收、颈直、肩松平、收腹、挺胸、垂臂、腿直、跟拢，尖分、V/丁字），双手自然叠放于小腹前，右手叠加在左手上，面带微笑，点头与客户道别。说："请慢走，再见！"

（4）办理业务的客户较多时，无需起身，身体略微前倾，说："请慢走，再见！"

（5）迅速整理好柜台上资料，迎接下一位客户的到来。

任务评价

任务完成后，根据表 2-1 所列考核要求对学生进行综合评价。

表 2-1　　　　　　　　　　　　　　任务实施评价标准表

考核点	考核要求	分值	得分
缴纳电费	（1）未在营销业务应用系统中正确查到客户用电信息扣 3 分，未与客户核实用电信息，扣 2 分	20	
	（2）收取现金未做到唱收唱付，扣 5 分		
	（3）不能正确打印发票或收据，扣 5 分		
	（4）不能正确指导客户进行网上缴费或自助终端缴费，扣 5 分		
办理新装（增容）	（1）未能正确判断客户申请意图且主动向客户提供办理告知书，扣 5 分	20	
	（2）未一次性告知办理用电需提供的资料、办理的基本流程、相关的收费项目和标准，扣 5 分		
	（3）未正确指导客户填写申请单，扣 3 分		
	（4）未核实客户历史用电情况、欠费情况、信用情况，扣 2 分		
	（5）未能正确审核客户申请资料，扣 5 分		
	（6）未能在营销业务应用系统中进行正确操作，扣 5 分		
变更用电	（1）未能正确审核客户申请资料，扣 5 分	20	
	（2）未核实客户历史用电情况、欠费情况，扣 5 分		
	（3）未能在营销业务应用系统中进行正确操作，扣 5 分		
查询与咨询	（1）未能正确判断客户查询或咨询意图，扣 5 分	20	
	（2）未能给予客户满意的答复，扣 10 分		
营销新业务	（1）未能明确客户申请所需提供的资料，扣 10 分	20	
	（2）未能明确业务办理流程，扣 10 分		
总分		100	

任务二 善用沟通技巧

任务描述

学会与不同类型客户交流中的语言运用、客户情绪观察等服务沟通技巧，判断客户是否存在不良感知，掌握正确处理的方法，提高优质服务水平。

任务目标

掌握供电营业厅业务受理过程中规范的服务用语，掌握服务技巧，避免出现因沟通不当造成的误会或冲突。

知识准备

一、与不同类型客户交流的语言运用

在了解客户的心理和性格的基础上，服务人员可以比较准确判断和识别不同类型的客户，以不断改变自己的方法取得最大的沟通效果。

（1）根据客户听别人说话时注意力的集中与分散，对客户进行分类。

1）漫听型。漫听，就是听别人说话时漫不经心，注意力不集中。服务人员在努力地陈述自己的观点，而客户压根就不专注。眼神飘忽，思想开小差；多嘴多舌，经常打断别人的话，总觉得应该由他来下断语。对待漫听型客户，服务人员应不时地与他保持目光接触，使他专注于我们的谈话，并不断向他提一些问题，讲一些他感兴趣的话题，强迫他集中注意力。

2）浅听型。浅听，就是只停留在事物的表面，不深入问题的实质。这类客户常常忙于揣摩别人接下去要说什么，所以听得并不真切。他们很容易受到干扰，甚至有些客户还会有意寻找外在干扰。他们喜欢断章取义，而不想听别人的完整表述。对浅听型客户，应简明扼要地表述，并清楚地阐述我们的观点和想法，不要长篇大论，以免客户心烦。

3）技术型。这类客户会很努力去听您说话。他们只根据我们说话的内容进行判断，完全忽视说话人的语气、体态和面部表情。他们较多关注内容而较少顾及感受。对技术型客户，应尽量多提供事实和统计数据，提出我们的观点，并让他积极进行反馈。

4）积极型。这类客户倾听时在智力和情感两方面都做出努力，他们会着重领会说话的要点，注重思想和感受，既听言辞，也听言外之意。对积极型客户，应注意选择他感兴趣的话题，运用语言表达技巧，与他多进行互动反馈。

（2）根据客户的工作方式和处事风格，对客户进行分类。

1）支配型。支配型的客户办事严肃认真、有条不紊。他们在做决定之前收集大量的资料。这种人很少有面部表情，动作缓慢，语调单一，使用准确的语言注意特殊细节。对待这类客户，可以直接进行目光交流，说话节奏快，尽快步入正题；守时，不要拖沓；言语清晰、准确、简洁；避免过多的解释、闲聊；有条理，准备充分；注意力集中于将要产生的结果。

2）分析型。分析型的客户往往注重事实、细节和逻辑，强调问题的合理性、客观性。对待这类客户，我们要与他有目光接触，但偶尔也要转移目光；语速适中，声音柔和；不用生硬的语气；向他征求建议和意见；不要在逻辑上反对他的想法；鼓励他讲出任何疑惑或担心；避免给他施加过大的压力来让他做出决定；在所有行动计划和完成日期方面达成一致。

3）表达型。表达型的客户具有率直、热情、友好、活泼、外向、合群、幽默等特点。对待这类客户，应给他充分的时间表达自己。由于他讲话富有表情，在同他讲话时我们也要富有表情。我们的声调应该显示出友好、热情、精力充沛、有说服力。

4）和蔼型。和蔼型的客户具有易合作、友好、赞同、有耐心、放松等特点。他们一般都不太自信，但善于表达情感，对人友好且富有同情心。对待这类客户，沟通时要放慢语速，以友好、放松的方式沟通。向他提供个人帮助，建立彼此之间的信任关系。

总之，与客户沟通要力求顺应对方的特点，选择有共同点的话题。因人而异地进行沟通，彼此间的冷漠就会渐渐地消退，从而逐渐亲密起来。

二、观察客户肢体语言

在沟通过程中，客户的肢体动作包括很多种，如果对客户的每一个动作都进行分析和解读，那是不现实的，况且那么做也常常会错过重要信息而在一些无效信息上浪费巨大的时间和精力。实际上，最能表达信息的肢体语言常常是眼神、面部表情、手势或其他身体动作等。在解读客户肢体动作时，可以从以下几方面入手：

1. 观察客户的眼神变化

俗话说，"眼睛是心灵的窗户"，服务人员应该首先从客户的眼神中观察其透露出的相关信息。例如，当你正滔滔不绝地介绍报装流程时，却发现客户茫然地看着你，或者开始东张西望，这表明他听不懂你的话，或已经对你的介绍感到厌烦。此时，你需停顿下来，引导客户参与谈话，以了解客户真正关心的问题。

2. 观察客户的面部表情

那些表情严肃、双唇紧闭、说话速度不紧不慢，但语气却非常坚定的客户通常更为理智。与这些客户沟通时，服务人员最好把话题集中到与服务有关的内容上，不要东拉西扯。对于这些客户提出的问题，服务人员要给予自信而坚定的回答，不要模棱两可、躲躲闪闪。

那些表情较为丰富且变化快的客户更趋向于情绪型，有时一句感情色彩比较浓厚的话就可能会引起他们的强烈共鸣，一个不得体的小动作也可能会使他们的情绪迅速变得低落。对于这类客户，服务人员要给予更多的体贴和关怀，要多倾听他们的意见。

3. 观察客户的手势动作

客户常常会通过快速摆手臂或者其他手势表示拒绝，如果服务人员对这些手势动作视而不见，那么接下来可能就是客户毫不客气的投诉了。所以，当发现客户用手用力敲桌子、摆弄手指或摆动手臂时，营业厅人员就应该反思自己此前的言行是否令客户感到不满或厌烦了，然后再采取相应的措施。

任务实施[1]

一、召开班前会

召开班前会，对安全进行交底。介绍安全注意事项和学员行为规范，着重强调：①着装规范要求；②按照要求进行手机、书包、水杯水瓶等定置管理要求；③实训室周围环境及应急逃生措施；④实训设施设备使用的安全要求；⑤实训结束时清扫实训现场。

二、掌握服务用语

在营业厅服务过程中应使用礼貌性服务用语。营业厅服务礼貌用语可分为九大类：
(1) 欢迎语：欢迎光临、见到您很高兴、欢迎来到××营业厅。
(2) 问候语：您好、早上好、下午好、晚上好！
(3) 祝愿语：新年好、祝您节日愉快！
(4) 送别语：再见、请慢走、欢迎下次光临！
(5) 征询语：有什么可以帮您？请问您办理什么业务？我的解释您满意吗？
(6) 答应语：好的、是的、马上为您办理、很高兴为您服务、这是我应该做的。
(7) 道歉语：对不起、很抱歉、请您谅解。
(8) 答谢语：谢谢您的肯定、谢谢您的建议、感谢您的耐心。
(9) 指路语：请这边走、请往左（右）转。

三、参考案例

因工作失误向客户致歉。（A：供电员工　B：用电客户）
A：您好，请坐！请问您办理什么业务？
B：我这个月电费怎么还没产生，我要交费和租客交接！
A：不好意思，我帮您查询一下，请问您的用户编号是多少？

---

[1]本任务场景准备、材料准备、人员准备、场地准备参考"情景一任务一"。

B：户号是××。

A：好的，请稍等。这边帮您查询了，因为系统升级影响了电费发行，暂时还没有解决，给您带来不便十分抱歉，我马上联系专职解决！

B：还要等多久！

A：我们加紧处理，请您留一下联系方式，电费一发行就跟您联系，您看可以吗？

B：好的，最好就这两天，我等你们答复，我的电话号码是××。

A：好的，再次向您表示歉意！请问还有其他业务需要办理吗？

B：没有了！

A：（站立并微笑）请您慢走！

任务拓展

在供电营业厅日常营业过程中，往往会发生突发状况，作为服务人员应具备应急处理的能力。

一、遇到情绪激动的客户时

（1）引导员应立即上前询问客户："您好，请问有什么可以帮助您？"

（2）详细询问客户发生冲突的现场情况，判断过错归属。若属于客户问题，则要向客户进行解释，争取理解。

（3）若属于一般服务质量问题，则及时向客户道歉，平息客户的怒气，转移话题，快速引导客户办理业务，帮助客户解决未办事宜。

（4）若属于性质恶劣的服务质量问题，客户坚持己见、难平怒气时，除及时向客户道歉外，还需安排责任人登门道歉。

（5）若客户情绪特别激动而影响营业厅正常秩序时，应说："请您到 VIP 室（洽谈室）休息一下，喝杯水，慢慢谈，好吗？"

（6）客户平息心情准备离开时，引导员站立并微笑，说："给您造成的不便，敬请谅解。请慢走，再见！"

二、遇到行动不便的客户时

（1）引导员应立即上前搀扶，询问客户："您好，请问您需要办理什么业务？"

（2）了解客户业务需求后，引导客户来到相关柜台办理业务。若柜台前有其他客户正在排队时，应对他们说："请各位照顾一下，先给这位先生/女士办理，谢谢各位。"

（3）征得其他排队客户同意后，请行动不便的客户就座，办理相关业务。

（4）办理完后，提醒客户："您可以采用'网上国网'APP、微信、支付宝等方式缴纳电费，让您足不出户就可以缴纳电费。如果以后有什么问题，您可以拨打 95598 咨询。等。

（5）搀扶客户出门，请客户慢走。

（6）对于特殊的弱势群体，服务人员应主动留下客户姓名、联系方式和地址，以便提供上门服务。

三、客户排队数量突增时

（1）安抚客户，"先生/女士，很抱歉，现在排队人数较多，请您先在业务待办区等候，谢谢！"

（2）立即向营业厅主管汇报。

（3）营业主管应立即采取相应措施分流客户，及时增开营业柜台，引导客户至自助服务区办理，"先生/女士，我们已经增开营业柜台，尽快为您办理，如您需缴纳电费可以到自助服务区办理，不需要等候太久，给您带来不便，请您谅解"。

任务评价

任务完成后，根据表 2-2 所列考核要求对学生进行综合评价。

表 2-2   **任务实施评价标准表**

考核点	考核要求	分值	得分
团队形象	（1）妆容要求：自然大方，恰到好处，头发应梳理整齐，不染彩色头发；颜面和手臂保持清洁，不留长指甲，不染彩色指甲，不佩戴夸张饰物	6	
	（2）着装要求：应保持服装整洁、完好、无污渍，服装、鞋袜要协调统一、搭配合理	6	
	（3）精神面貌：面带微笑，精神饱满、神采奕奕、健康向上	6	
规定动作	（1）站姿要求：抬头、挺胸、收腹，双手下垂置于身体两侧或双手交叠置于腹前，双脚并拢，脚跟相靠，脚尖微开，不得双手抱胸、叉腰	8	
	（2）坐姿要求：上身自然挺直，两肩平衡放松，后背与椅背保持一定间隙，不用手托腮或趴在工作台上，不抖动腿和跷二郎腿	8	
	（3）走姿要求： 1）眼平视，挺胸、收腹、肩放松； 2）双肩平稳，两臂自然摆动，摆动幅度以 30°为宜； 3）步态协调、稳健； 4）全身协调，匀速前进，两脚内侧踏在一条直线上	8	
	（4）引导要求：应走在客户的侧前方，适时介绍或提醒。手指并拢，用手掌指向所指示方向，手臂微曲、低于肩部，身体微微前倾	8	
	（5）递接要求：向客户递单时，将单据的文字或图形正对对方，身体略前倾，面带微笑，双手递上；承接客户递单时，正对客户，面带微笑，目视对方，双手接过；与客户交接钱物时，双手递接，唱收唱找，轻拿轻放，不抛不丢	8	
	（6）蹲姿要求：采用标准蹲姿或交叉式蹲姿，要做到面带微笑，身体保持笔直，下蹲时不低头，不弯腰	8	
编排构思	（1）展现形式有创意	5	
	（2）结构安排合理	5	
	（3）能展现供电员工积极向上形象	5	
整体协作	团队成员之间协作意识强，团队配合度良好，整体化一	15	

考核点	考核要求	分值	得分
语言表达	(1) 普通话标准，不使用方言土语，严禁出现服务忌语	2	
	(2) 叙述流畅，吐字清晰；语速、语调、音量与叙述内容协调；语意明确言简，说话时要保持微笑、态度真诚。自选音乐中不得预先录制任何提示及对话内容	2	
竞赛纪律	服从竞赛现场裁判员的指挥，未经裁判员长宣布，不得擅自进入或离开赛场，不得影响比赛的正常进行。违者视情况扣 10～50 分；情节严重者，该项成绩作 0 分处理		
时限扣分	展示时间不少于 3min，不超过 3.5min，少于或超时扣分		
总分		100	

营销业务应用系统基本操作

【情境描述】

本情境设计了两项工作任务，分别是"配置访问环境"和"查询基本操作"。本情境核心知识点是营销业务应用系统（以下简称"系统"）配置、控件安装方法，营销业务应用系统业务类、业务项、业务子项分类，查询档案信息路径；关键技能项是能够配置环境，正常进行营销业务和工单操作，独立准确查询用户档案信息、业务工单信息、流程信息以及资产信息。

【情境目标】

（1）知识目标：了解营销业务应用系统构架、组成和设计依据，熟悉系统的业务类、业务项、业务子项和功能项；数据库服务器与应用服务器的区别；熟悉系统的基本使用方法，掌握不同登录人员的管理及操作权限区别，系统环境配置操作方法，掌握"待办工作单""已办工作单""历史工作单"之间的联系与区别。

（2）能力目标：能够完成系统环境配置操作，能够完成客户档案信息、业务工单信息、流程信息以及资产信息的查询。

（3）素质目标：培养学生的细心、耐心、细致的工作态度，养成良好的职业素养。

任务一　配置访问环境

任务描述

学习营销业务应用系统的基本使用方法，通过登录营销业务应用系统，对计算机进行环境配置，以不同工号登录系统界面，理解所获得的管理和操作权限不同。

任务目标

了解系统发展历程，熟悉系统界面；能够独立完成系统配置，能够开展正常的营销业务操作；熟知应用服务器的网址，正确登录账号，配置环境，达到能顺利使用系统界面目的。

📖 知识准备

国家电网公司提出了在全系统实施"SG186 工程"规划，其构成如图 3-1 所示。其中，"SG"是国家电网公司英文 STATE GRID 的缩写；"1"是构建企业级信息系统，构筑由信息网络、数据交换、数据中心、应用集成、企业门户五个部分组成的一体化企业级信息集成平台；"8"是建设财务（资金）管理、营销管理、安全生产、协同办公、人力资源管理、物资管理、项目管理和综合管理八大业务应用；"6"是建立健全信息化安全防护、标准规范、管理调控、评价考核、技术研究、人才队伍六个保障体系。电力营销业务应用系统是为"SG186 工程"建设而开发的。

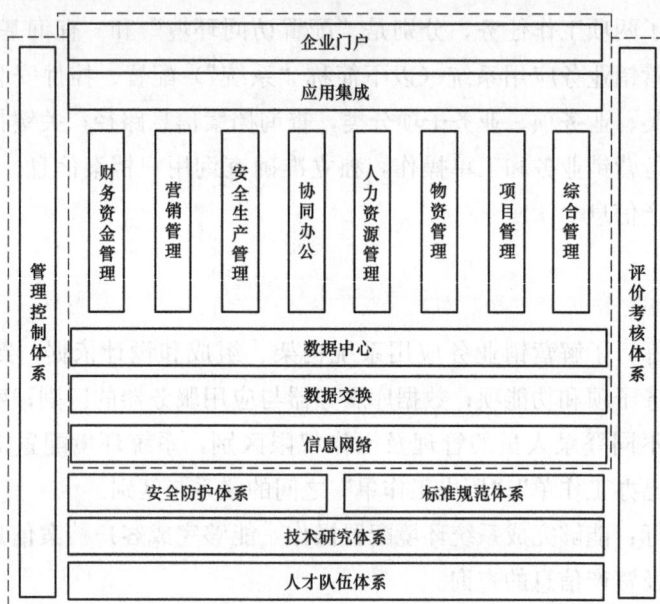

图 3-1 "SG186 工程"构成图

营销业务应用系统 IT 构架是各网省公司采用独立的软硬件系统，是为"大集中"管理模式构建的。为便于系统平台设备整体管理与维护，统一将数据中心设立在省公司，并统一设定安全访问策略。在省公司设立集中的服务器，承担全省电力营销业务的管理，全省仅部署一套系统，一个统一的通信接入平台，下级地市公司、基层供电单位通过全省的电力信息网访问省公司营销应用系统，实现业务的全省统一集中处理。

实训室搭建了和生产现场相同布局的服务器，打开 IE 浏览器，在地址栏里输入本教学应用网址 http：//192.168.9.12:8001/web/或 http：//192.168.9.68:8001/web/，登录应用服务器，两者对应统一数据服务器。因登录工号的不同，对应的权限和角色也不同，例如，教学设置以 5××登录某计量中心办理业务，以 1××登录某客户服务中心班组成员办理查询业务。操作中注意按照教师的要求登录不同角色进行不同业务操作。

操作中，不得修改密码和其他用户配置信息。

🝾 设备准备

设备准备：数据服务器、应用服务器、计算机等，具体要求见表 3-1。

表 3-1 设备及要求

工器具准备序号	工器具名称	规格	单位	数量
1	服务器组	数据服务器、应用服务器	组	1
2	电源插排	六孔及以上	个	1
3	电脑及附件	主机、显示器、键盘、鼠标	套	1
4	交换机	接口大于 60 个	台	1

📚 材料准备

材料要求具体见表 3-2。

表 3-2 所需材料及要求

序号	材料名称	单位	数量
1	作业指导书	份	1
2	单元教学设计	份	1
3	安全交底签字表	份	1

👥 人员准备

一、劳动组织

小组由 12 名及以下学生和 1 名教师组成，最多不超过 12 名学生，学生为实际操作人，主要进行实际操作。本任务所需人员类别、职责和数量，具体要求见表 3-3。

表 3-3 劳动组织

序号	人员类别	人员构成	职 责	作业人数
1	工作负责人	由教师担任	(1) 正确安全地组织工作； (2) 负责检查安全措施是否正确完备、是否符合实训室实际条件，必要时予以补充； (3) 工作前对工作班成员进行危险点告知，交代安全措施和技术措施，并确认每一个工作班成员都已知晓； (4) 严格执行实训室安全措施； (5) 督促、监护工作班成员遵守电力安全工作规程，正确使用劳动防护用品和执行实训室安全措施； (6) 工作班成员精神状态是否良好，变动是否合适； (7) 交代作业任务及作业范围，掌控作业进度，完成作业任务； (8) 监督工作过程，保障作业质量	1～3 人

序号	人员类别	人员构成	职　责	作业人数
2	工作班成员	学生	（1）熟悉工作内容、作业流程，明确工作中的危险点，并履行确认手续； （2）严格遵守安全规章制度、技术规程和劳动纪律，对自己工作中的行为负责，互相关心工作安全，按照指导老师的要求开展实训操作； （3）按照指导老师的要求，正确使用计算机和系统； （4）长袖棉质工作服，衣服扣子要扣紧，不得将袖子、裤腿挽起； （5）完成工作负责人安排的作业任务并保障作业质量	根据作业内容与实训室情况确定

二、人员要求

工作人员的健康状况、精神状态和工作资格等，具体要求见表3-4。

表 3-4　　　　　　　　　　　　人员要求

序号	内　容	备注
1	学生身体健康；身体状态、精神状态应良好，并经安规考试合格	
2	教师具备必要的安全生产知识，学会紧急救护法，特别要学会触电急救，并经安规考试合格	
3	培训教师应熟悉营销业务应用系统的基本操作，能够对学生遇到的问题进行解答和处理	

🌱 场地准备

营销业务应用系统实训的危险点与预防控制措施，具体见表3-5。

表 3-5　　　　　　　　　　危险点分析及预防控制措施

序号	防范类型	危险点	预防控制措施
1	触电	布线复杂、渗水存在触电风险	严禁学生带水、饮料进入实训室；不经允许不碰电源和插座
2	计算机病毒	教学网络易受病毒攻击	安装还原系统、杀毒软件，禁止使用移动介质和光盘
3	火灾	培训室人员数量多，存在火灾风险	培训前，向所有学生告知本实训场地应急逃生通道路径

任务实施

一、召开班前会

进行学生考勤，召开班前会，对安全进行交底。本情境设置在信息化的实训室，进入实训室注意安全事项和学员行为规范。介绍着装及装束规范要求；按照要求进行手机、书包、水杯水瓶等定置管理要求；学习实训室周围环境及应急逃生措施；符合计算机及系统操作使用的信息安全要求；放学时注意退出营销业务系统，关闭计算机，恢复工位；填写培训日志、班前会记录。

二、登录系统

打开 IE 浏览器，在地址栏里输入本教学应用网址 http：//192.168.9.12：8001/web/或 http：//192.168.9.68：8001/web/，登录系统后按照教师要求熟悉业务类模块布局，了解工作任务下的各类工单，掌握框架配置，熟悉具体业务项和业务子项的设置，认识各项业务入口地址。

三、浏览器安全设置

第一次登录 SG186 营销业务应用系统时，需对 IE 浏览器进行安全设置，并安装相应控件。

单击 IE 浏览器菜单栏"工具"，单击"Internet 选项"，在弹出的"Internet 选项"框中，在安全 tab 下单击"自定义级别"按钮，在弹出的"安全设置"对话框中，把 ActiveX 控件和插件都启用，如图 3-2 所示。

设置后将会解决插件不能安装和启用的问题。

四、可信站点设置

为了系统能够正常访问应用服务器，需要将该服务器地址设置为可信站点，如图 3-3 所示。分别填入 192.168.9.12 和 192.168.9.68 信息并确认。

五、弹出窗口阻止程序

系统在操作过程中，会出现一些提示消息框，如果 IE 浏览器开启"弹出窗口阻止程序"或者将 ActiveX 控件和插件禁用，系统的消息提示会被拦截，造成操作人员在不知情的情况下为用户办理业务。图 3-4 所示为关闭浏览器弹出窗口阻止程序。

六、安装并启用插件

在实际操作中，系统需要 Java 插件进行图形化流程查询，此外为了增加系统易用性

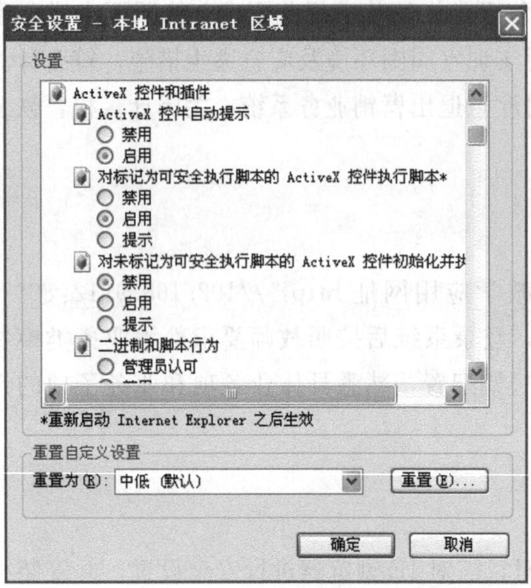

图 3-2　安全设置

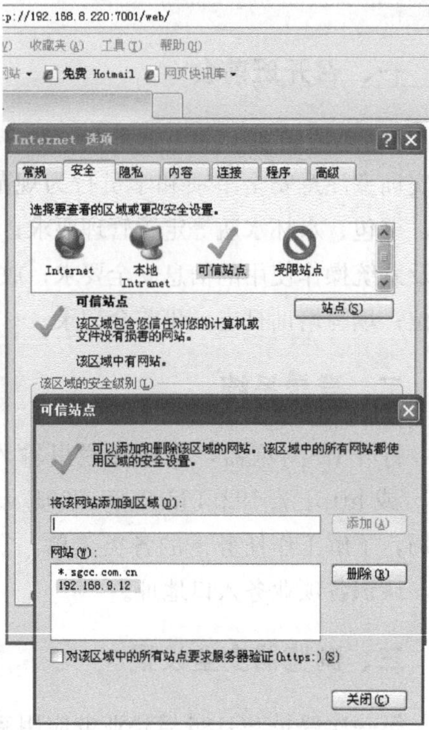

图 3-3　设置可信站点

图 3-4　关闭浏览器弹出窗口阻止程序

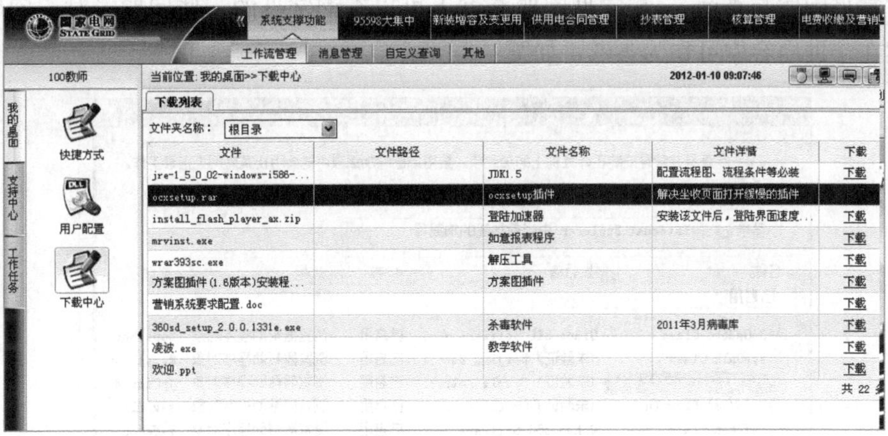

图 3-5　下载中心应用

和提高速度，有必要安装一些插件。因此，登录系统后，要在"我的桌面"中单击"下载中心"，安装 jre-1.5、flash 等插件；若需打印单据，则需安装如意报表等插件。如图3-5 所示，将列表中的前三个插件下载安装，安装后重启 IE，有启用插件提示时认可启用。

　　若流程图打不开，可能是 Java 插件没有启用。需要单击下端齿轮标志或者单击"工具＞＞管理加载项＞＞启用或禁用加载项"，选择后，允许启用，分别如图 3-6、图 3-7 所示。

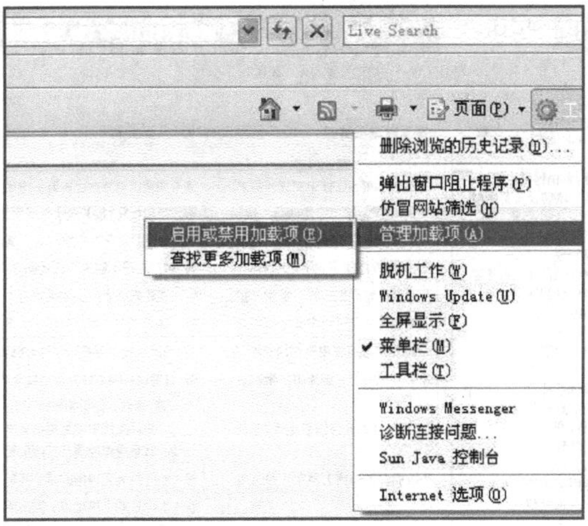

图 3-6　启用加载项路径

七、使用帮助中心

　　在帮助中心，可对组件、常见问题与解答等进行查询。单击"系统支撑功能"下的子菜单"其他"，在左侧的子菜单中的帮助列表中单击"帮助中心"，单击"帮助中心"

下的"常见问题与查询",在常见问题查询下可以查询常见的一些问题,对于问题的相关答案在帮助内容中可作为参考,如图 3-8 所示。

图 3-7　启用 Java 加载项

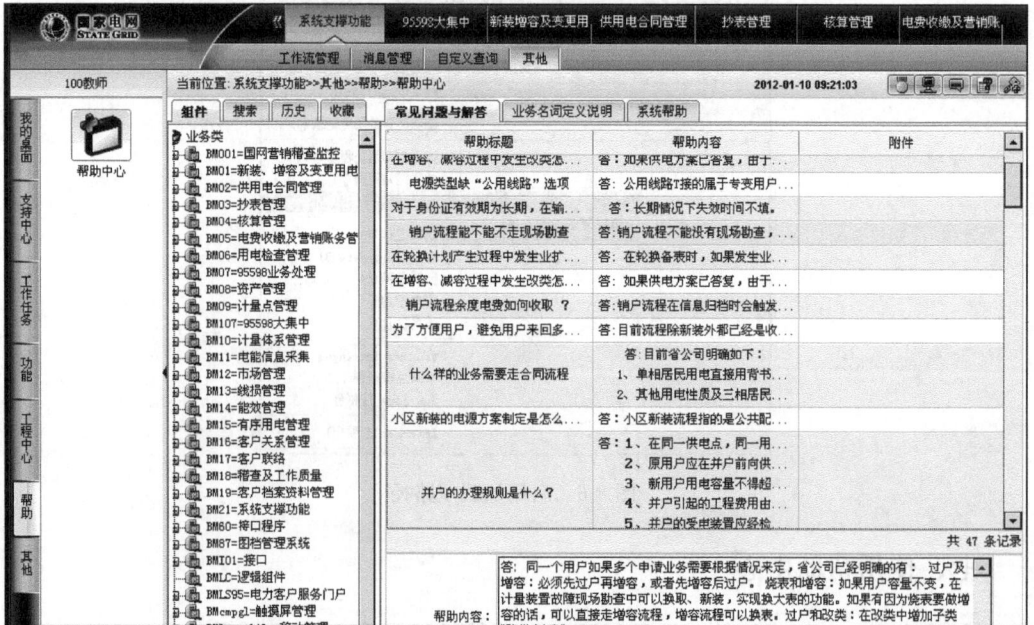

图 3-8　帮助中心

任务拓展

电力营销业务应用系统的结构特点如下：

（1）应用和数据采用网省级集中管理。

（2）系统采用 BS 模式，即客户端可通过网页访问服务器，不用下载客户端。

（3）采用工作流引擎，系统流程通过配置流程图进行配置，功能界面简洁。

（4）采用图形化工具，实现营销业务流程的简便定义。

（5）可以动态地调整、完善和修改营销工作流程，实现营销业务的实时动态重组（针对要求）。

（6）在流程控制方面，可进行流程回退、流程挂起、流程恢复、流程中止、流程人工调度等各种特殊流程控制根据。

（7）当已到营销业务的截止办理期限时，系统发出相应的消息，通知业务工单超时；并且可以在任务到期前的固定时间给业务人员发出提醒消息。

（8）可以对流程活动的当前工作量进行统计，并提供超期用户清单、超期量、超期率等，对超期工作可进行异常报警。

（9）系统适应营销发展方式和管理方式的转变，进一步提升营销服务能力和水平，进一步规范营销管理及业务流程，满足"SG186 工程"建设原则和要求，确保"统一领导、统一规划、统一标准、统一组织实施"，实现资源集约与共享。

（10）系统将营销业务相关领域划分为"客户服务与客户关系""电费管理""电能计量及信息采集"和"市场与需求侧"4 个业务领域，共 21 个业务类及若干业务项和业务子项。业务类包括："新装增容及变更用电""供用电合同管理""抄表管理""核算管理""电费收缴及账务管理""用电检查管理""资产管理""计量点管理""计量体系管理""95598 业务处理""线损管理""客户关系管理""电能信息采集""市场管理""能效管理""有序用电管理""客户联络""稽查及工作质量""客户档案资料管理""分布式电源并网管理""电动汽车充换电设施建设项目管理"。

图 3-9 所示为业务模型，系统把整个电力营销业务划分为 21 个业务类及营销分析与辅助决策。为客户提供各类服务，完成各类业务处理，为供电企业的管理、经营和决策提供支持；同时，通过营销业务与其他业务的有序协作和数据整合，提高整个电网企业信息资源的共享度。该系统支持营销业务应用的一体化、集成化。

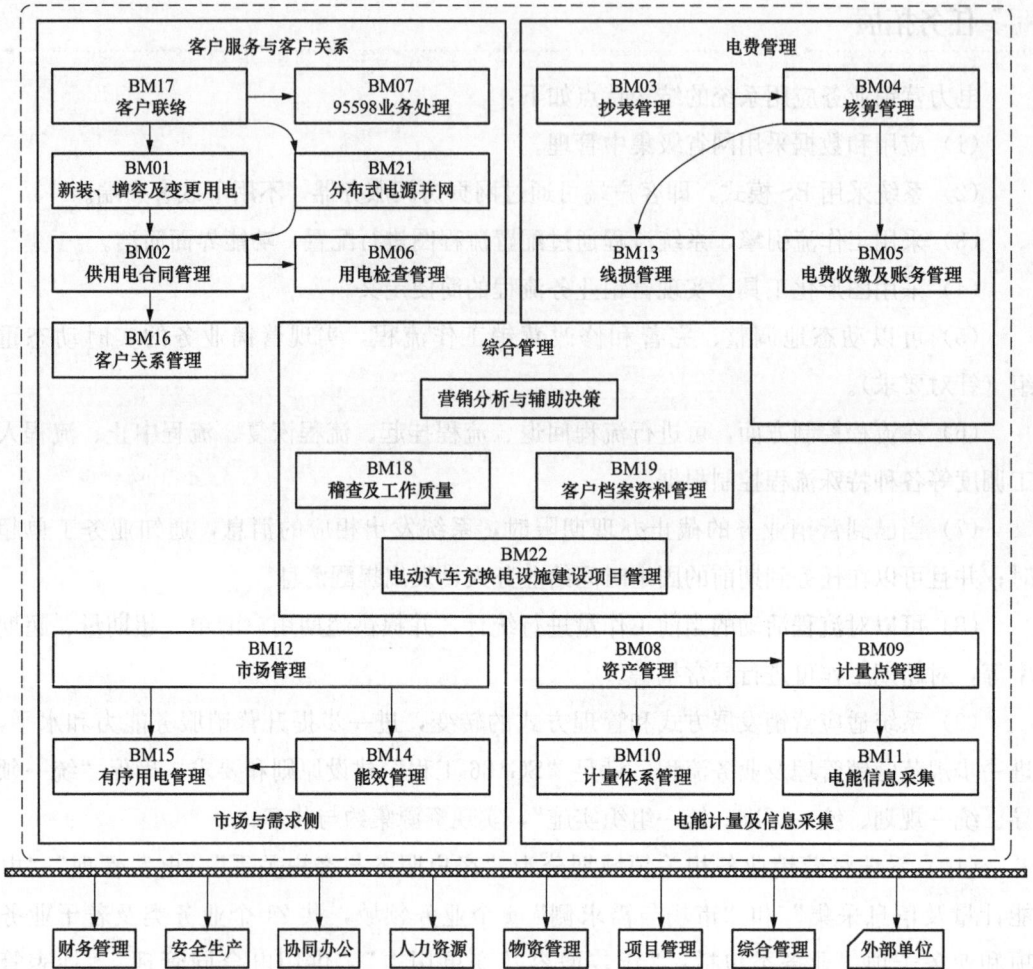

图 3-9　业务模型

🔘 任务评价

任务完成后，根据表 3-6 所列考核要求对学生进行综合评价。

表 3-6 任务实施评价标准表

考核点	考核要求	分值	得分
界面登录	打开 IE 浏览器，在地址栏里输入网址： http：//192.168.9.12：8001/Web/或者 http：//192.168.9.68：8001/Web/ 登录应用服务器， 不得修改密码和其他用户信息，以 5××登录某计量中心，以 1××登录某客户服务中心	20	
各模块布局	工作任务、系统支持功能、业务类模块布局，具体业务项和业务子项的设置和入口地址；分模块了解和查看操作，了解工号权限的不同。掌握不同业务员的登录方法和权限角色的分工	15	
环境配置	注意环境配置参数选择，进行环境配置各类操作；掌握配置、帮助、文件下载等常用的方法	30	
启用 Java	单击"工具>>管理加载项>>启用或禁用加载项"，满足图形化流程查询相关操作；注意 Java 插件的安装，启用后测试效果，对比前后差异	25	
整理工位	退出营销业务系统，恢复工位； 规整工位，注销登录账号，关闭计算机和电源，养成良好的工作习惯	10	
总分		100	

任务二　查询基础信息

任务描述

熟悉系统环境下各业务模块的功能；操作系统中的菜单项，能够针对具体业务，熟练找到查询入口；在营销业务应用系统中，可查询用户档案信息、工单信息、流程图和计量资产信息等。

任务目标

通过操作深入了解应用系统业务类、业务项、业务子项和功能项层级关系；掌握不同工号登录系统，所能操作的业务、查询业务结果不同；结合案例查询用户的档案信息、资产信息，查询流程图信息和工单流程信息，能够在系统独立完成各类查询业务。

知识准备

信息查询是系统的基本操作，以下初步介绍查询方法和入口，后面任务实施操作通过具体案例完成查询任务。

（1）根据"客户编号""用户编号""原用户编号"查询用户基础信息。如查询某用户的电气联系人、台区编号、变压器的"试验日期"、变压器的"厂家名称"、计量方式、电能表的"综合倍率"、用户计量点的电量计算方式、变压器安装日期、变损编号、抄表段编号、峰段电度电价、业务收费项目的收费金额或应收电费等信息。通过路径："客户档案管理＞＞客户信息综合查询＞＞客户信息"综合查询功能项就能查询到相应信息。

（2）根据工单编号查询工单信息或流程环节信息。如查询某工单的目前状态、发起人或者某个环节具有权限的处理人等。通过"工作任务＞＞待办工作单/已办工作单"能够查询到相应信息。

（3）根据资产编号等查询资产的相关信息和流程。如查询某电能表编号的购置信息、检定环节以及出入库信息、资产库房信息、运行信息、对应用户编号等。通过"计量资产＞＞公共查询＞＞查询计量资产"能够查询到相应信息。

（4）根据业务环节查询流程图信息。如某流程环节的下一个工作环节。通过"系统支撑功能＞＞工作流管理＞＞流程图查询"能够查询到系统中所有流程的相关流程图。

任务实施[①]

一、召开班前会

召开班前会，进行学生考勤，对安全进行交底。本情境设置在信息化的实训室，进入实训室注意安全事项和学员行为规范。填写培训日志、班前会记录。

二、流程图查询

单击"系统支撑功能>>工作流管理>>流程配置>>流程图查询"，该界面显示所有流程的流程图，例如，要查询违约用电、窃电管理的流程图，在"所有流程"的下拉选项中单击"用电检查管理"，在出现的子菜单中单击"违约用电、窃电管理"项，就可以看到违约用电、窃电管理的流程图，如图 3-10 所示。

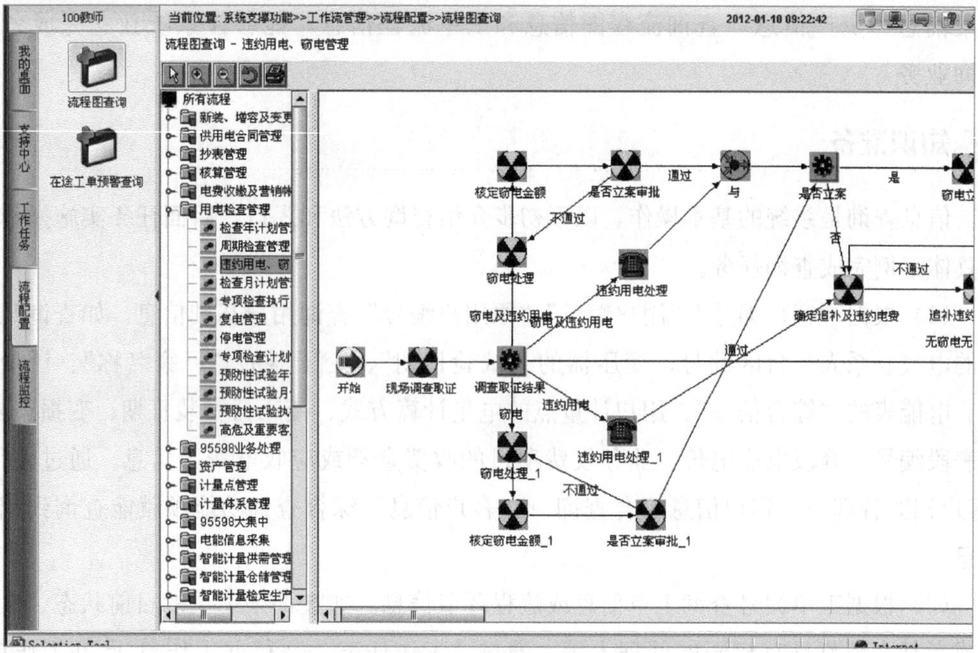

图 3-10　流程图查询

三、工作单查询

1. 待办工作单查询

单击"系统支撑功能>>工作流管理>>工作任务>>待办工作单"，在"主单"中可以看到工单条目具有不同颜色，如图 3-11 所示。在图 3-12 中的"待办颜色说明"，

[①]本任务设备准备、材料准备、人员准备、场地准备参考本情景任务一。

可以看到不同颜色代表工单的不同状态。在"流程信息"中可以查询相关工单的情况，如发起人、时间等。

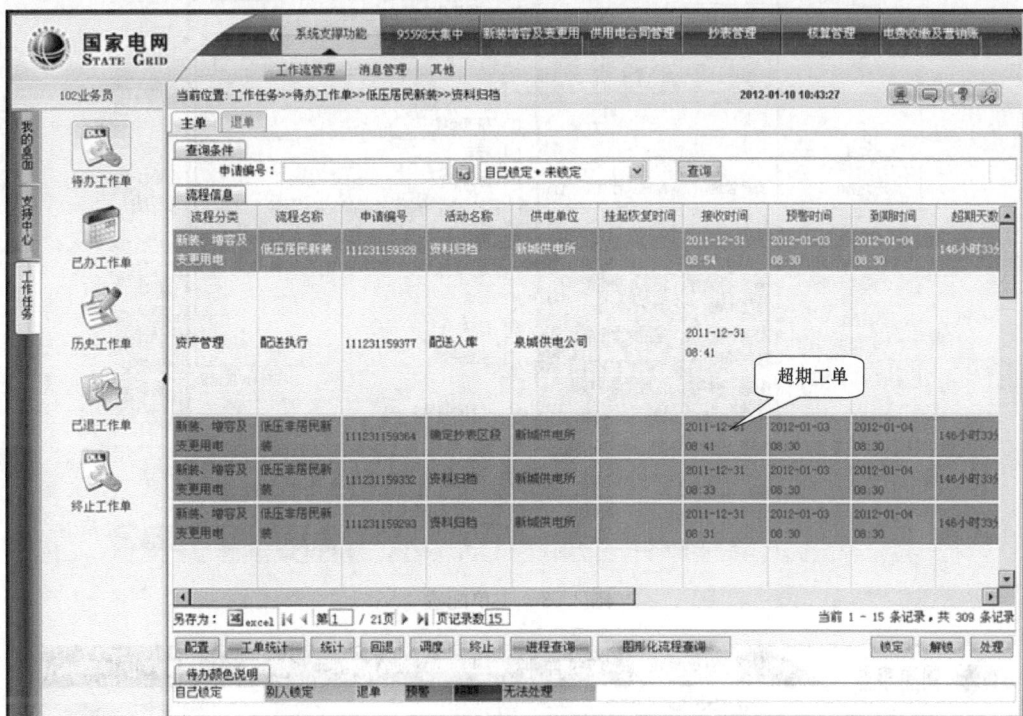

图 3-11　待办工单

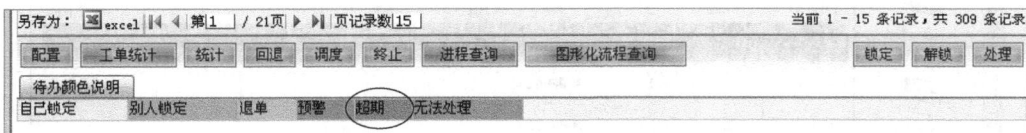

图 3-12　工单相关功能键—待办颜色说明

流程处理功能键：如图 3-13 所示，功能键有"配置""工单统计""统计""回退""调度""终止""进程查询""图形化流程查询"。例如，在"待办工单"中，单击"配置"，则出现"用户信息"对话框，如图 3-13 所示。在"请选择业务类型"中，选择"配送执行"，单击"确定"。返回后在主窗口中除了"主单""配单"之外，又出现了"配送执行"，如图 3-14 所示。在"配送执行"下，流程名称都是"配送执行"，这样可以更有目的性地对工单进行操作。

"统计"键可以查询工单的整体情况和数目。"锁定"和"解锁"键用于工单的操作，只有锁定人才能对锁定工单进行处理，如果锁定了别人的工单，选中工单，单击"解锁"键来处理。"处理"键的作用是工单的选中和处理，也可以选中工单双击进行处理。

57

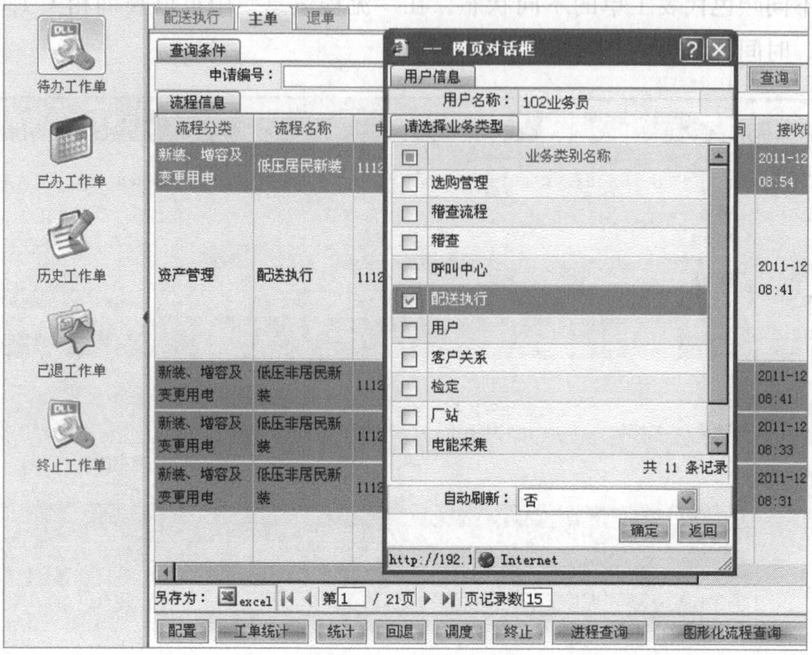

图 3-13　工单配置

图 3-14　工单筛选

功能键里的"流程化图形查询"功能可以查询到工单的流程图及其工作状态。在"待办工单"下，选定需要处理的工单，单击界面下方的"图形化流程查询"，可以清晰地看到从业务开始到业务结束的所有相关流程的流程图，如图 3-15 所示。

功能键里的"进程查询"功能，在"待办工单"下，选定需要处理的工单，单击界

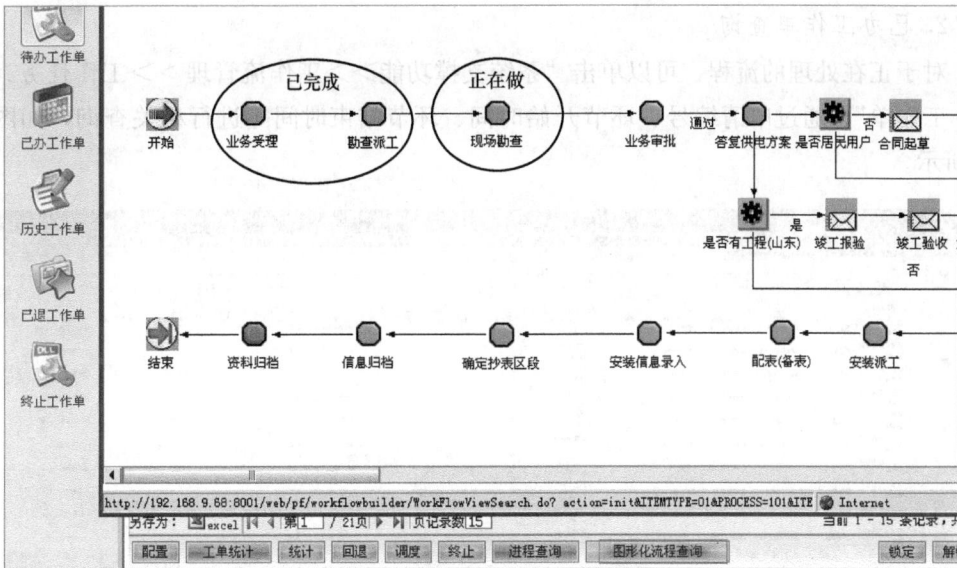

图 3-15 图形化流程查询

面下方的"进程查询",在子菜单"进程查询"中,可以看到"进程查询"的相关信息,如流程实例信息、流程活动信息、流程摘要。单击相应环节可查询有权限处理人员等具体相关信息,如图 3-16 所示。

图 3-16 进程查询

2. 已办工作单查询

对于正在处理的流程，可以单击"系统支撑功能＞＞工作流管理＞＞工作任务＞＞已办工作单"，通过申请编号、环节开始时间、环节结束时间等进行相关查询，如图 3-17 所示。

图 3-17　已办工作单

3. 历史工作单查询

若该工单的所有流程全部结束，可以单击"系统支撑功能＞＞工作流管理＞＞工作任务＞＞历史工作单"，通过申请编号、环节开始时间、环节结束时间等进行相关查询，如图 3-18 所示。

图 3-18　历史工作单

4. 工单模糊查询

若要在待办工作单中通过申请编号查询，只需要输入申请编号的后 5 位即可查询，申请编号的前几位 1112291×××××都是系统按规则生成，基本相同，所以操作时只需要输入后 5 位编号即可查询。对于工单查询也可以进行筛选，如图 3-19 所示，可以看到查询的范围，可以单击📇，根据查询条件进行具体查询，如图 3-20 所示。例如，可查询发起人为自己工号的工单，也可按流程分类查询工单。

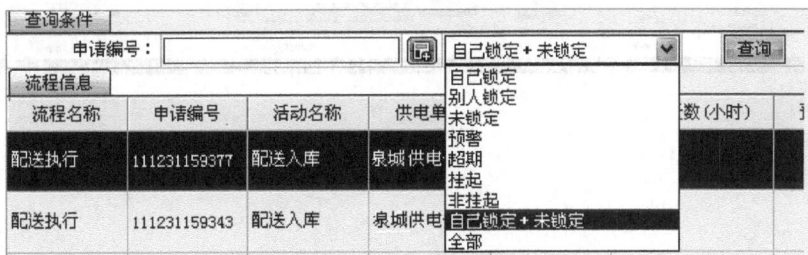

图 3-19 工单查询范围

图 3-20 工单查询条件

四、客户档案信息查询

【案例1】 高压客户查询

高压客户：003256666（用户编号由课堂给定）查询"台区编号"，变压器的"试验日期""厂家名称""计量方式"，电能表的"综合倍率"。

（1）使用新城公司员工号 1××登录营销业务应用系统（注：1××归属泉城供电公司＞开发区供电部＞新城供电公司；××为座位号，以下相同不再说明），每个查询客户由实训教师指定。

（2）路径："客户档案管理＞＞客户信息综合查询＞＞客户信息综合查询"。

（3）录入"客（用）户编号"：003256666，单击"查询"按钮，如图 3-21 所示。

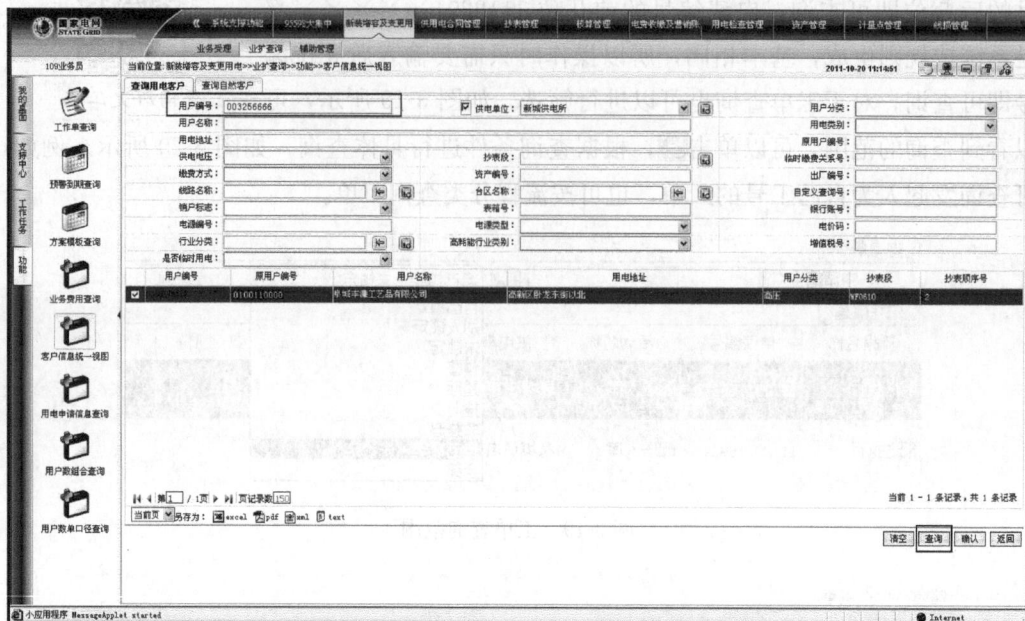

图 3-21　客（用）户档案信息

（4）选择查询得到的记录，单击"确认"按钮打开，受电设备相关信息如图 3-22 所示。

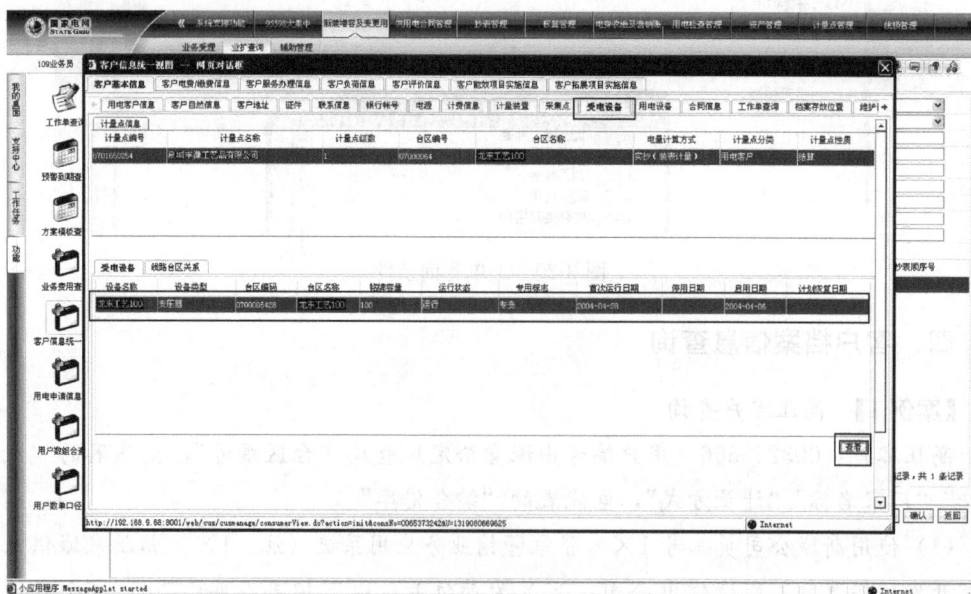

图 3-22　受电设备相关信息

1) 路径："客户基本信息＞＞受电设备"，找到变压器记录，如图 3-22 所示，单击"查看"按钮，即可找到"台区编号""试验日期""厂家名称"，如图 3-23 所示。

2) 单击"返回"，在"客户基本信息＞＞计量装置＞＞电能表"选项卡中，可以查到电能表综合倍率，如图 3-24 所示。

微操作10

受电设备相关
信息查询

图 3-23 受电设备及出厂信息等相关信息

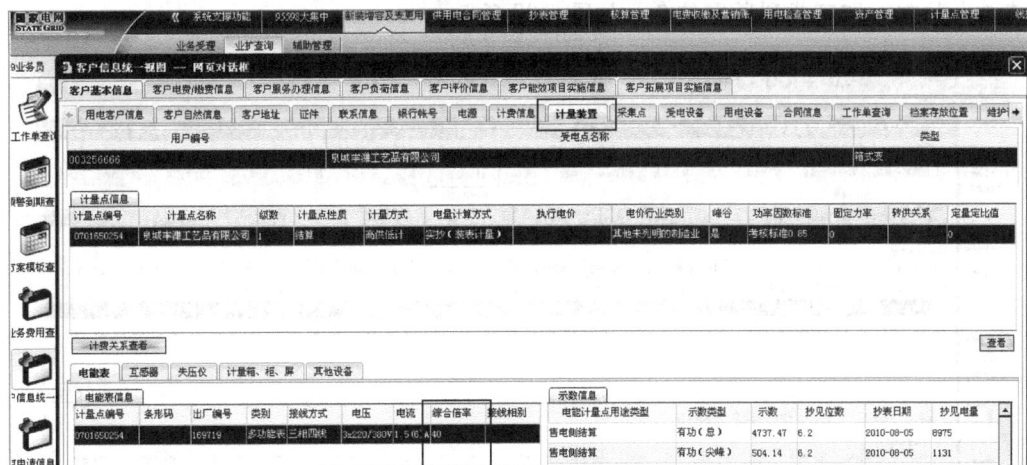

图 3-24 计量装置相关信息

【案例2】 按编号查找客户

查找用户编号为 0011223333 的用户计量点 2 的电量计算方式和定量定比值。

(1) 路径"客户档案管理＞＞客户信息综合查询＞＞客户信息综合查询"。

（2）填写"客（用）户编号"：0011223333，单击"查询"按钮，出现如图 3-25 所示的客户信息。

（3）选择查询得到的记录，单击"确认"按钮打开。

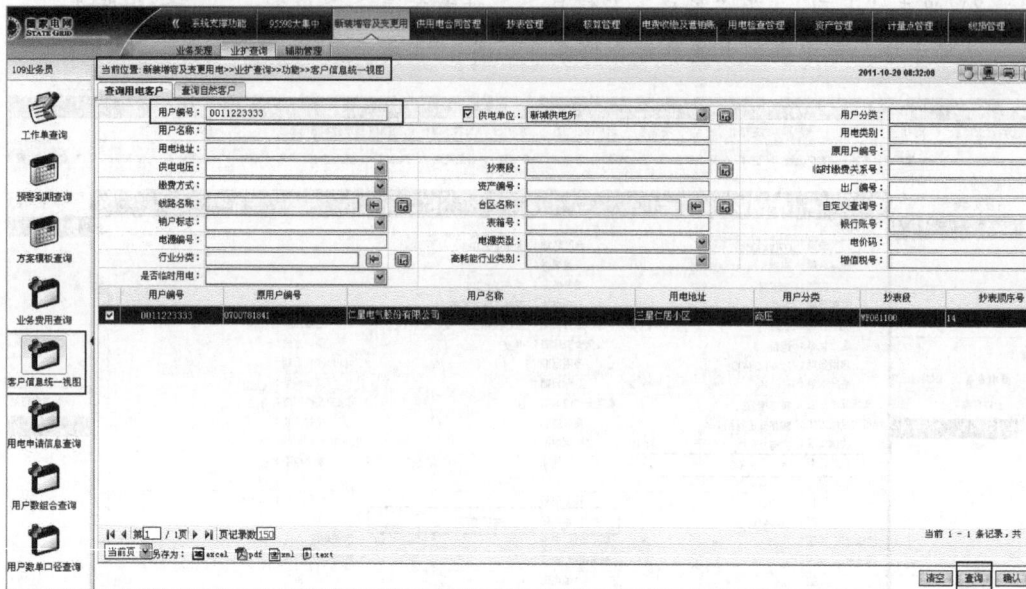

图 3-25 客户信息

（4）路径："客户基本信息>>计量装置"，找到计量点 2，如图 3-26 所示；单击"查看"按钮，即可找到所需信息，如图 3-27 所示。

图 3-26 计量装置相关信息

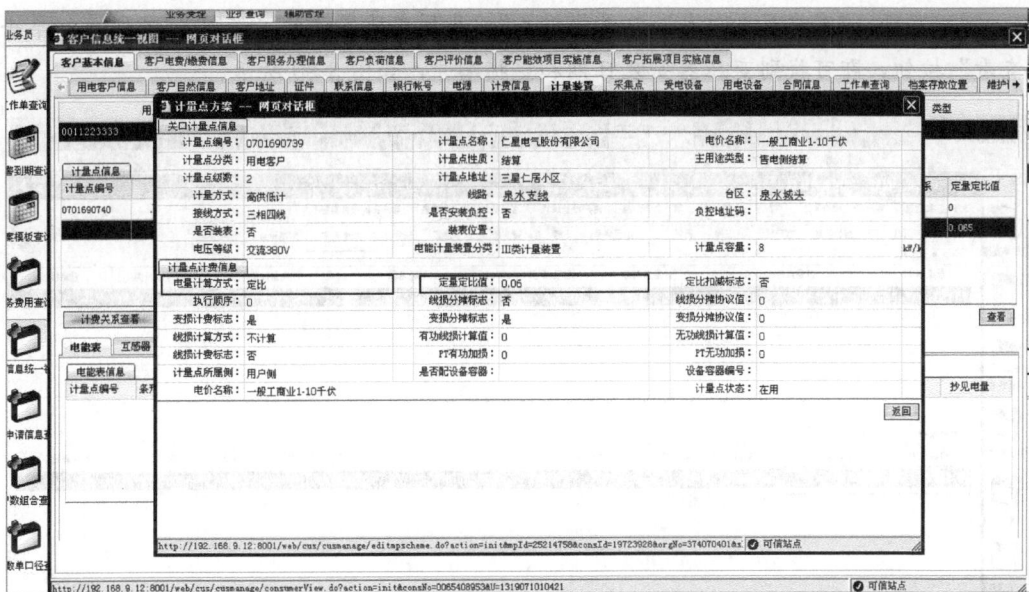

图 3-27 计量点方案相关信息

【案例 3】 按用户名查找客户

查找"南胡",用户编号尾数为 3796 的用户、变压器安装日期、变损编号、抄表段编号、峰段电度电价。

(1) 路径:"客户档案管理>>客户信息综合查询>>客户信息综合查询"。

(2) 填写"客(用)户名称":南胡,单击"查询"按钮。

(3) 在查询结果中找到所需记录,单击"确认"按钮,如图 3-28 所示。

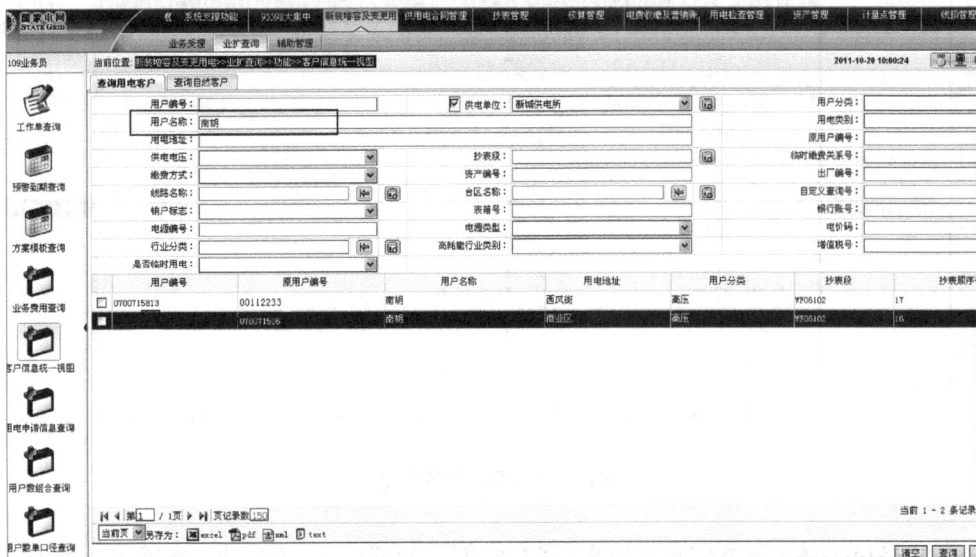

图 3-28 客户信息

（4）路径："客户基本信息>>受电设备"，找到变压器记录，如图 3-29 所示，单击"查看"按钮，即可找到变压器安装日期和变损编号，如图 3-30 所示。

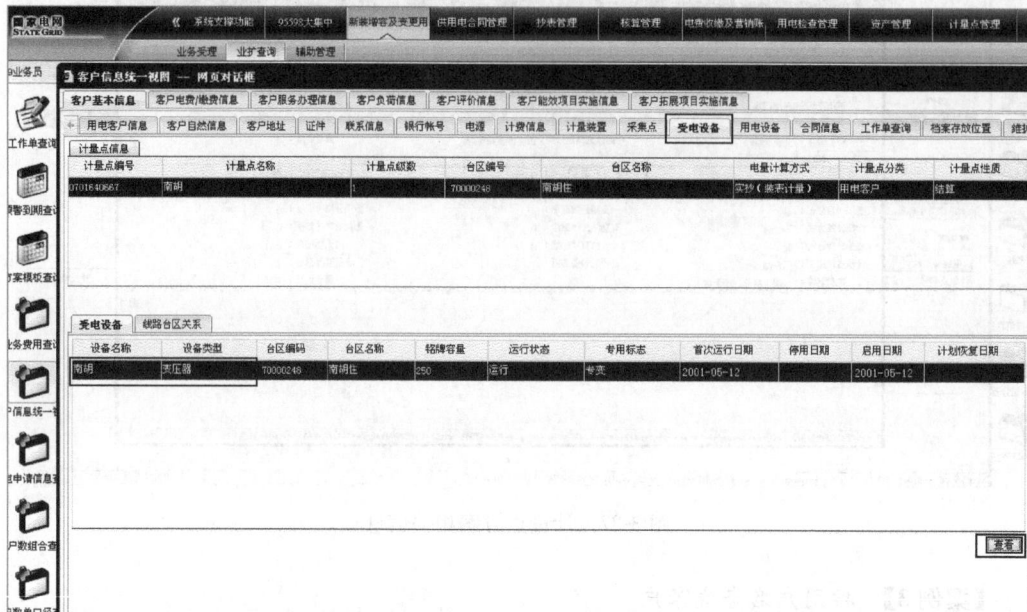

图 3-29　变压器信息

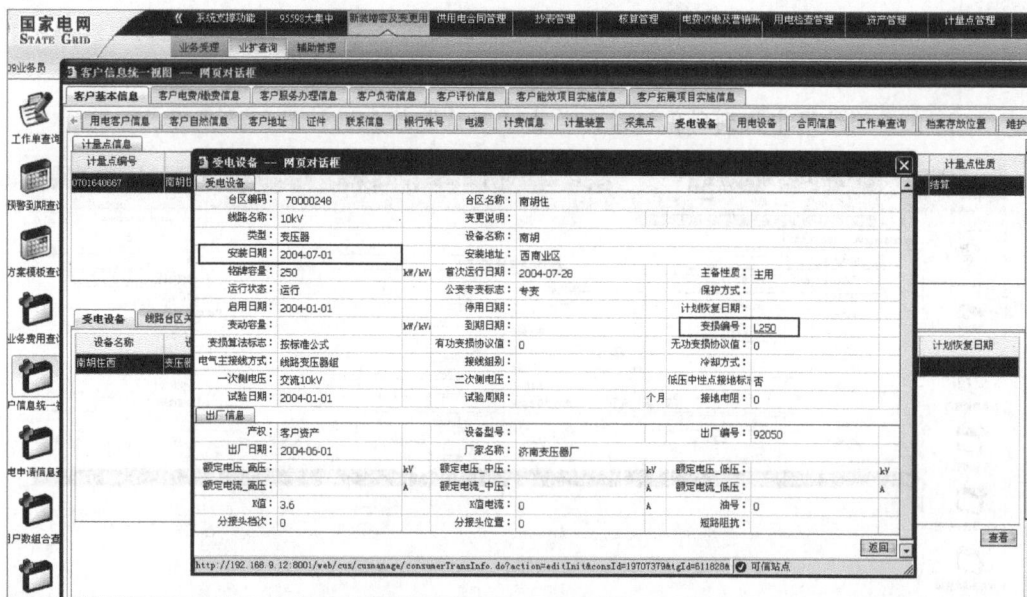

图 3-30　受电设备信息

（5）路径："客户基本信息>>用电客户信息"，即可找到抄表段号，如图 3-31 所示。

（6）路径："客户基本信息>>计费信息>>用户电价"，可以看到用户执行的电价标准为"一般工商业 1-10 千伏",如图 3-32 所示;直接单击即可打开电价标准,从中可以找到峰段电度电价,如图 3-33 所示。

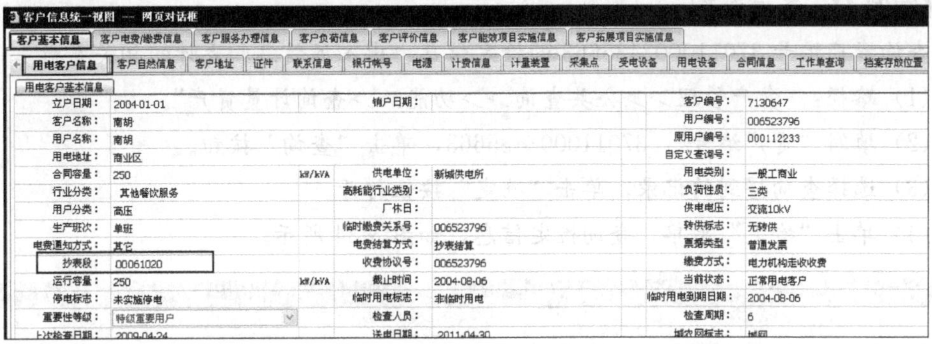

图 3-31 用电客户信息

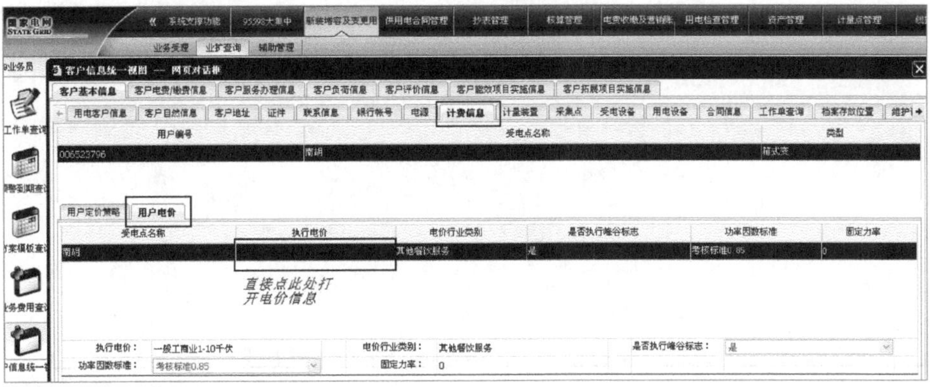

图 3-32 计费信息

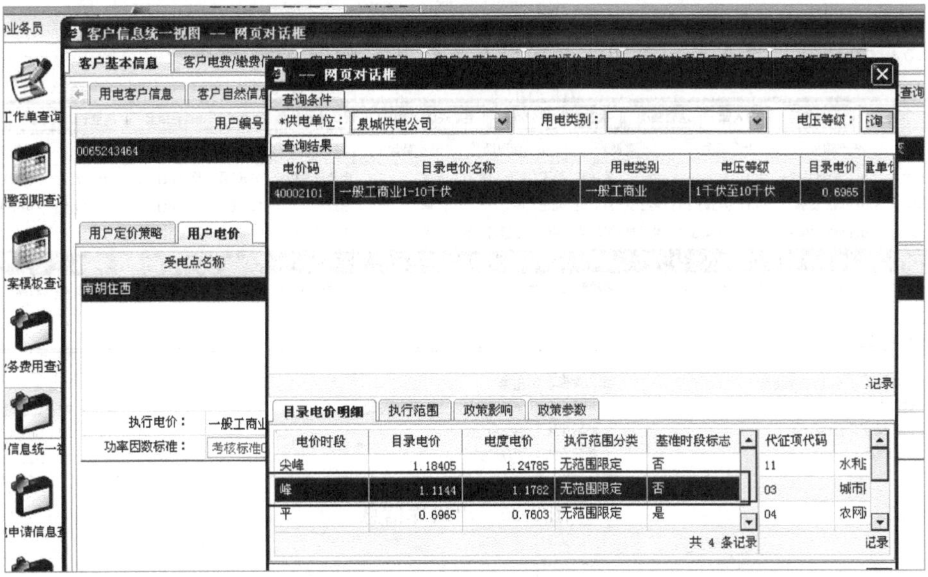

图 3-33 目录电价明细

五、资产查询

【案例4】 查询资产

查询资产编号370110003435663的检定信息、出入库信息和表计的相关参数。

(1) 路径:"资产管理>>公共查询>>功能>>查询计量资产"。

(2) 填写"资产编号":370110003435663,单击"查询"按钮。

(3) 选择查询得到的记录,单击"确定"按钮打开。

(4) 单击"检定"菜单,查询检定信息,如图3-34所示。

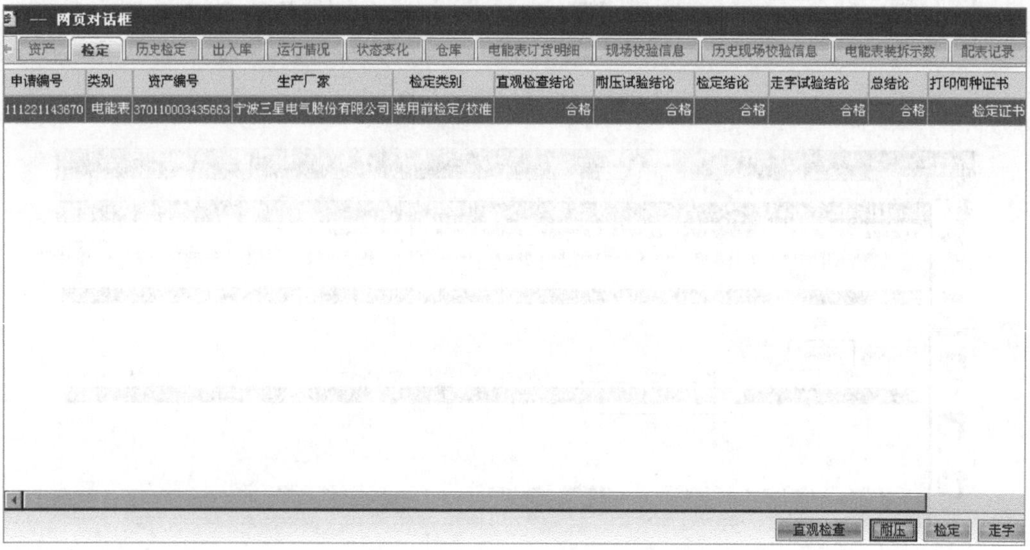

图3-34 检定信息

(5) 切换到"出入库"页面,查询出入库信息,如图3-35所示。

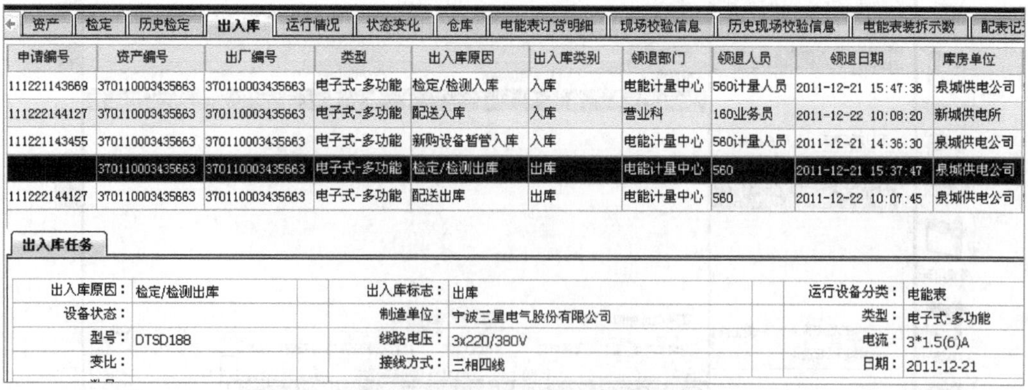

图3-35 出入库信息

（6）切换到"资产"页面，查询表计参数信息，如图 3-36 所示。

图 3-36 表计参数信息

任务拓展

（1）通过新城供电公司分配员工号登录营销业务应用系统，至少登录三个不同角色。

（2）针对工单查询待办工单、已办工单和历史工单操作，对比其区别。在待办工单下锁定并解锁别人的工单。

（3）通过系统的查询功能完成如下任务：

1）在新城供电公司查询本人所用工号最近一次所归档的低压新装用户的用户编号及所配表计的型号分别是_____、_____。

2）在新城公司请找出某公司（用户编号由教师指定）的计量信息：计量点和受电变压器等信息，并记录在表 3-7 中。

表 3-7   某公司计量信息表

本计量点电量计算方式	线路名称	电价内的代征合计	采集点的终端编号	合同编号	变压器出厂日期

3）请在新城供电公司查询出某用户（用户编号由教师指定）的电能表订货合同编

号和检定/检测入库环节的申请编号分别是＿＿＿＿＿＿＿＿＿、＿＿＿＿＿＿＿＿＿＿＿＿＿。

4）查询某计量资产（资产编号由教师指定）的表计的当前状态、使用用户的用户编号、配送入库日期分别是＿＿＿＿＿＿＿＿、＿＿＿＿＿＿＿＿＿、＿＿＿＿＿＿＿＿＿。

5）在省级计量中心泉城分基地通过"资产管理＞＞公共查询＞＞配送查询"进行"配送计划查询"，查询2011年10月15日至20日内制定的月计划的制定人和执行标志分别是＿＿＿＿＿＿＿＿、＿＿＿＿＿＿＿＿＿＿。

任务评价

任务完成后，根据表 3-8 所列考核要求对学生进行综合评价。

表 3-8　　　　　　　　　　　　　　任务实施评价标准表

考核点	考核要求	分值	得分
模块布局	了解查询相关信息功能，重点了解用户信息查询、工单的查询、资产设备信息的查询； 分模块了解和查询实际操作	10	
用户查询	"客户档案管理＞＞功能＞＞客户信息统一视图"，掌握用户查询方法和提高数据的获取能力； 也可以通过"新装增容及变更用电＞＞业扩查询＞＞功能＞＞客户信息统一视图"查询	30	
资产查询	"资产管理＞＞公共查询＞＞功能＞＞查询计量资产"，掌握资产查询方法和数据的获取能力； 针对不同的资产选择不同的页面查询	30	
工单查询	"工作任务＞＞待办工单"，查看工单分类； 针对工单的状态分别查询待办工单、已办工单、历史工单	30	
总分		100	

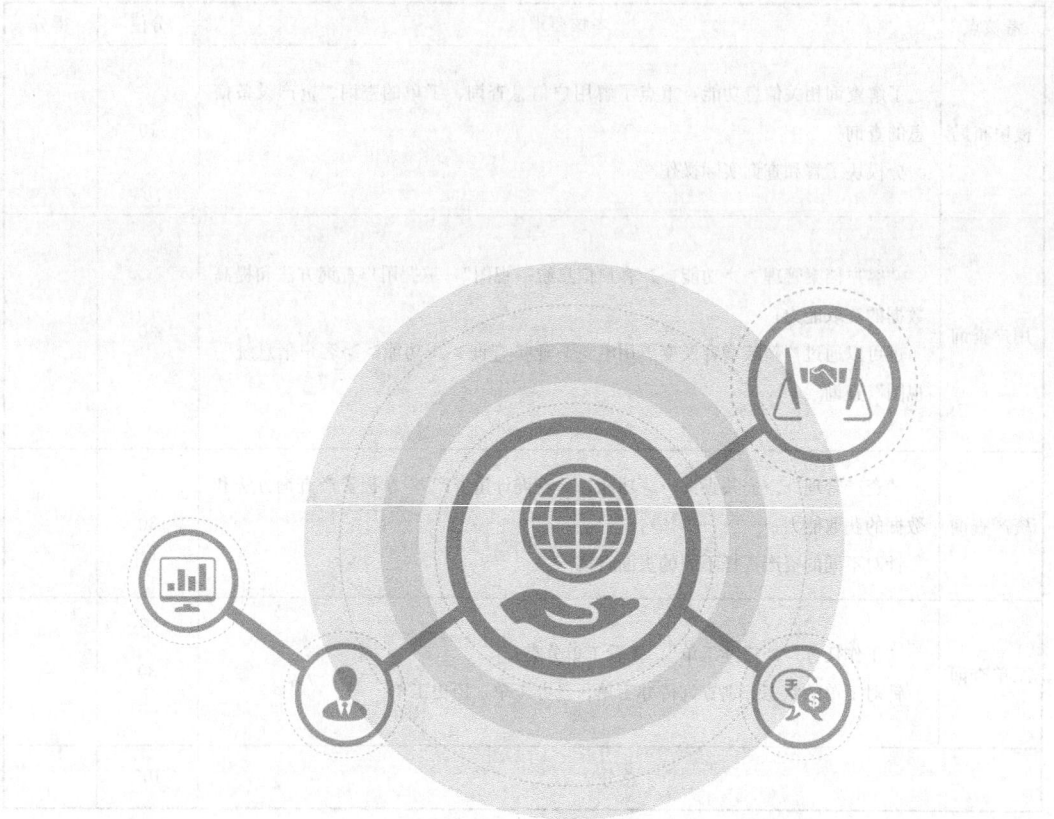

营销业务应用系统工单流程操作

【情境描述】

本情境设计了两项工作任务，分别是"违约用电、窃电工单管理"和"计量资产配送流程操作"。本情境核心知识点是掌握违约用电行为或窃电行为的概念，营销业务应用系统（以下简称"系统"）中违约用电、窃电管理流程，电量电费和违约使用电费追补操作，系统中配送管理流程操作。关键技能项是能够结合业务进行业务流程和工单操作。

【情境目标】

（1）知识目标：掌握《供电营业规则》第一百条至第一百零四条，能够正确判断违约用电和窃电行为；掌握违约用电和窃电的处理方法；熟悉分级表库管理，通过申请配送的形式，掌握计量设备的传递系统流程。

（2）能力目标：根据用电检查管理相关业务知识，能够独立完成用电检查管理的流程操作；根据配送管理的相关业务知识，能够独立完成配送管理的流程操作，能运用流程中的操作技巧对常见问题进行分析和处理。

（3）素质目标：培养稳健工作态度，熟悉业务，具备岗位责任心；具备系统业务操作职业能力潜质，养成细心的职业素养。

任务一　实施违约用电、窃电业务处理

📠 任务描述

结合《供电营业规则》和现场违约用电或窃电实例，分析并判断其性质，选择业务子项进行处理；根据供电公司对用户违约用电、窃电行为现场调查取证结果，判断用电行为，发起违约用电或窃电流程工单，跟踪工单进程，直至完成归档。

🖥 任务目标

通过学习《供电营业规则》，使学生能够正确判断违约用电和窃电，掌握正确处理

违约用电和窃电的方法；利用营销应用系统实训室的场地设备和仿真资源，熟悉违约用电、窃电处理流程操作；能够对工作中发现的违约用电、窃电行为，在营销业务应用系统中独立完成业务处理操作。

知识准备

《供用电营业规则》规定：危害供用电安全、扰乱正常供用电秩序行为，属于违约用电行为。供电企业对查获的违约用电行为应及时予以制止。有下列违约用电行为者，应承担其相应的违约责任。

1. 违约用电行为

（1）在电价低的供电线路上，擅自接用电价高的用电设备或私自改变用电类别。

（2）私自超过合同约定的容量用电。

（3）擅自超过计划分配的用电指标用电。

（4）擅自使用已在供电企业办理暂停手续的电力设备或启用供电企业封存的电力设备的，应停用违约使用的设备。

（5）私自迁移、更动和擅自操作供电企业的用电计量装置、电力负荷管理装置、供电设施以及约定由供电企业调度的用户受电设备者。

（6）未经供电企业同意，擅自引入（供出）电源或将备用电源和其他电源私自并网。

2. 窃电行为

（1）在供电企业的供电设施上，擅自接线用电。

（2）绕越供电企业用电计量装置用电。

（3）伪造或者开启供电企业加封的用电计量装置封印用电。

（4）故意损坏供电企业用电计量装置。

（5）故意使供电企业用电计量装置不准或者失效。

（6）采用其他方法窃电。

3. 处理原则

针对用电稽查信息系统、用电检查、抄表、电能量采集、计量、线损管理、举报受理等工作中发现的涉及违约用电、窃电的用户，进行现场调查取证，对确有违约用电、窃电行为的应及时制止，并按相关规定进行处理。

材料准备

材料要求，具体见表 4-1。

序号	材料名称	单位	数量
1	作业指导书	份	1
2	单元教学设计	份	1
3	安全交底签字表	份	1
4	作业手册材料	份	1

表 4-1　　　　　　　　　　　　　　**材料及要求**

任务实施[1]

一、召开班前会

召开班前会，进行学生考勤，对安全进行交底。本情境设置在信息化的实训室，进入实训室注意安全事项和学员行为规范，并填写培训日志、班前会记录。

二、违约用电和窃电处理案例实施

（一）选择工号权限登录

以新城供电公司的员工号作为实训工号（1××登录系统）。

（二）熟悉业务流程

流程操作分为窃电处理和违约用电处理两类，业务流程包括现场调查取证、费用确定、审批、核算、收费、归档等环节，如图 4-1 所示。

（三）查看系统流程图

登录营销业务应用系统，在系统中查看违约用电业务流程图，如图 4-2 所示，也可以在后续流程代办工单中根据颜色变化查看进度。

（四）违约用电、窃电行为处理

1. 选择入口地址

选择业务路径，"用电检查管理>>违约用电、窃电管理>>现场调查取证"，进入"现场调查取证"页面，如图 4-3 所示。

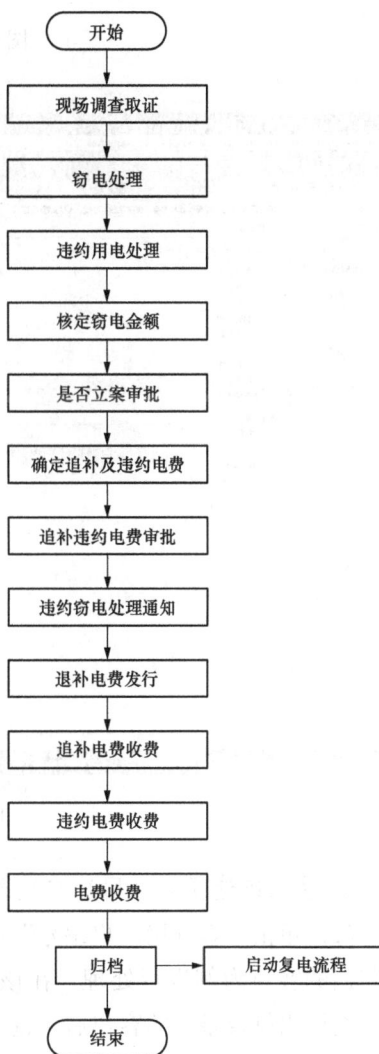

图 4-1　业务流程

---

[1]本任务设备准备、人员准备、场地准备参考"情景三任务一"。

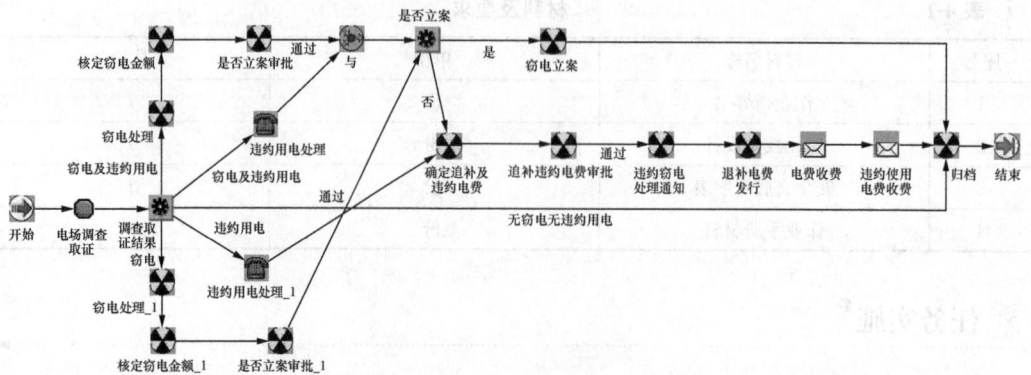

图 4-2　系统中业务流程图

图 4-3　现场调查取证

2. 录入或选择客（用）户编号

（1）单击"客（用）户编号"后的图片按钮，弹出客户选择页面。本次任务以本工号归档的客户为例进行处理，在该页面根据实际情况录入查询条件，单击"查询"按钮，查询出符合条件的客户后，选中本工号归档的客户，单击"确定"按钮，系统返回"现场调查取证"页面，如图 4-4 所示。

（2）如果违约用电或窃电的不是用电客户（无档案户俗称"黑户"，即在系统中没有该用户），则在"现场调查取证"页面直接单击"保存"按钮，系统会提示"没有用

图 4-4 信息填写

户编号，是否发起无档案客户违约窃电流程"，如图 4-5 所示。

图 4-5 非用电客户情况

（3）单击"确定"按钮后即发起无档案客户违约窃电流程。具体流程和有档案用户一致。

3．违约用电、窃电行为处理

选择完用户后在"现场调查取证信息"中根据实际情况录入"现场调查取证信息"情况，实训中以发生违约用电的情况为例介绍处理方法，如图 4-6 所示。

（1）勾选违约用电，注意无窃电现象窃电不能勾选，确认信息无误后单击"保存"按钮，提示成功后再单击"发送"按钮，流程发送到"违约用电处理＿1"环节。

（2）单击"工作任务"列表中可以看到待办工作单选项，单击后进入"待办工单"

微课11

现场调查取证

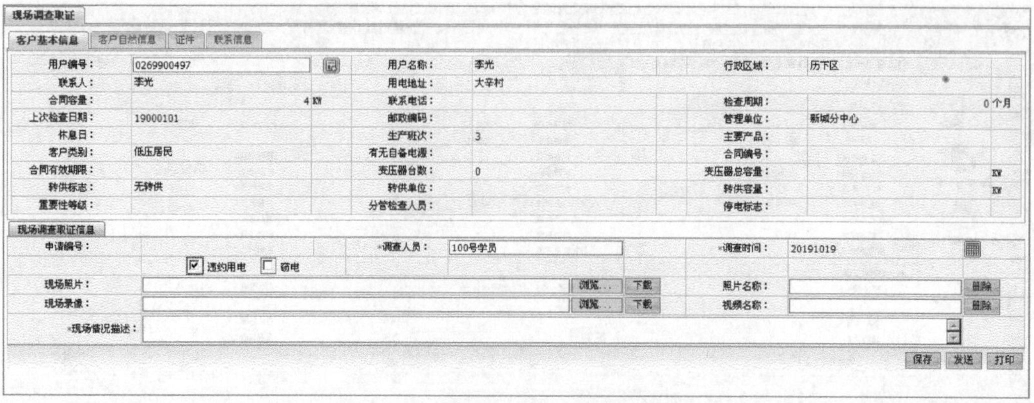

图 4-6 违约用电的现场调查取证

页面，输入生成的申请编号，查询出违约用电处理工作单。若查询不到，请注意权限问题或者工单号前后空格问题。工单号没有记录者，可以按照发起人查询或者在已办工单中获取工单号。

选中违约用电处理的工作单，单击"处理"按钮后进入"违约用电处理"页面，如图 4-7 所示。

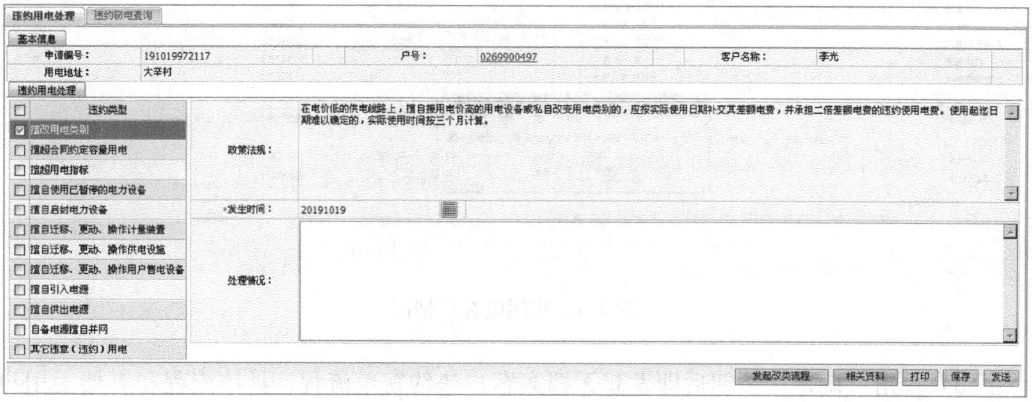

图 4-7 违约用电处理

（3）根据实际情况录入违约用电行为、发生时间和处理情况后，单击"保存"按钮。本次任务以"擅改用电类别"为例完成违约用电处理。现场中和后续练习可以选择不同类型进行操作。

完成选择，单击"打印"按钮弹出"单据打印"页面，如图 4-8 所示，单击"确定"按钮，出现如图 4-9 所示的"违约用电通知书"。

确认所有处理工作做完后单击"发送"按钮，流程发送到"确定追补及违约电费"环节。

窃电工单与违约用电工单有所区别：进入"窃电处理"页面，根据实际情况录入窃

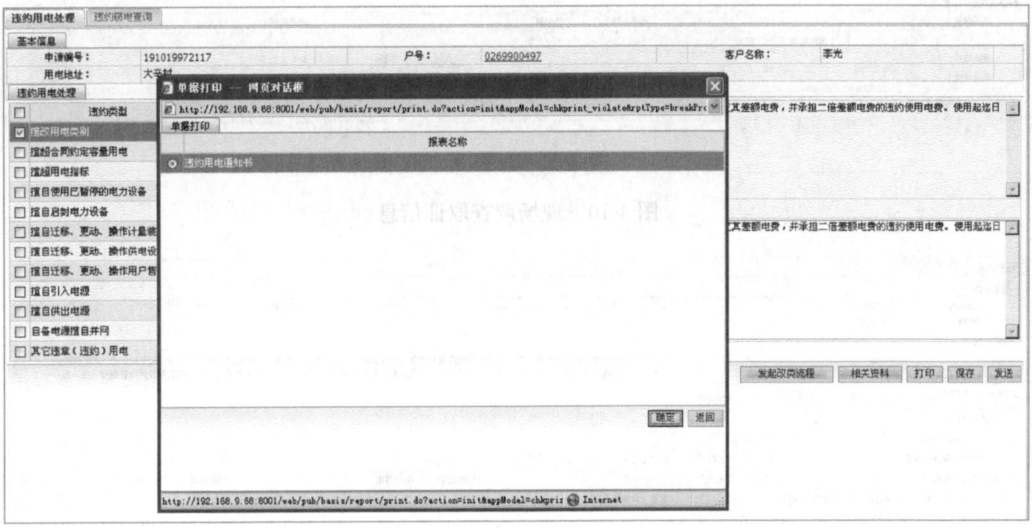

图 4-8　违约用电通知书打印

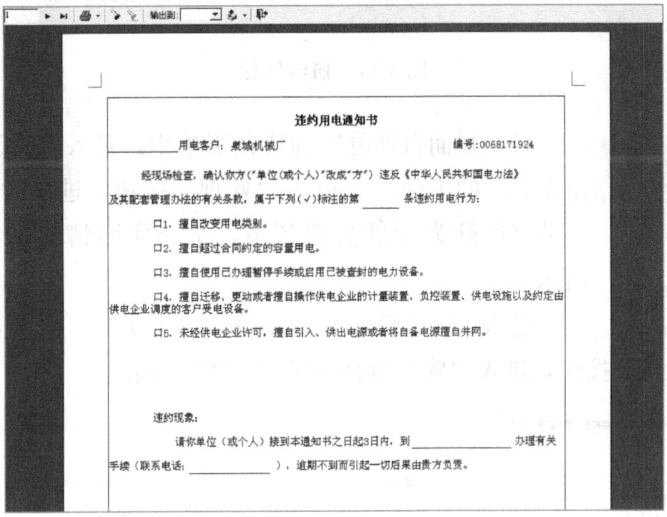

违约用电通知书

用电客户：景城机械厂　　编号:0068171924

经现场检查，确认你方("单位(或个人)"改成"方")违反《中华人民共和国电力法》及其配套管理办法的有关条款，属于下列(√)标注的第＿＿条违约用电行为:

□1. 擅自改变用电类别。

□2. 擅自超过合同约定的容量用电。

□3. 擅自使用已办理暂停手续或启用已被查封的电力设备。

□4. 擅自迁移、更动或者擅自操作供电企业的计量装置、负控装置、供电设施以及约定由供电企业调度的客户受电设备。

□5. 未经供电企业许可，擅自引入、供出电源或者将自备电源擅自并网。

违约现象:

请你单位（或个人）接到本通知书之日起3日内，到＿＿＿＿＿＿办理有关手续（联系电话:＿＿＿＿＿＿），逾期不到而引起一切后果由贵方负责。

图 4-9　违约用电通知书

电处理相关信息后，需完成“立案”或者“停电”操作。如果选择了“立案”则在发送流程后需要走立案的流程，同时流程发送到“归档”环节（因金额和处理难度等原因，此时应交给警方处理）。如果选择停电，则需要录入“停电人员”“停电原因”“停电时间”，这里的停电不需要走停电流程，而是直接停电，“现场调查取证信息”页面如图 4-10 所示，“窃电处理”页面如图 4-11 所示。

（4）确认录入信息无误后单击“发送”按钮，流程发送到“核定窃电金额”环节，输入信息后，单击“发送”按钮，出现如图 4-12“核定窃电金额－1”页面。

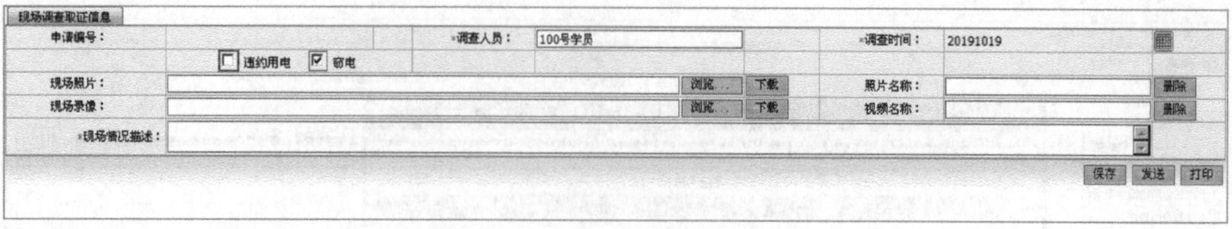

图 4-10　现场调查取证信息

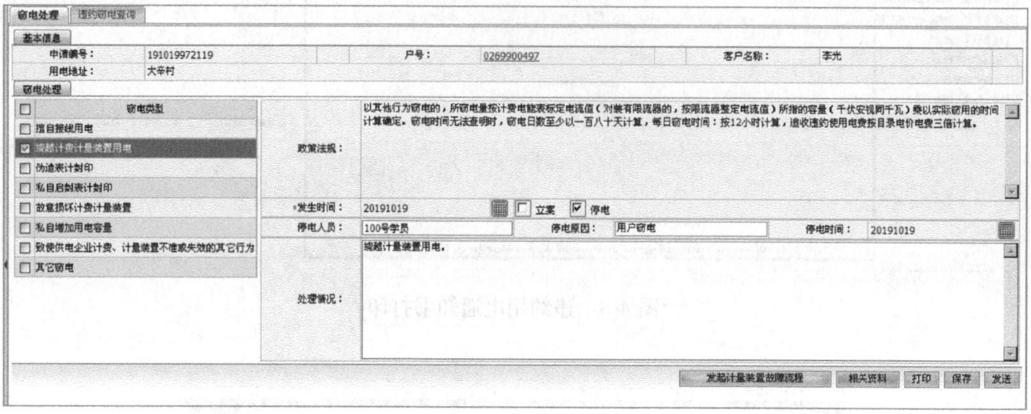

图 4-11　窃电处理

微课12

违约用电处理

（5）页面自动跳转到待办工单中，录入申请编号查询出"窃电立案"的工作单，单击"处理"按钮，进入"是否立案审批"环节（此处为标准流程环节，结合实际情况进行），如图4-13所示。

进入该环节后，对上一环节"不立案"或"立案"进行审批确认，单击"发送"按钮，进入"确定追补及违约电费"环节。

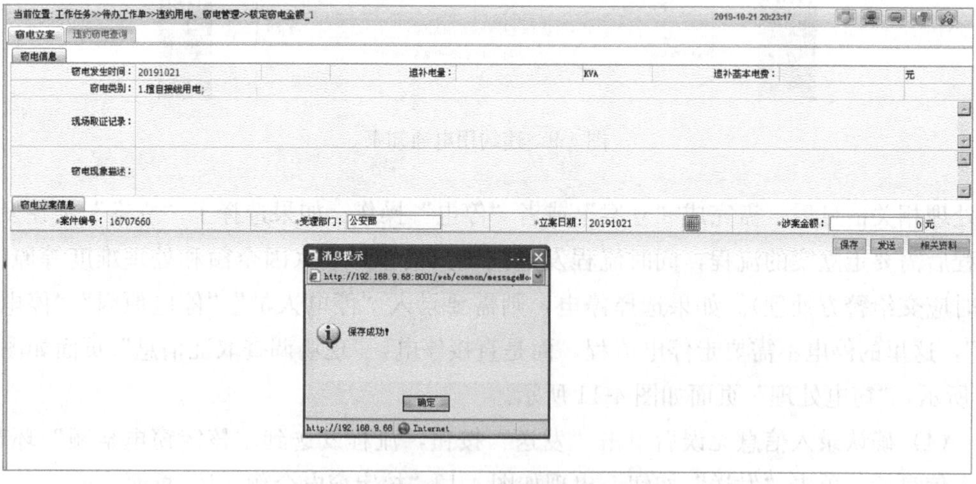

图 4-12　核定窃电金额—1

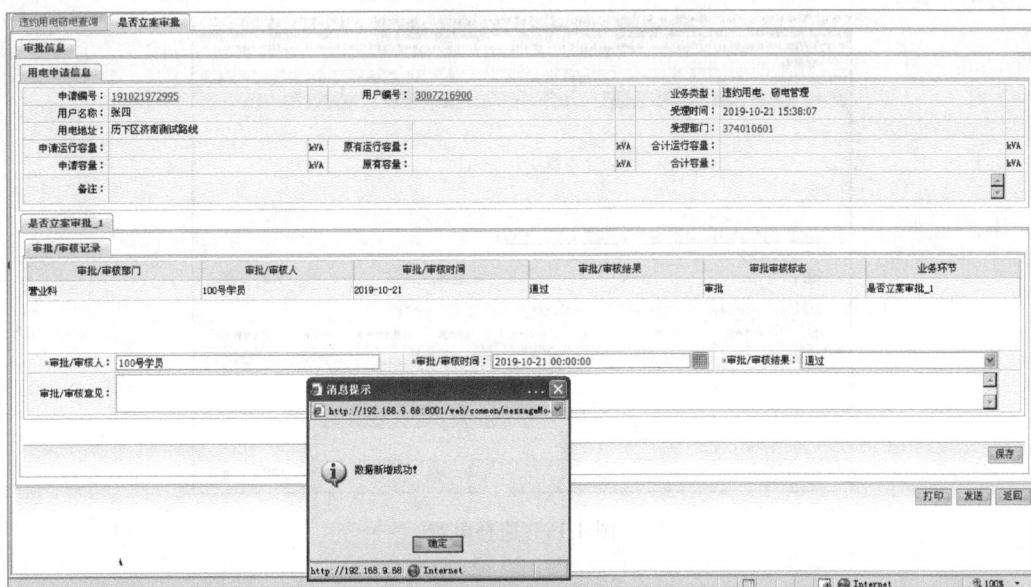

图 4-13 是否立案审批—1

（6）单击"工作任务"列表中可以看到待办工作单选项，单击后进入待办工单页面，输入生成的申请编号，查询出违约用电处理工作单后，选中违约用电处理的工作单，单击"处理"按钮后进入"确定追补电费及违约使用电费"页面，如图 4-14 所示。

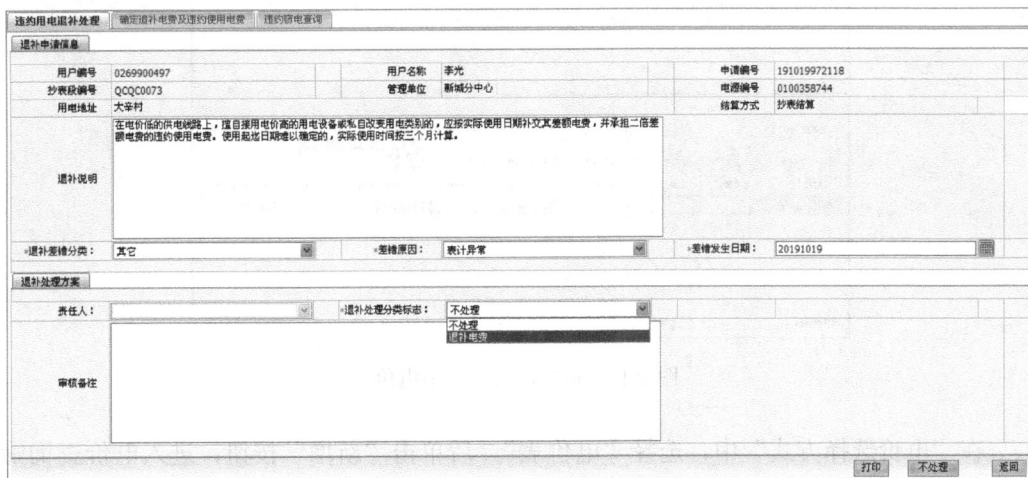

图 4-14 违约用电退补处理

在"退补处理分类标志"中选择"追补电费"，然后录入其他信息后单击"保存"按钮，需注意此处需下拉菜单选择"追补电费"才会有后续的处理按钮，完成保存操作后单击"调整电费"按钮，弹出"退补电费明细"页面，如图 4-15 所示。

在"电价选择方式"中，首先选择"当前档案"（当前档案代表该用户的档案原有

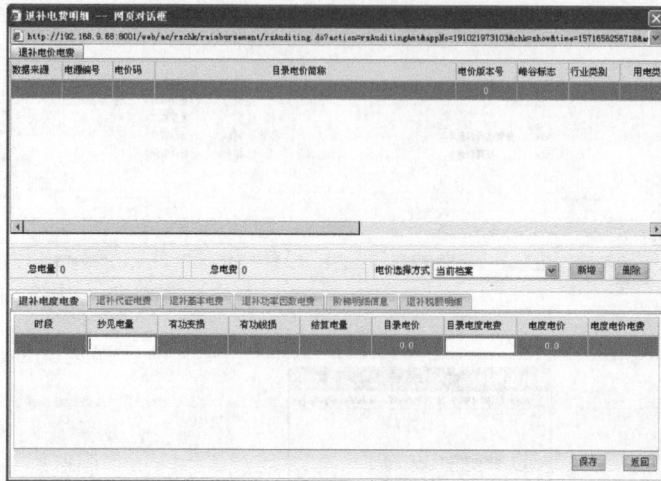

图 4-15　追补电费

的设置电价），后单击"新增"按钮，系统会将电价显示出来，在当前电价下做追退处理，本案例不考虑该居民户的阶梯情况，具体现场按照规定处理，如图 4-16 所示。

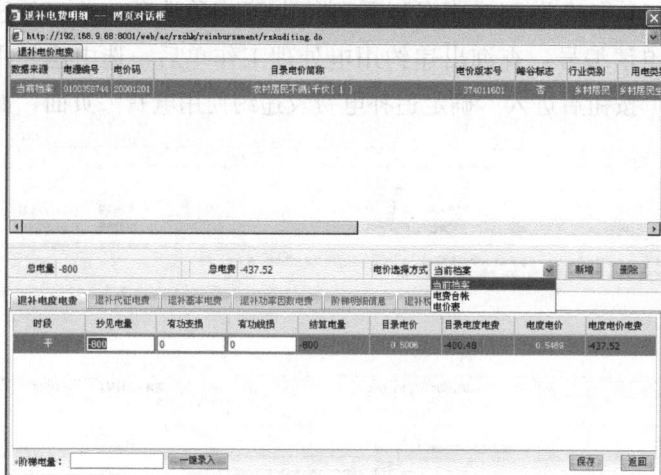

图 4-16　追补电费（当前电价）

在"电价选择方式"中，选择"电价表"，后单击"新增"按钮，进入电价查询筛选页面，按照"用电类别""电压等级"确定追补的电价，然后单击"确定"按钮。本案例为高价低套，考虑用户实际为一般工商业用电，电价选择工商业电作为实际追补的电价，如图 4-17 所示。

选择追补的电价，在"抄见电量"中录入需要追补的电量，如图 4-18 所示，然后单击"保存"按钮，系统会自动计算出"目录电度电费""各个代征项电费""电度电费"，注意不同电价退补电量之和为零，即没有电量的增加，只是价格的改变。确定好费用后

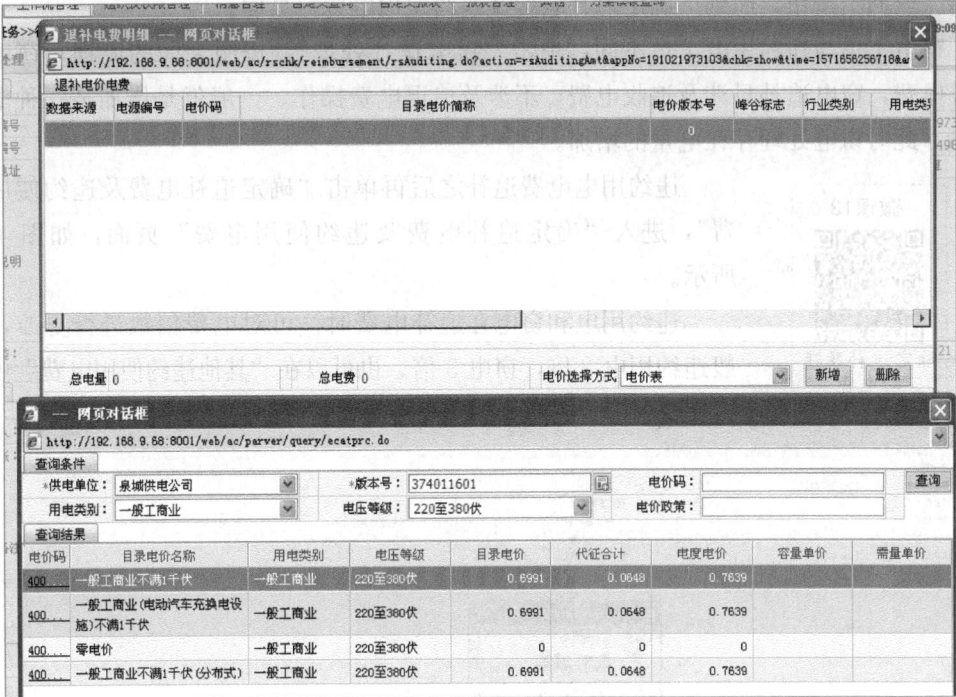

图 4-17 追补电费（选择电价）

图 4-18 追补电费（电量录入）

单击"返回"按钮，回到"确定追补电费及违约使用电费"页面。

窃电工单与违约用电工单不同：单击"窃电退补处理"，按照上面的流程对窃电做追补电费，窃电追补只涉及追收电费，不涉及追退电费操作，一般就是增加某一种电价电量。此时窃电处理存在电量的增加。

违约用电电费追补之后再单击"确定追补电费及违约使用电费"，进入"确定追补电费及违约使用电费"页面，如图 4-19 所示。

违约用电和窃电在追补电费时，可对电费倍数进行更改，一般违约用电 2 倍，窃电 3 倍。也可以在"其他违约使用电费"中直

图 4-19　追补电费及违约使用电费

接定义违约使用电费数额，录入完成后单击"保存"按钮，完成违约使用电费的录入。确认无误后单击"发送"按钮，流程发送到追补违约电费审批环节。

（7）页面自动跳转到待办工单中，录入申请编号查询出追补违约电费审批的工作单，单击"处理"按钮，进入"确定追补违约窃电电费审批"页面，如图 4-20 所示。

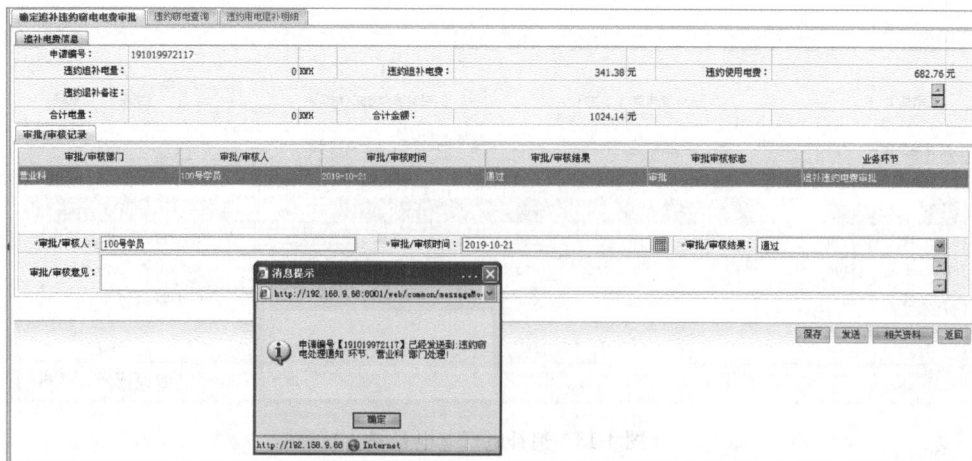

图 4-20　追补违约电费审批

　　录入审批意见后单击"保存"按钮，如果审批通过，则单击"发送"按钮，流程发送到"违约窃电处理通知"环节；如果审批不通过则单击"发送"按钮后流程回到之前的环节。

　　（8）页面自动跳转到待办工单中，录入申请编号查询出"违约窃电单据打印"的工作单，单击"处理"按钮，进入"违约窃电处理通知"页面，如图 4-21 所示。

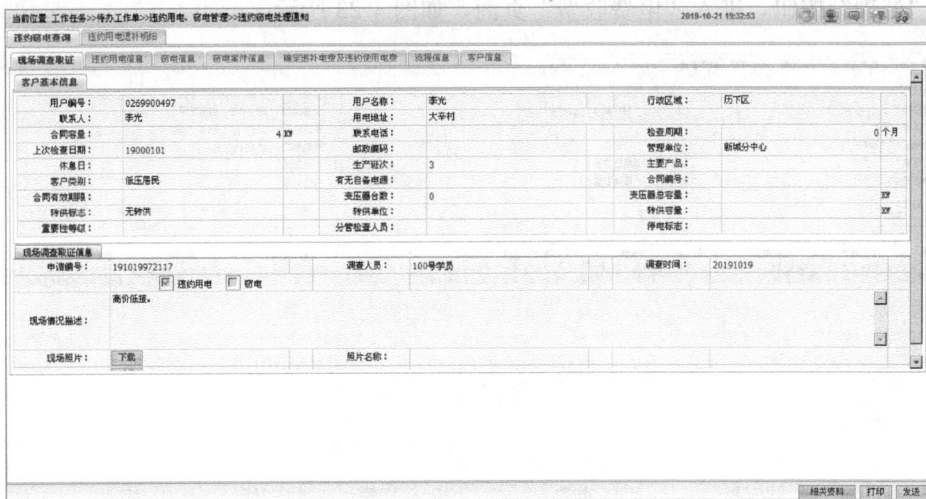

图 4-21　违约窃电处理通知

　　该页面可以查看违约用电窃电的所有情况，单击"打印"按钮，弹出打印单据选择页面，打印"缴费通知单"，完成打印，此处为模拟操作，不需打印处理，关闭页面后单击"发送"按钮，流程发送到"退补电费发行"环节。

　　（9）页面自动跳转到待办工单中，录入申请编号查询出"退补电费发行"的工作单，单击"处理"按钮，进入"退补电费发行"页面，如图 4-22 所示。

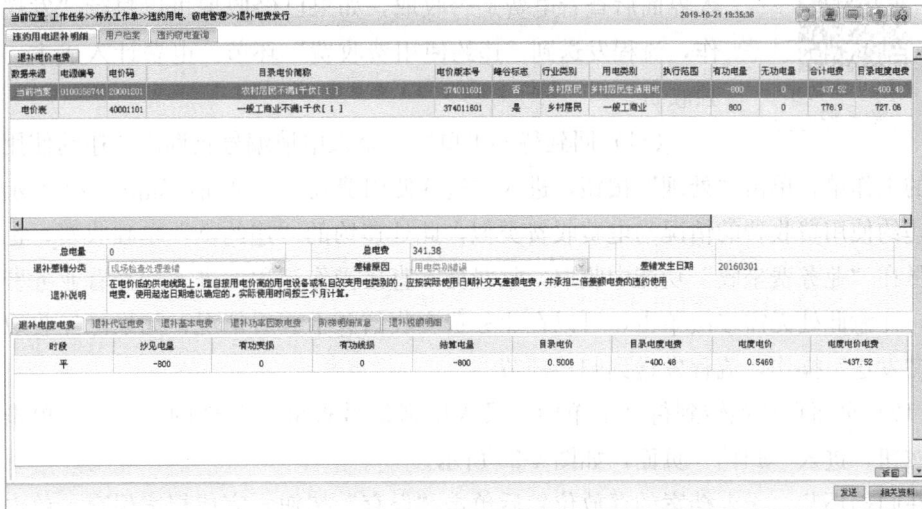

图 4-22　退补电费发行

在"退补电费发行"页面可以单击"违约用电退补明细"来查看退补电费的明细，确定无误后单击"发送"按钮，执行电费发行和流程发送的功能，流程发送到电费收费环节。

（10）页面自动跳转到待办工单中，录入申请编号查询出"电费收费"的工作单，单击"处理"按钮，进入"电费收费"页面，如图 4-23 所示。

图 4-23　电费收费

电费收费一般是由收费员来收取的，注意角色的切换，因此需要在收费账务模块中的"电费坐收"中处理，流程控制人员进入界面后查看电费是否收取，如果已经收取可以执行"发送"操作，流程发送到"违约使用费收费"环节。电费计入成本，需单独收费。

微课14

追补及违约电费审批

（11）回到待办工单中，录入申请编号查询出"违约使用费收费"的工作单，单击"处理"按钮，进入"违约使用费收费"页面，如图 4-24 所示。

违约使用费收费的情况与电费收费类似，此处违约的"违约款"单独收费，也是由收费员在"业务费坐收"功能中收取，收费员不直接操作流程，进入后查看业务费是否收取，注意此处无需多次单击，可以在业务费实收信息中查看情况，如果已经收取可以执行"发送"操作，流程发送到归档环节。

（12）页面自动跳转到待办工单中，录入申请编号查询出归档的工作单，单击"处理"按钮，进入"归档"页面，如图 4-25 所示。

在归档环节，录入档案的存放位置后单击"保存"按钮，完成档案保存。单击"打

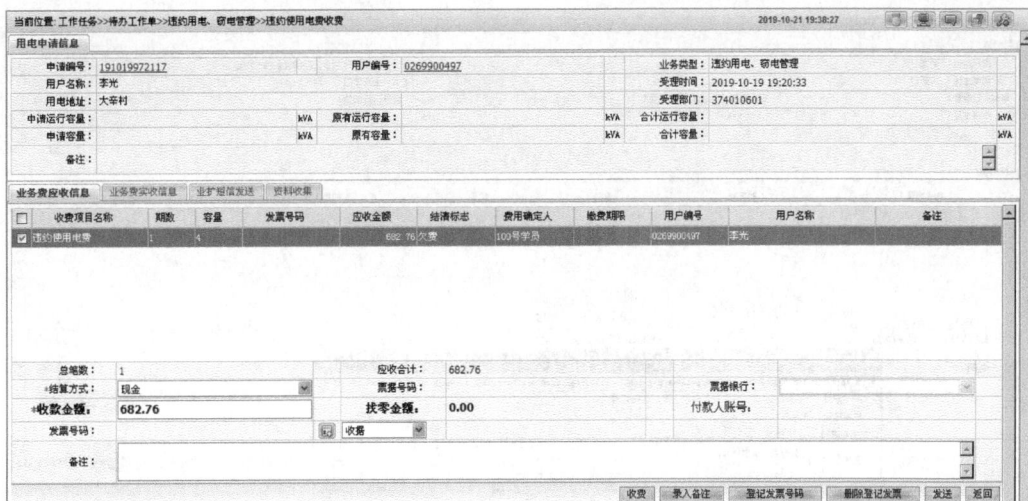

图 4-24 违约使用费收费

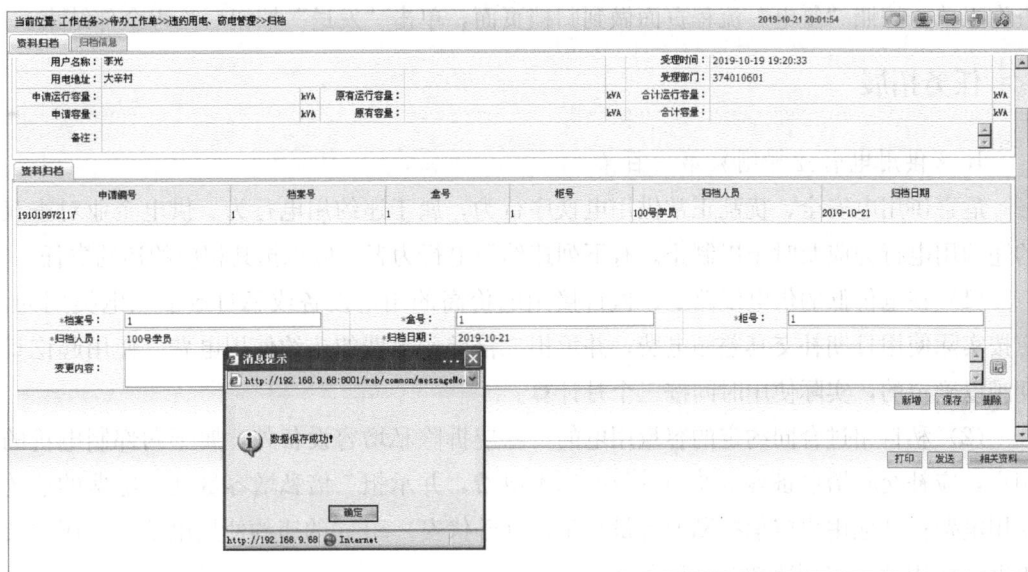

图 4-25 归档

印"按钮可以打印窃电行为报告,单击"发送"按钮后流程结束。可以在历史工单中
查询。

在窃电工单中:如果有窃电行为,在归档的时候会出现"复电"按钮,如果该用户
已经停电,并且电费和违约使用电费已经结清则单击"复电"按钮,系统弹出复电发起
页面,如图 4-26 所示。

录入"计划复电时间""复电原因"后单击"发送"按钮后,复电的子流程发起。

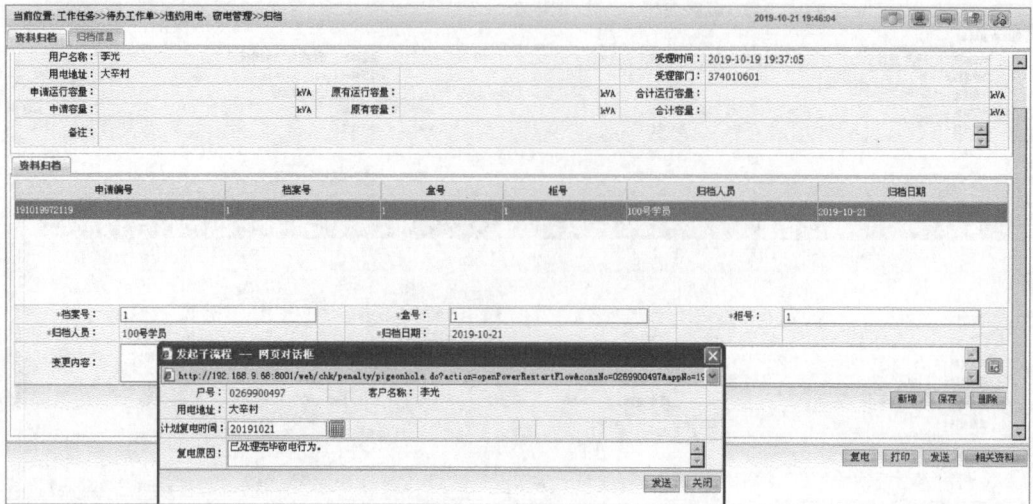

图 4-26　复电操作

查询工单，按照"复电"流程页面做到归档页面，单击"发送"按钮后流程全部结束。

任务拓展

1.《供用电营业规则》第一百条

危害供用电安全、扰乱正常供用电秩序行为，属于违约用电行为。供电企业对查获的违约用电行为应及时予以制止。有下列违约用电行为者，应承担其相应的违约责任。

（1）在电价低的供电线路上，擅自接用电价高的用电设备或私自改变用电类别的，应按实际使用日期补交其差额电费，并承担二倍差额电费的违约使用电费。使用起讫日期难以确定的，实际使用时间按三个月计算。

（2）私自超过合同约定的容量用电的，除应拆除私增容设备外，属于两部制电价的用户，应补交私增设备容量使用月数的基本电费，并承担三倍私增容量基本电费的违约使用电费；其他用户应承担私增容量每千瓦（千伏安）50 元的违约使用电费。如用户要求继续使用者，按新装增容办理手续。

（3）擅自超过计划分配的用电指标的，应承担高峰超用电力每次每千瓦 1 元和超用电量与现行电价电费五倍的违约使用电费。

（4）擅自使用已在供电企业办理暂停手续的电力设备或启用供电企业封存的电力设备的，应停用违约使用的设备。属于两部制电价的用户，应补交擅自使用或启用封存设备容量和使用月数的基本电费，并承担二倍补交基本电费的违约使用电费；其他用户应承担擅自使用或启用封存设备容量每次每千瓦（千伏安）30 元的违约使用电费。启用属于私增容被封存的设备的，违约使用者还应承担本条第 2 项规定的违约责任。

（5）私自迁移、更动和擅自操作供电企业的用电计量装置、电力负荷管理装置、供电设施以及约定由供电企业调度的用户受电设备者，属于居民用户的，应承担每次 500 元的违约使用电费；属于其他用户的，应承担每次 5000 元的违约使用电费。

（6）未经供电企业同意，擅自引入（供出）电源或将备用电源和其他电源私自并网的，除当即拆除接线外，应承担其引入（供出）或并网电源容量每千瓦（千伏安）500 元的违约使用电费。

2. 《供用电营业规则》第一百零二条

供电企业对查获的窃电者，应予制止，并可当场中止供电。窃电者应按所窃电量补交电费，并承担补交电费三倍的违约使用电费。拒绝承担窃电责任的，供电企业应报请电力管理部门依法处理。窃电数额较大或情节严重的，供电企业应提请司法机关依法追究刑事责任。

3. 《供用电营业规则》第一百零三条

窃电量按下列方法确定：

（1）在供电企业的供电设施上，擅自接线用电的，所窃电量按私接设备额定容量（千伏安视同千瓦）乘以实际使用时间计算确定。

（2）以其他行为窃电的，所窃电量按计费电能表标定电流值（对装有限流器的，按限流器整定电流值）所指的容量（千伏安视同千瓦）乘以实际窃用的时间计算确定。窃电时间无法查明时，窃电日数至少以一百八十天计算，每日窃电时间：电力用户按 12 小时计算；照明用户按 6 小时计算。

4. 工单流程环节中的操作技巧（见表 4-2）

表 4-2　　　　　　　　　　违约用电、窃电管理操作技巧

流程环节	工号	流程说明、注意事项及操作技巧
现场调查取证		此环节可以上传照片和录像，也可以将已经上传的照片和录像删除
窃电处理		在窃电流程中停电时不需要发起流程，但复电时需要发起复电流程
窃电立案		需要录入涉案金额，但流程还没有走到确定追补及违约电费的环节，因此这里的金额需要人工计算出来，可以在窃电处理环节的"窃电情况"中录入，并且可以在窃电立案环节"窃电现象描述"中看到相应信息
追补违约电费审批	1××	一般由上级部门审批，如果在待办工作单中看不到该工单，请到已办工单中查询到工单后单击"进程查询"查看该工单应该由谁来处理
退补电费发行		一般是由核算员处理，如果在待办工作单中看不到该工单，请到已办工单中查询到工单后单击"进程查询"查看该工单应该由谁来处理
电费收费、违约使用电费收取		（1）一般是收费员在电费坐收功能里收费，因此收费员只收费不发送流程，而流程控制人员不收费，因此在这个功能中流程控制人员不要单击"收费"按钮，只需要查看费用是否结清，如果已经结清只需要发送流程即可； （2）收费页面的"保存"按钮就是收费，因此提醒流程操作人员不要单击

5. 常见操作问题处理

（1）无档案用户如何录入窃电信息？

在现场调查取证页面录入窃电情况之后，直接单击"保存"按钮，系统会提示"是否发起无档案客户违约窃电流程"，单击"确定"后系统会自动生成一个用户编号，并且生成无档案用户名称，在收费打印时可以录入系统自动生成的用户编号来收取费用。

（2）在窃电处理环节选中停电复选框后，保存发送为什么没有发起停电流程？

此处只要勾选停电，发送后该用户就已经为停电状态，不需要再发起停电流程。

（3）为什么在电费发行环节产生的电费金额，不是制定时的金额？

违约窃电确定的费用分为两部分：一部分是追补电费，进入营业成本；另一部分是违约使用电费，在系统中称为业务费。所属的财务记账科目不同，在电费发行环节看到的金额只是追补电费的金额。

6. 操作技能提升

新城供电公司管辖的居民用电用户（自建的低压居民用户或查询本工号新装的用户），利用住宅沿街的优势，在家中私自开设早餐店，被供电企业的用电检查人员查获。经现场取证，按实际改变用电类别时间，确认使用了 300kWh 一般工商业电量，无其他违约用电和窃电行为。请按上述提供的信息，发起一个窃电、违约用电处理流程（做到流程归档结束）。

任务评价

任务完成后，根据表 4-3 所列考核要求对学生进行综合评价。

表 4-3　　　　　　　　　　　　　任务实施评价标准表

考核点	考核要求	分值	得分
现场调查取证	单击"用电检查管理>>违约用电、窃电管理>>功能>>现场调查取证" 根据调查取证的结果，按照违约用电和窃电处理的有关规定，针对客户情况确定处理方式，环节可以模拟上传照片和录像	5	
违规类型选择	根据用户违约用电或窃电的实际情况确定，单击"用户编号"选中违约用电或窃电的用户后填写信息，发起工单 违约用电或窃电的用户，不是档案中的用电客户，系统会提示发起无档案客户违约窃电流程	10	
违约用电处理	单击"工作任务>>待办工单>>违约用电、窃电管理>>违约用电处理" 根据实际情况录入违约用电行为、发生时间和处理情况，打印违约用电通知书	20	
窃电处理	单击"工作任务>>待办工单>>违约用电、窃电管理>>窃电处理" 不需要立案，流程发送到确定追补及违约电费环节；需要立案流程发送到"归档"环节	15	
确定追补及违约电费	单击"工作任务>>待办工单>>违约用电、窃电管理>>确定追补及违约电费" 违约用电追补差额电费和罚款；窃电追补电费和罚款	20	
违约窃电处理通知	单击"工作任务>>待办工单>>违约用电、窃电管理>>违约窃电处理通知"	5	
退补电费发行	单击"工作任务>>待办工作单>>>违约用电、窃电管理>>退补电费发行" 一般是由核算员处理，注意权限角色的使用	5	
电费收费	单击"工作任务>>待办工作单>>>违约用电、窃电管理>>电费收费" 电费收费一般是由收费员来收取的	5	

续表

考核点	考核要求	分值	得分
违约使用费收费	单击"工作任务>>待办工作单>>>违约用电、窃电管理>>违约使用费收费" 收费员只收费而不发送流程，而流程控制人员不收费，如果已经结清费用，只需要发送流程即可	10	
归档	单击"工作任务>>待办工作单>>>违约用电、窃电管理>>归档" 单击如果有窃电行为，在归档的时候先发起"复电"子流程	5	
总分		100	

任务二　配送计量资产

任务描述

结合物资库房分级管理办法，根据系统中配送业务流程图，熟悉计量资产传递流程；在新城供电公司实操，针对需求，向上级表库管理单位省级计量中心泉城分基地申请配送电能表；根据业务流程环节，创建配送申请、制定配送月计划，根据配送月计划生成配送任务，发起配送流程工单，跟踪工单进程，直至完成归档。

任务目标

了解库房分级管理要求，掌握物资管理流程；学习营销业务应用系统中电能表等物资配送及出入库业务流程，掌握在系统中资产配送过程；能够独立完成电能表配送和出入库业务操作。

知识准备

（1）国网公司营销标准化设计关于物资配送管理的相关标准。

（2）配送管理业务是对设备的配送需求生成、配送计划制定、配送执行工作进行管理，主要适用于电能表、互感器、采集终端等设备的配送。

（3）系统中的配送业务流程图，如图 4-27 所示。

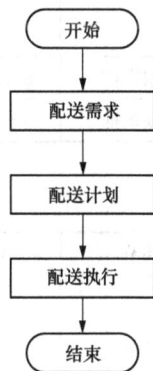

图 4-27　配送业务项流程

由图 4-27 可知，配送业务项包括配送需求、配送计划、配送执行等三个业务子项。

配送申请内容包括：设备类别、类型、型号、规格、数量、设备状态、配送类型（新设备配送、设备返回配送）、配送时间、申请单位、配送地点等。配送申请说明，见表 4-4。

配送计划包括配送月计划和配送周计划，流程及页面基本一致。月计划制定说明，见表 4-5。

配送执行是对设备配送执行过程进行管理，根据配送计划生成配送单从库房领出待配送设备，将设备配送到接收单位，接收设备并签收配送单。配送执行说明，见表 4-6。

表4-4 配送申请说明

流程环节	工号	流程说明、注意事项及操作技巧
配送申请	1××	结合本情境任务，首先确定配送申请的需求单位和配送单位，"配送单位"须选择上级单位（待配送资产所在单位），"需求单位"须选择下级单位（需求申请单位），并保存（记录申请编号）；然后再增加相应的申请明细信息，确定需求设备类别、要求配送日期、数量及技术参数，等等 注意：因本系统不是为培训专门开发，故在此每位学生需对各自的需求数量或要求配送日期作一个甄别（如5号机填入10月5号，35号机填入11月5号；或数量结合日期甄别，如42号机可选配送数量为3，日期为××月12号），以便制作配送月计划时能选到自己的申请
配送审核	1××	查询自己的工单号，模拟审核人员，保存后再发送
配送申请审批	5××	根据配送申请时确定的配送单位，本流程会发送到相应的配送单位（省级计量中心泉城分基地），由相应的人员进行处理

表4-5 月计划制定说明

流程环节	工号	流程说明、注意事项及操作技巧
配送月计划制定	5××	首先保存配送月计划，然后再单击配送月计划明细中的"从申请获取明细"按钮，在弹出窗口中根据申请数量和到货日期找到各自的配送申请，选择后单击"确定"按钮将其加入到月计划明细中，再填入配送人员及车辆等信息即可发送
配送计划审核	5××	查询自己的工单号，模拟审核人员进行审核，保存后再发送
配送计划审批	5××	模拟审批人员：填入审批意见，保存后再发送

表4-6 配送执行说明

流程环节	工号	流程说明、注意事项及操作技巧
配送任务	5××	在配送计划明细中，根据配送人员选择各自的配送计划（可根据配送日期和车辆线路等其他信息区别），单击"生成并发送任务"，发起配送执行的流程。 备注：注意记录跳出窗口的工单编号，便于操作
配送出库	5××	在"配送出库"的业务界面单击"显示全部"，系统会根据配送表计的技术参数从表库中选择符合条件的电能表按箱筐出库方式，勾选相应表计出库即可； 备注：因自动选择表计在多人同时操作时可能会出现出库相同表计的问题。所以，出库操作需要按箱筐或条码查询方式进行
配送入库	1××	注意登录工号，根据配送申请的需求单位，本流程会发送到相应的需求单位，由相应的人员进行电能表入库处理，入库后应从入库清单中查询入库情况，并"发送"工单。"发送"后流程结束

![任务实施] **任务实施❶**

一、召开班前会

召开班前会，进行学生考勤，对安全进行交底。本任务设置在信息化的实训室，进入实训室注意安全事项和学员行为规范。填写培训日志、班前会记录。

二、熟悉案例

模拟设备使用单位新城供电公司向上级计量中心省级计量中心泉城分基地申请电能表情况（新城供电公司的模拟系统实训工号为1××，省级计量中心泉城分基地的模拟系统实训工号为5××）。新城供电公司根据用表需求和库存情况制定配送申请，将配送申请提交到省级计量中心泉城分基地。这里以配送月计划为例，按照配送管理完成三个业务环节的流程操作。

三、配送流程操作

1. 配送申请操作

针对电能表的需求，创建一个配送申请流程，并将其发送到省级计量中心泉城分基地进行审批（标明电能表的参数），流程图如图4-28所示。

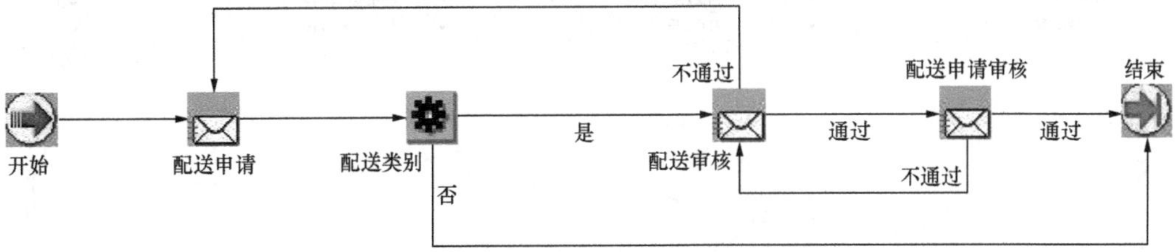

图4-28　配送申请流程图

（1）系统入口："资产管理>>配送管理>>功能>>配送申请"。

（2）选择"配送类别"为"合格设备配送"，选择合适的"需求类型"，"配送单位"应选择待配送资产所在单位（省级计量中心泉城分基地），确认录入信息无误后，单击"保存"按钮，保存本次配送申请信息，如图4-29所示。

（3）在"申请明细"子页面中，选择合适的"需求单位（新城供电公司）""接货单位（新城供电公司）""设备类别""要求配送日期""轮换数量""改造需求数"及"业务短期需求数量"等信息，确认无误后，单击"保存"按钮，保存该次申请明细信息。

（4）单击"技术参数"后的 按钮，弹出"扩展信息"窗口，录入本次申请的资产

---

❶本任务设备准备、材料准备、人员准备、场地准备参考"情景三任务一"。

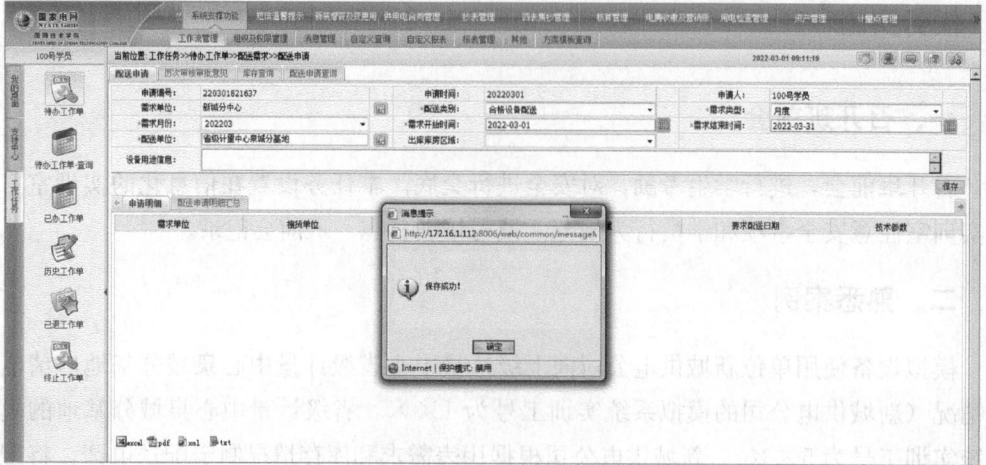

图 4-29　配送申请

设备的具体参数，确认无误后，单击"保存"按钮，将该要求信息保存入明细信息中，如图 4-30 所示。

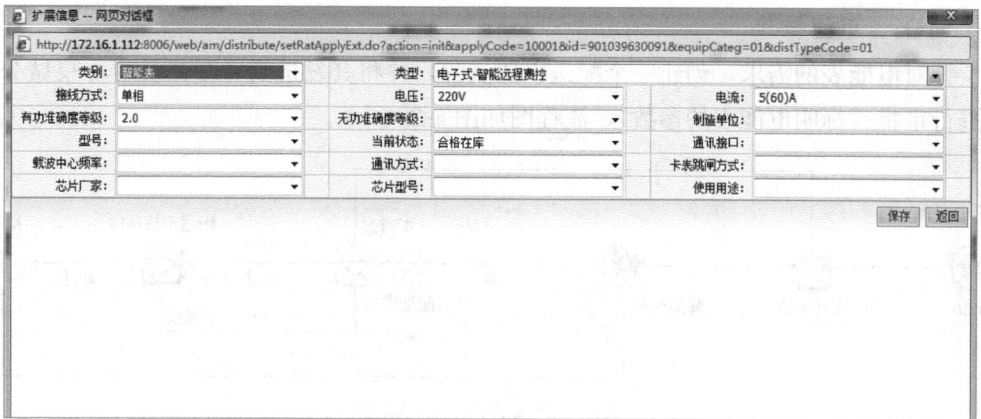

图 4-30　资产技术参数

核对"申请明细"中申请信息及设备参数扩展信息无误后，如图 4-31 所示，单击"发送"按钮，流程将发送至审核环节。

（5）单击待办工作单中的"工作任务＞＞待办工作单＞＞配送需求＞＞配送审核"，核对信息无误后，选择"审核意见"，录入"审核备注"，单击"保存"按钮，如图 4-32 所示。然后，单击"发送"按钮，流程发送到配送申请审批环节。

（6）更换 5××工号登录系统，单击待办工作单中的"工作任务＞＞待办工作单＞＞配送需求＞＞配送审核"，核对信息无误后，选择"审核意见"，录入"审核备注"，单击"保存"按钮，配送申请审批完后，单击"发送"按钮，由新城供电公司发起的配送申请流程结束，如图 4-33 所示。

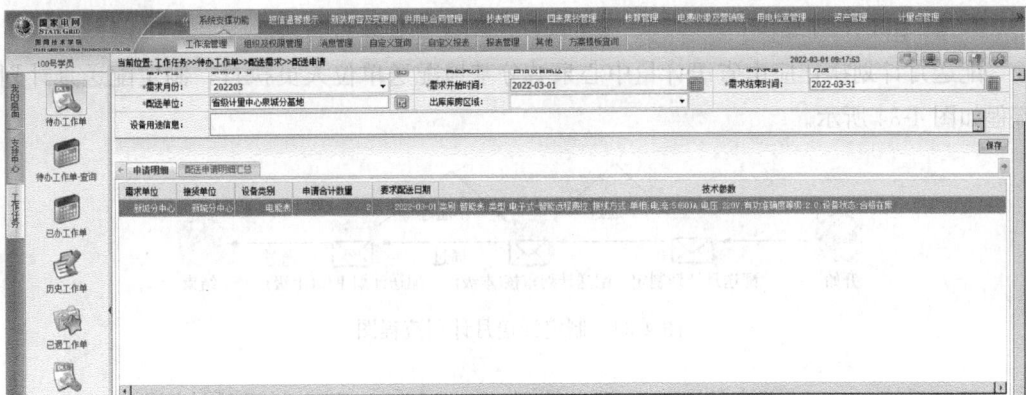

图 4-31　申请明细

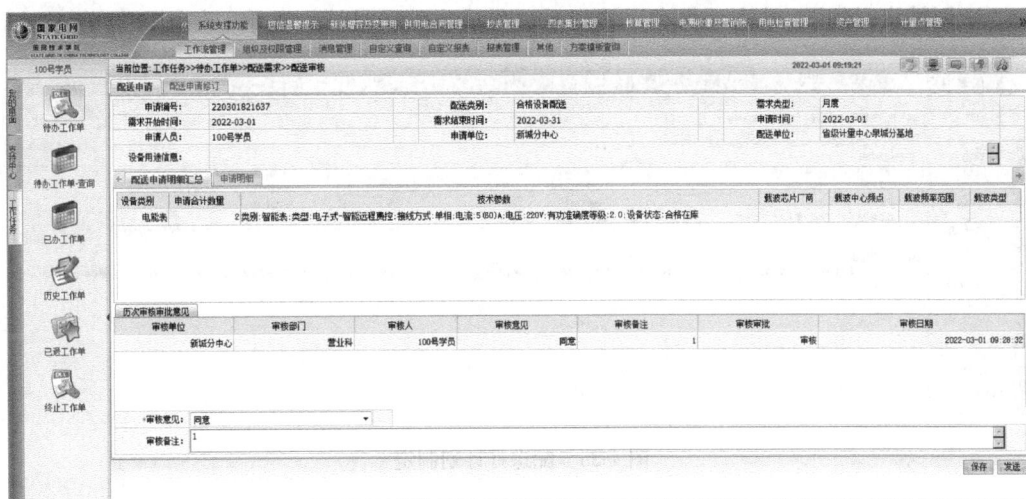

图 4-32　配送审核

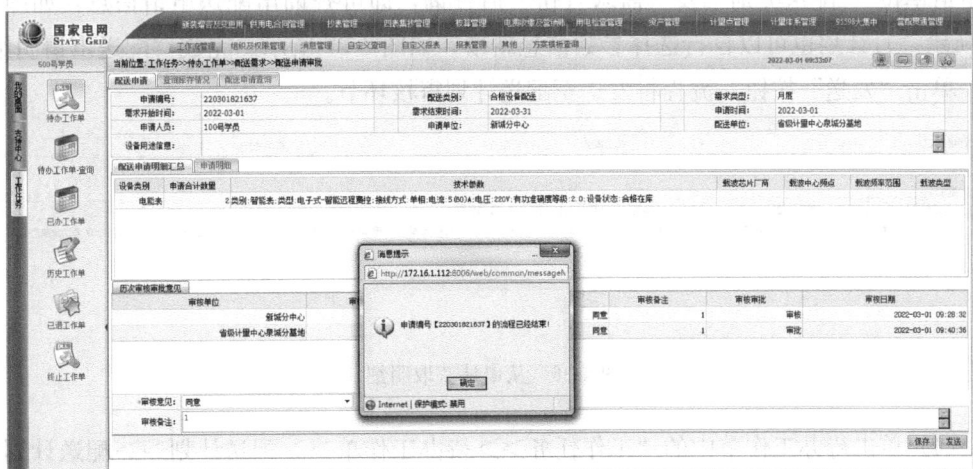

图 4-33　配送申请审批

2. 配送月计划操作

配送月计划操作应由省级计量中心泉城分基地配送单位人员执行，制定配送月计划流程如图 4-34 所示。

图 4-34　制定配送月计划流程图

（1）系统入口："资产管理>>配送管理>>功能>>制定配送月计划"。

（2）选择"配送单位"为省级计量中心泉城分基地，选择合适的"计划开始时间"和"计划结束时间"，单击"保存"按钮后，生成本配送月计划工单，如图 4-35 所示。

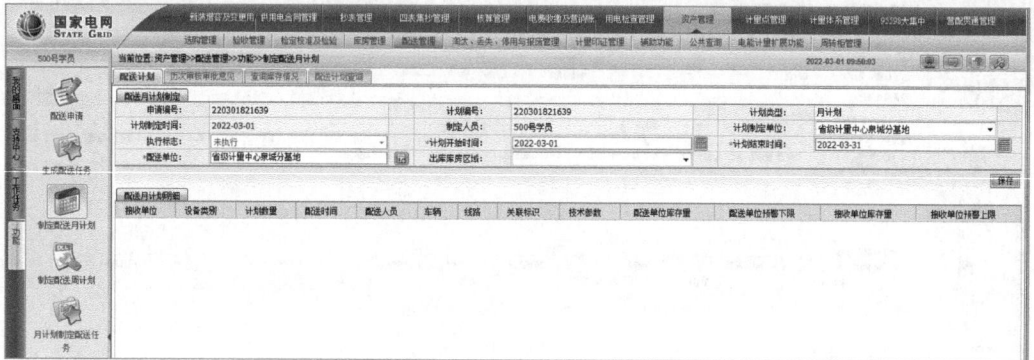

图 4-35　配送月计划制定

（3）单击"从申请获取明细"按钮，弹出"配送申请"查询窗口，选择合适的"配送申请单位""配送类别"及"需求月份"后查询，即可查询出配送申请信息，如图 4-36 所示。月计划也可以自行选择参数信息新增，如图 4-37 所示。完成"配送申请明细"后，单击"发送"按钮，流程将发送至配送计划审核环节。

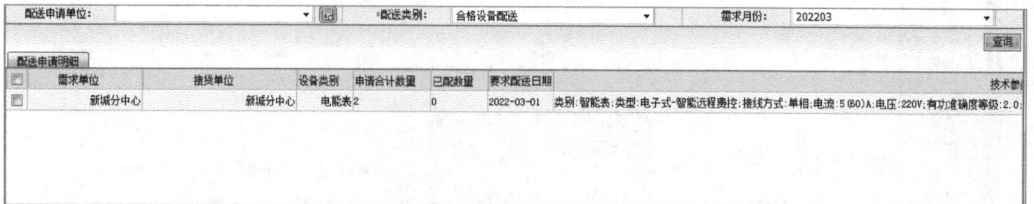

图 4-36　从申请获取明细

（4）单击待办工作单中的"工作任务>>待办工作单>>配送计划>>配送计划审核"，核对信息无误后，选择"审核意见"，录入"审核备注"，单击"保存"按钮，如

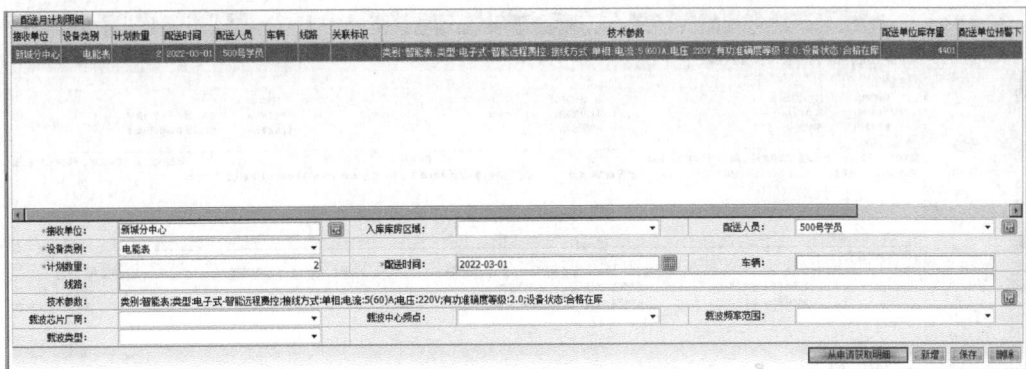

图 4-37 配送月计划新增明细

图 4-38 所示。然后，单击"发送"按钮，流程发送到配送计划审批环节。

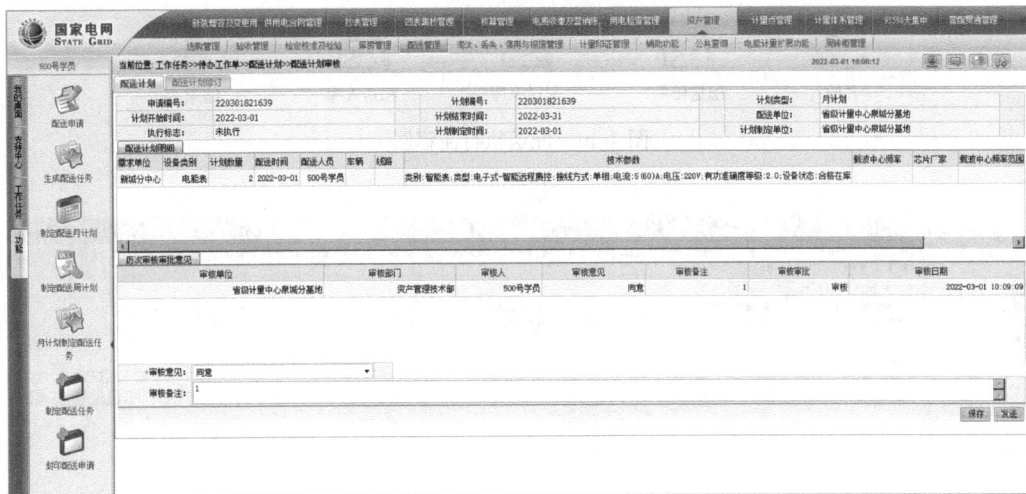

图 4-38 配送计划审核

(5) 单击待办工作单中的"工作任务>>待办工作单>>配送计划>>配送计划审批"，核对信息无误后，选择"审核意见"，录入"审核备注"，单击"保存"按钮，配送申请审批完后，单击"发送"按钮，则配送月计划流程结束，如图 4-39 所示。

3. 配送执行操作

配送执行操作的配送任务和配送出库环节由省级计量中心泉城分基地配送单位人员执行，配送入库环节由新城分中心人员执行，配送执行流程如图 4-40 所示。

(1) 系统入口："资产管理>>配送管理>>功能>>月计划制定配送任务"。

(2) 从"计划明细"中，选择出自己制定的月计划，并输入配送相关信息，如车辆、线路、出库人员等信息。单击"生成并发送任务"按钮，生成工单并发送到"配送出库"环节，如图 4-41 所示。

電力営销与客户服务

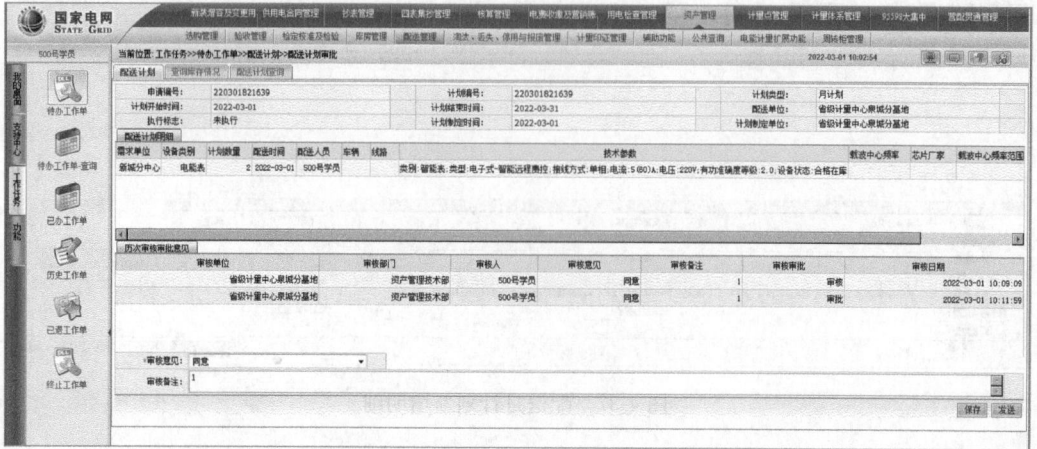

图 4-39　配送计划审批

图 4-40　配送执行流程图

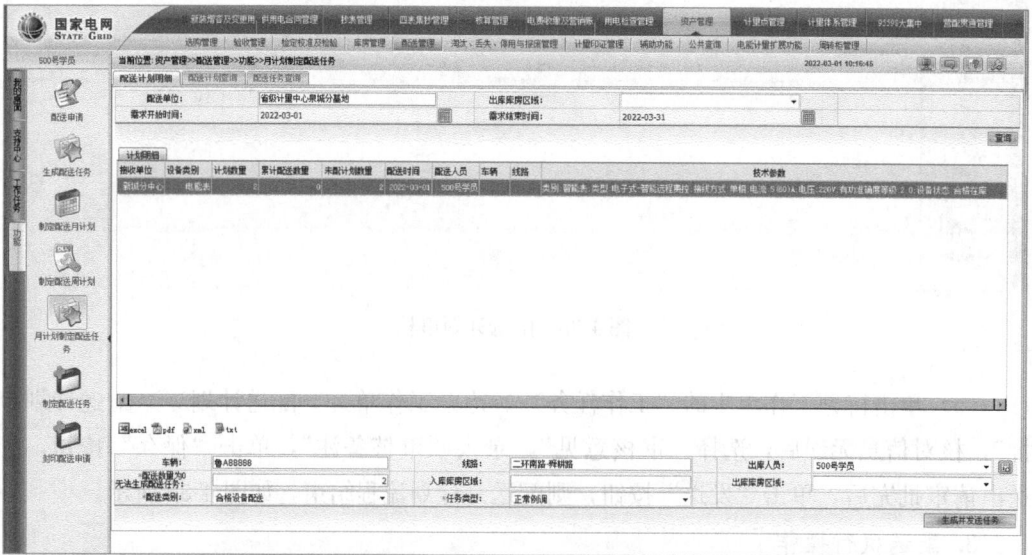

图 4-41　月计划生成配送任务

（3）单击待办工作单中的"工作任务＞＞待办工作单＞＞配送执行＞＞配送出库"，单击"显示全部"按钮，系统自动查找出符合配送任务条件的待配送资产设备，选中需要出库的设备，实际生产过程中需要根据实际情况选择相应资产。选择领退人员后，单击"出库"后设备完成出库，然后单击"发送"按钮，工单发送到"配送入库"环节，如图 4-42 所示。

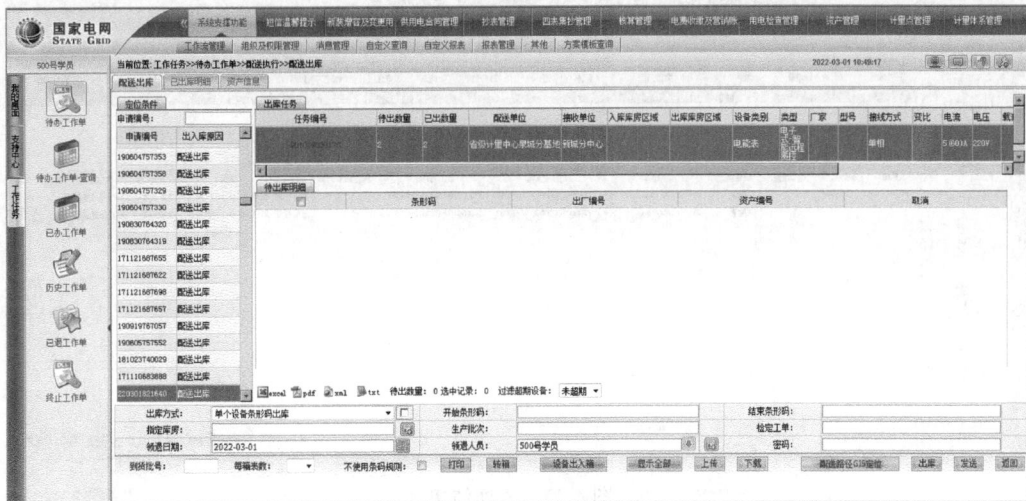

图 4-42　配送出库

（4）以上操作完成后进入新城公司进行如下配送入库操作。

由 1××工号登录，单击"待办工作单"中的"工作任务＞＞待办工作单＞＞配送执行＞＞配送入库"，单击"显示全部"按钮，则显示全部需要入库的资产设备，选中这些资产设备后，选择相应的"库房""库区""存放区"和"领退人员"等信息后，单击"入库"按钮，完成资产入库操作，如图 4-43 所示。

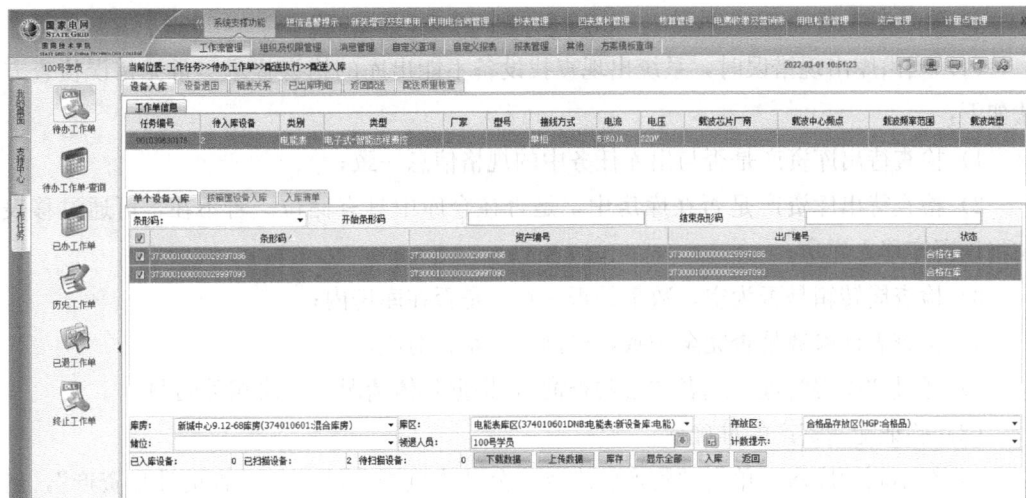

图 4-43　待入库设备入库

切换到"入库清单"子页面，可以查看已入库的资产设备明细信息，确认无误后，单击"发送"按钮，流程结束，如图 4-44 所示。

101

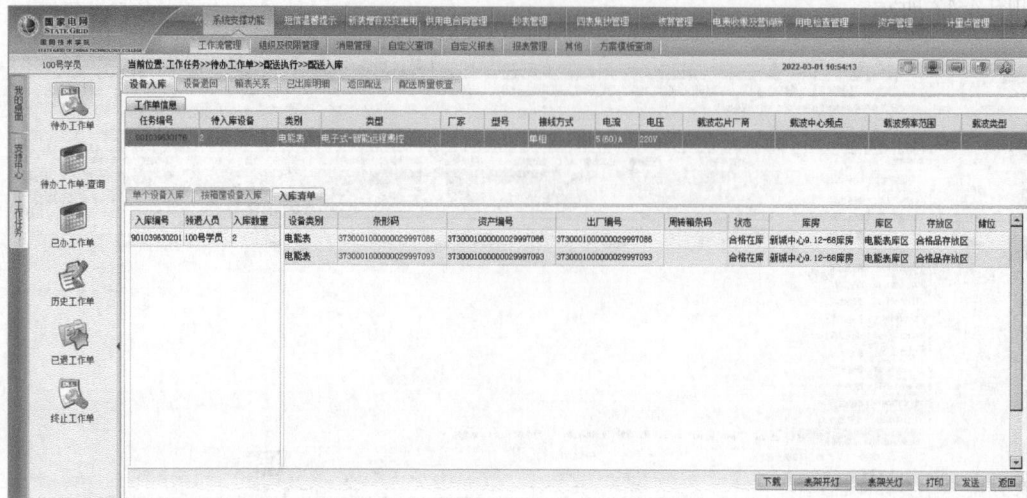

图 4-44　入库清单

以上为按照月计划配送执行完成相关配送任务。

任务拓展

1.《供电营业规则》第七十九条

供电企业必须按规定的周期校验、轮换计费电能表，并对计费电能表进行不定期检查。

2. 配送任务常见错误问题

（1）当出库出现错误时，系统出现查找设备不能出库的错误提示。常见错误检查方法如下：

1）检查待出库资产是否与出库任务中的规格信息一致；

2）检查待出库资产是否在库房中，是否在仓库中具有储位。若不在，可通过移表位将该资产移入库房；

3）检查周转箱是否为空，数量是否一致，是否在库房内；

4）检查表计参数是否完全一致，查询参数是否对应；

5）通过"库房管理"或者"公共查询"，根据具体情况来解决相关问题。

（2）验证配送资产的准确性。

1）在不同的库房，单击"资产管理＞＞公共查询＞＞功能＞＞查询计量资产"，然后输入配送的表计条码，查询配送任务完成情况，如图 4-45 所示。

2）单击"资产管理＞＞公共查询＞＞功能＞＞配送查询"，查询配送情况。

3. 操作技能提升

（1）泉城开发区新城供电公司所在区域新建居民小区，需要批量配置一定数量费控

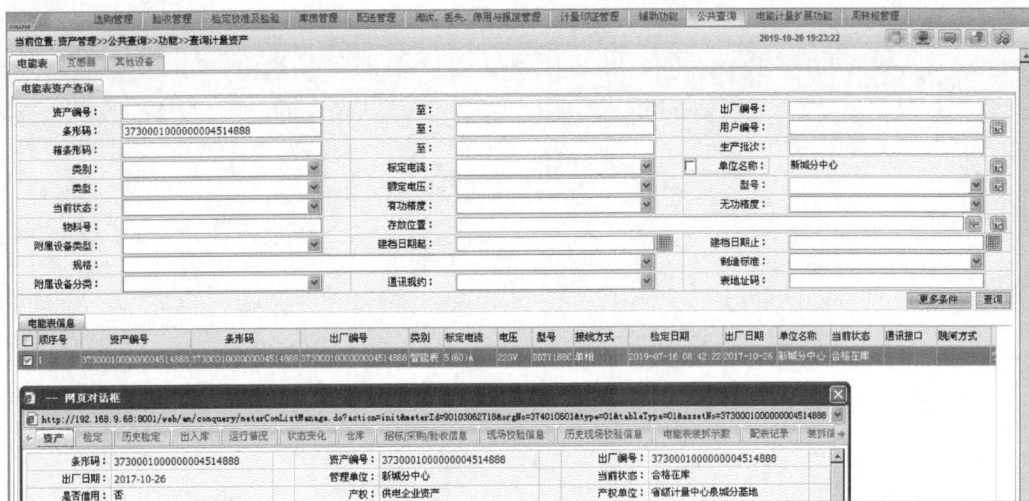

图 4-45　资产查询

智能表：型号 DDZY 开头，5(60)A，220V，预付费，CPU 型卡表。该所今天向省级计量中心泉城分基地发出需求申请，经过审批后，上级单位根据其需求制定本月配送计划，从计量中心库房选出符合要求的设备，配送到新城供电公司，新城公司核对验收设备并完成新城公司设备的入库。

具体要求为：省级计量中心泉城分基地以 5××工号登录；新城公司以 1××工号登录，选合格在库自建表计 3 只，采用箱筐操作，完成 3 个环节的工单操作；并结合库房管理知识通过周转箱召回流程，结合条码操作最后将箱筐由新城召回到泉城。

（2）结合角色和工号在新城公司登录，向上级单位省级计量中心申请配送普通型 10kV 电流互感器，变比为 100/5。根据本次配送申请任务，完成设备的月计划制定，并完成配送执行。

任务评价

任务完成后，根据表 4-7～表 4-9 所列考核要求对学生进行综合评价。

表 4-7　　　　　　　　　　配送申请任务实施评价标准表

考核点	考核要求	分值	得分
界面登录	打开 IE 浏览器，在地址栏里输入网址：登录应用服务器，完成各角色工号登录。 不得修改密码和其他用户信息，以 5×× 登录某计量中心，以 1×× 登录某客户服务中心	20	
菜单模块入口操作	单击"资产管理>>配送管理"。 分模块单击了解和查看配送需求、配送计划、配送执行操作内容	10	
配送申请发起	单击"资产管理>>配送管理>>功能>>配送申请"。 注意确定配送申请的需求单位和配送单位的选择。在"申请明细"中，选取合适的信息。注意配送审核与配送申请审批的角色的不同	20	
配送申请完成	发起工单、记录申请编号并操作完成三个环节。 根据各单位库存情况，确定申请数量，熟练配送申请的操作，掌握配送申请中角色关系和流程实现的方法	50	
总分		100	

表 4-8　　　　　　　　　　制定配送月计划任务实施评价标准表

考核点	考核要求	分值	得分
界面登录	打开 IE 浏览器，在地址栏里输入网址：登录应用服务器，完成各角色工号登录。 不得修改密码和其他用户信息，以 5×× 登录某计量中心，以 1×× 登录某客户服务中心	20	
菜单模块入口操作	单击"资产管理>>配送管理"。 分模块单击了解和查看配送需求、配送计划、配送执行操作内容	10	
配送计划发起	单击"资产管理>>配送管理>>功能>>制定配送月计划"。 注意此操作应由申请中的配送单位学习人员执行，计划应从申请获取明细	20	

续表

考核点	考核要求	分值	得分
配送计划完成	按月制定计划发起工单，并完成流程中三个环节。 掌握从申请中获取配送明细的方法。因培训特殊性，以具体要求配送时间区分各自任务	50	
	总分	100	

表 4-9 　　　　　　　　月计划制定配送任务实施评价标准表

考核点	考核要求	分值	得分
界面登录	打开 IE 浏览器，在地址栏里输入网址：登录应用服务器，完成各角色工号登录。 不得修改密码和其他用户信息，以 5×× 登录某计量中心，以 1×× 登录某客户服务中心	20	
配送任务	单击"资产管理>>配送管理>>功能>>月计划制定配送任务"，发起工单，在待办工单中操作完成三个环节。 注意从月计划获取明细中，选择出自己制定的月计划。注意在"配送出库"的业务界面选择符合条件的资产，按箱筐出库方式出库	30	
配送的资产核对	单击"资产管理>>公共查询>>功能>>查询计量资产"，输入配送的计量设备的条码查询配送任务完成情况。 注意也可在"资产管理>>公共查询>>功能>>配送查询"下查询配送情况	30	
工单查询	单击"工作任务>>历史工单"。 针对操作，查询配送的历史任务	20	
	总分	100	

业扩报装之业务受理与现场勘查

【情境描述】

本情境设计了两项工作任务，分别是"高压新装业务受理"和"高压新装用户现场勘查"。本情境的核心知识点是业扩报装和现场勘查的工作内容、业务要求；关键技能项是能够开展高压新装用户的业务受理和现场勘查的营销业务应用系统流程操作。

【情境目标】

（1）知识目标：掌握业扩报装业务受理工作内容、作业要求，以及注意事项；掌握业扩报装现场勘查工作内容、作业要求，以及注意事项。

（2）能力目标：能够完成高压新装用户的业务受理流程操作；能够完成高压新装用户的现场勘查流程操作。

（3）素质目标：培养良好的职业道德观，树立职业道德与工作责任心。

任务一　高压新装业务受理

🗣️ 任务描述

根据客户业务申请信息，判断是否属于业扩报装业务，并能准确判断所属业扩业务类型；学习高压新装用户业务受理流程操作。

🖥️ 任务目标

通过与客户沟通，能够准确判断用户申请业务类别，告知用户需提交资料清单、业务办理流程、涉及费用等，并能够将用户信息录入营销业务应用系统发起业扩流程。

💻 知识准备

一、业务受理的业务范围

营业厅业务受理是客户到营业厅咨询用电申请业务，受理人员询问客户业务需求，

微课15

业务受理

向客户提供"用电业务办理告知书",一次性告知客户业务办理流程、申请所需资料清单、收费项目与标准以及相关注意事项等信息。

业务受理提供柜台、自助、"95598"供电服务热线、网上营业厅、手机客户端、电力微信等服务渠道受理客户用电申请。

二、业扩业务的分类

业扩业务按照业务类别来分可以分为新装和增容。新装就是原来没有用电,现在要求接电;新装又可以分为正式用电新装和临时用电新装。正式用电就是指要长久使用的用电,临时用电是指基建工地、农田水利、市政建设等非永久性用电。增容是指已用电用户,现在要增加用电容量,或者是原来由一路电源供电,现在要再增加一路电源。

微课16

报装的分类

业扩还可以按照供电电压等级分类,分为高压和低压。其中低压供电电压单相为220V、三相为380V,高压供电电压为10、35、66、110kV和220kV。

三、业务受理工作内容及注意事项

业务受理主要工作内容包括:接收并审查客户资料,一次性告知客户业务办理流程、申请所需资料清单、收费项目与标准以及相关注意事项等信息,录入客户申请信息,最后移交客户申请资料。

受理客户用电申请时,应主动向客户提供用电咨询服务,接收并查验客户申请资料,及时将相关信息录入营销业务应用系统,由系统自动生成业务办理表单(表单中办理时间和相应二维码信息由系统自动生成)。推行线上办电、移动作业和客户档案电子化,坚决杜绝系统外流转。

实行营业厅"一证受理"。受理时应询问客户申请意图,向客户提供业务办理告知书,告知客户需提交的资料清单、业务办理流程、收费项目及标准、监督电话等信息。对于申请资料暂不齐全的客户,在收到其用电主体资格证明并签署"承诺书"后,正式受理用电申请并启动后续流程,现场勘查时收资。已有客户资料或资质证件尚在有效期内,则无需客户再次提供。推行居民客户"免填单"服务,业务办理人员了解客户申请信息并录入营销业务应用系统,生成用电登记表,打印后交由客户签字确认。

⚒ 设备准备

业扩报装岗位设备的要求见表5-1。

表 5-1　　　　　　　　　　　　　　　　　设备准备

序号	准备工作	内容
1	应用服务器、数据服务器	确保应用服务器、数据服务器正常运行

序号	准备工作	内容
2	电源插排	开启
3	计算机	工位就绪
4	多层交换机	开启
5	工号权限角色	赋权
6	系统平台	正常运行
7	界面登录：打开 IE 浏览器，在地址栏里输入网址： http：//192.168.9.12：8001/web/ 或者 http：//192.168.9.68：8001/web/登录应用服务器。	不得修改密码和其他用户信息，以分配的 2×× 工号登录。

材料准备

技术材料主要包括高压新装操作流程中需查询使用的导则、规范、作业指导书等，见表 5-2。

表 5-2　　　　　　　　　　　材料准备

序号	名　　称	备注
1	国家电网公司业扩报装工作规范	
2	国家电网公司业扩供电方案编制导则	
3	业扩报装高压流程操作标准化实训作业指导书	

人员准备

工作人员的身体健康、精神状态良好，工作人员的资格包括作业技能、安全资质和特殊工种资质等，具体要求见表 5-3。

表 5-3　　　　　　　　　　　人员准备

序号	内　　容	备注
1	学生、教师应经所在单位查体，身体健康，无妨碍工作的病症（体格检查每两年至少一次）；身体状态、精神状态均应良好，安规考试合格	
2	教师应具备必要的电气知识和业务技能，且按工作性质，熟悉电力安全工作规程的相关部分，并应经试讲合格	
3	教师具备必要的安全生产知识，学会紧急救护法，特别要学会触电急救	
4	熟悉本作业指导书，并经操作前的培训	
5	教师应熟悉计算机、服务器、营销业务应用系统的日常维护工作，能够对操作过程中发生的异常进行及时处理	

🗒 场地准备

具有能满足业扩报装岗位实训要求的场地，具体要求见表 5-4.

表 5-4　　　　　　　　　　　　　　场地准备

项目	危险点	措施
教学设备安全	(1) 教室布线复杂，存在发生触电的可能； (2) 教学设备受环境影响敏感，易发生损坏	(1) 禁止学生带水杯、零食等进入教室； (2) 严格要求学生穿戴工装进入教室； (3) 严禁学生踢碰教学设备
教室信息安全	(1) 教学设备与系统内网连接，误操作影响系统安全； (2) 教学设备杀毒软件更新较慢，容易受到病毒攻击	(1) 严禁学生在教室使用移动存储介质； (2) 定期升级教学设备杀毒软件
教室消防安全	(1) 教室电源、线路分布密集，理论上存在发生火灾的可能； (2) 教室人流量较大，存在消防隐患	(1) 严禁学生在教室内吸烟，使用明火； (2) 确保教室各通道畅通，便于疏散

🔭 任务实施

济南市×××铸造有限公司申请新装用电，客户信息见表 5-5。

表 5-5　　　　　　　　　济南市×××铸造有限公司新装用电信息

1. 客户申请主要信息：

(1) 客户名称：济南市×××铸造有限公司。

(2) 用电地址：山东省天桥区宝华街道宝华社区居委会宝华街宝华社区 111 号。

(3) 客户申请供电容量：630kVA。

(4) 证件类型：营业执照（编号 330602-1）。

(5) 法人联系人：王大明　账务联系人：王小明

2. 现场勘查主要信息：

(1) 供电线路：110kV 泉城变电站 10kV 测试线路 231 线出线柜，用电缆管井方式供电。

(2) 客户厂区内有一个医疗门诊部（执行一般工商业不分时电价），容量为 17kW，$\cos\varphi=0.75$。

3. 竣工验收及其他主要信息：

(1) 变压器冷却方式：油浸自冷；接线组别：Dyn11；保护方式：反时限速断保护；

变压器出厂编号：11223344；变压器厂家名称：济南变压器厂；变压器出厂日期：2011-11-20。

(2) 抄表段编号：0000564369。

高压新装受理业务主要操作步骤依次是：第一步，输入客户自然信息；第二步，输入用电申请信息；第三步，根据用户资料的实际清单填写申请证件、联系信息、银行账号、用电资料、用电设备、受电设备等信息；第四步所有输入信息检查无误后，发送至下一个岗位。

登录系统，单击"新装增容及变更电>>业务受理>>业务受理"，如图 5-1 所示。

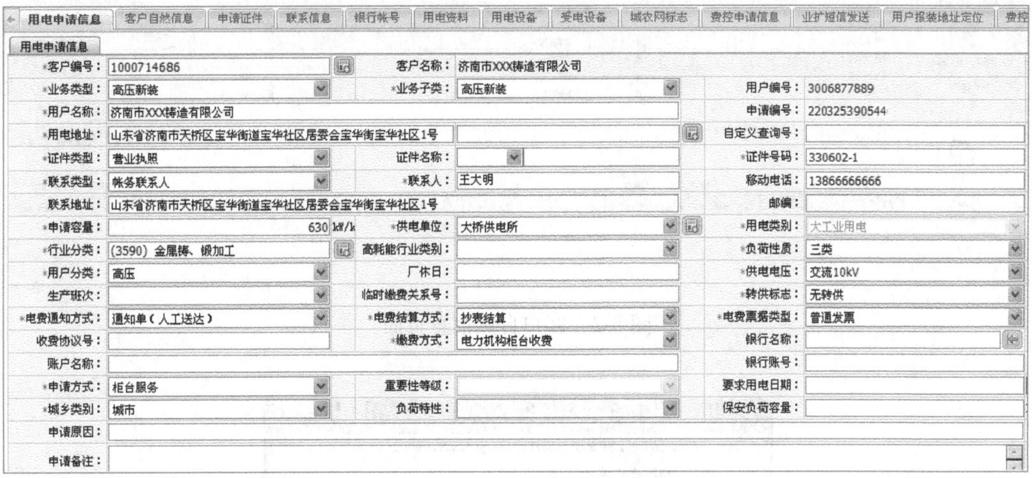

图 5-1　营业受理窗口

根据实际情况，填入用户申请信息，包括用户名称、证件名称、证件号码、联系人、移动电话、联系地址、邮编、申请容量、申请原因等。以表 5-5 提供的济南市×××铸造有限公司用电信息为例，对业务受理界面必要选项填写做如下说明：

（1）客户编号、用户编号、申请编号均为系统自动生成。

（2）业务类型：用户在无用电情况下申请接电，属于新装；按照用电容量及周围提供的供电电源，该用户电源点优选 10kV 公网 T 接（注：电压等级确定在本任务"知识准备"第二部分"业扩业务分类"中详细阐明）。因此，该用户业务类型属于"高压新装"。

（3）申请容量：以客户变电站（配电室）的主变压器台数容量确定，根据本案例，以给出客户申请供电容量为 630kVA。

（4）用电类别：本客户用电类别为金属铸造，系以电为原动力的工业生产，且受电变压器容量在 315kVA 以上，因此用电类别为大工业用电。

此外，在菜单子项中增加如下子菜单信息录入，完成客户信息维护。

"客户自然信息"：用于一个客户自然信息的录入，此处需要为用户设置查询密码，方便用户进行业扩工程进度查询。

单击右下角"查询密码"，弹出图 5-2 所示的客户自然信息页面，单击"初设密码"

或"初始化密码",如图 5-3 所示,完成密码设置。

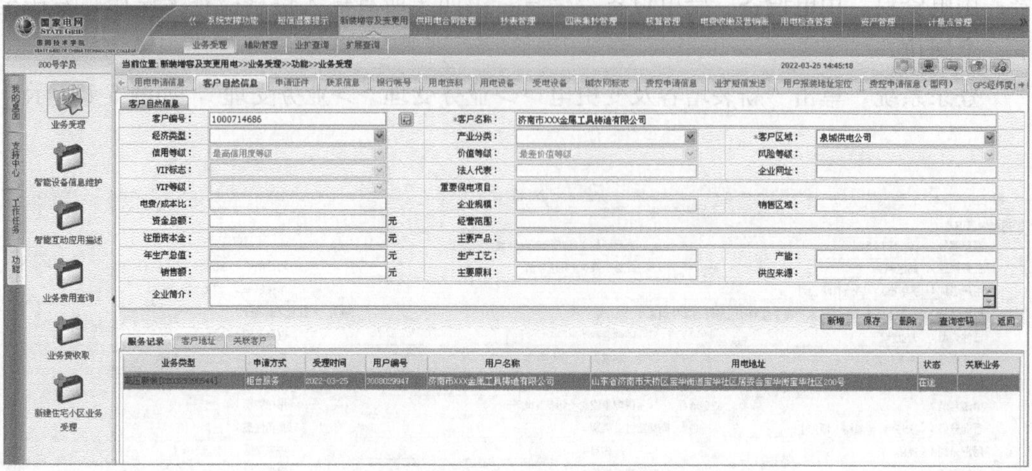

图 5-2　客户自然信息页面

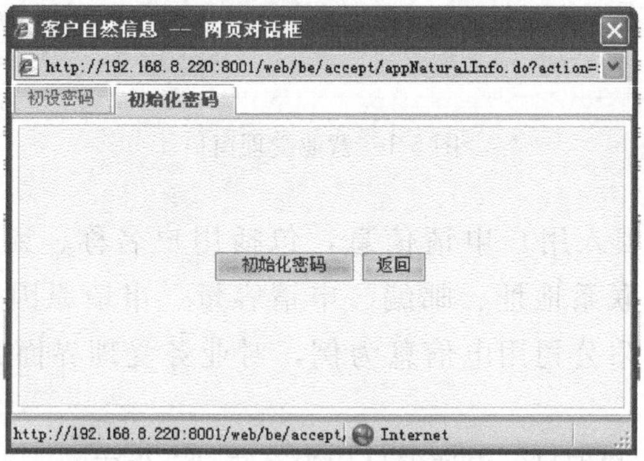

图 5-3　查询密码设置

申请证件:用于一个用户有多个申请证件时对证件资料的录入。

联系信息:用于一个用户有多个联系类型时对联系人资料和优先级的录入,如图 5-4 所示。

银行账号:用于一个用户有多个银行账号时,对银行账号资料和优先级的录入。

用电资料:用于对用电资料信息的录入。

用电设备:用于对用户用电设备资料的录入。

受电设备:用于对用户受电设备(变压器信息)的录入。

城农网标志:用于对用户城农网分类标志信息的录入,如图 5-5 所示。

联系信息界面必要选项填写及说明:按照客户提供证件及信息录入联系人的姓名、联系方式等关键信息,法人联系人与账务联系人为必填项。

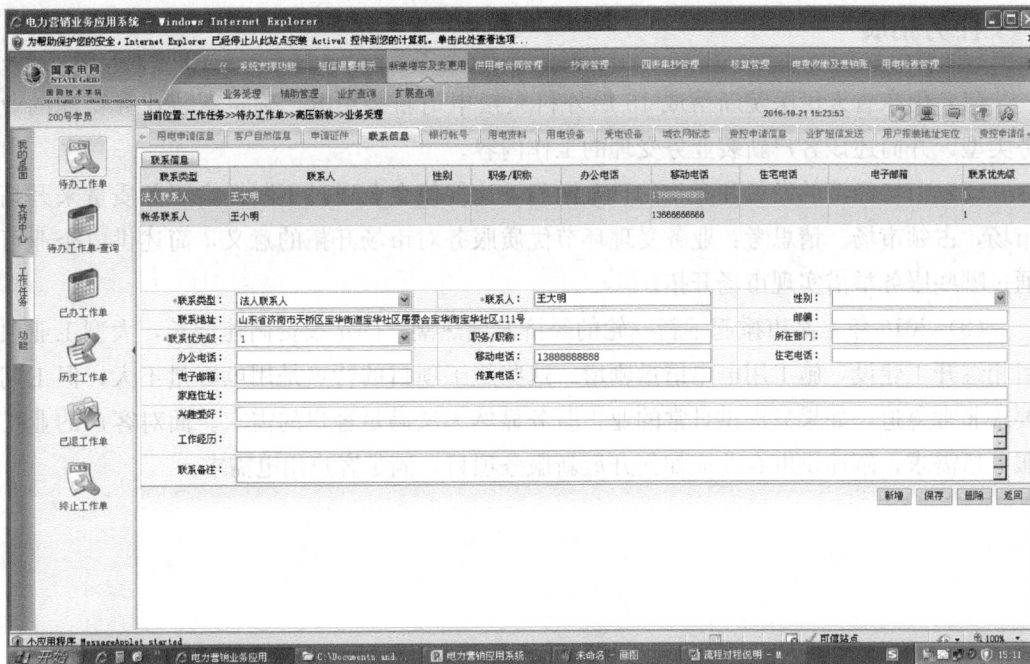

图 5-4　联系信息页面

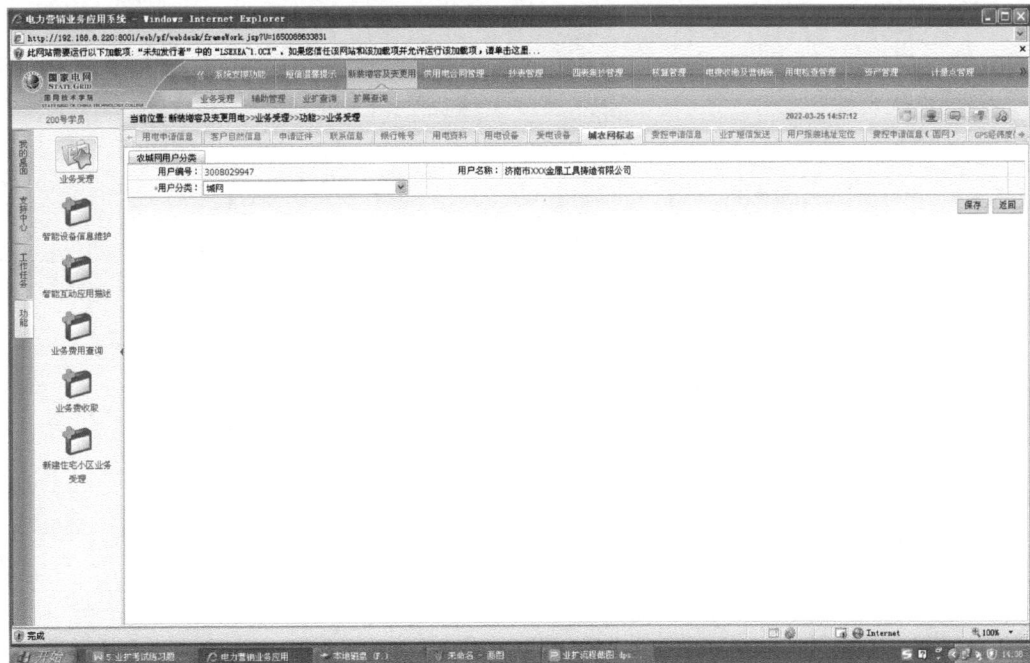

图 5-5　城农网标志页面

任务拓展

（1）山东省人民医院新落成 16 层外科大楼申请新装用电。确定新装业务受理的业务类型，并简述该客户新装业务受理的工作内容。

（2）市场经济的发展和竞争的日益激烈，这促使企业通过不断提高服务质量来开拓市场，占领市场。请思考：业务受理环节优质服务对市场开拓的意义，简述供电企业可通过哪些服务举措实现市场开拓。

（3）2016 年，某市掀起了新一轮的经济发展热潮，固定投资高速增长，大型工业项目相继开工建设，施工用电申请量剧增。这些施工项目的特点是用电容量不大，但工期要求非常急迫，如果只提供日常的业扩服务显然无法满足客户的需求。面对客户的业扩服务新需求，阐述供电企业应如何开展新服务项目，满足客户用电需求。

任务评价

任务完成后，根据表 5-6 所列考核要求对学生进行综合评价。

表 5-6 任务实施评价标准表

考核点	考核要求	分值	得分
业扩分类	区分新装与增容类型	5	
	区分高压与低压类型	5	
	区分临时用电与正式用电类型	5	
	区分单电源供电与多电源供电类型	5	
业务受理流程操作	用电地址正确无误	10	
	客户申请供电容量正确无误	15	
	证件类型、证件号码正确无误	10	
	联系类型、联系人正确无误	10	
	负荷性质正确无误	10	
	用电类别正确无误	15	
	供电电压正确无误	10	
总分		100	

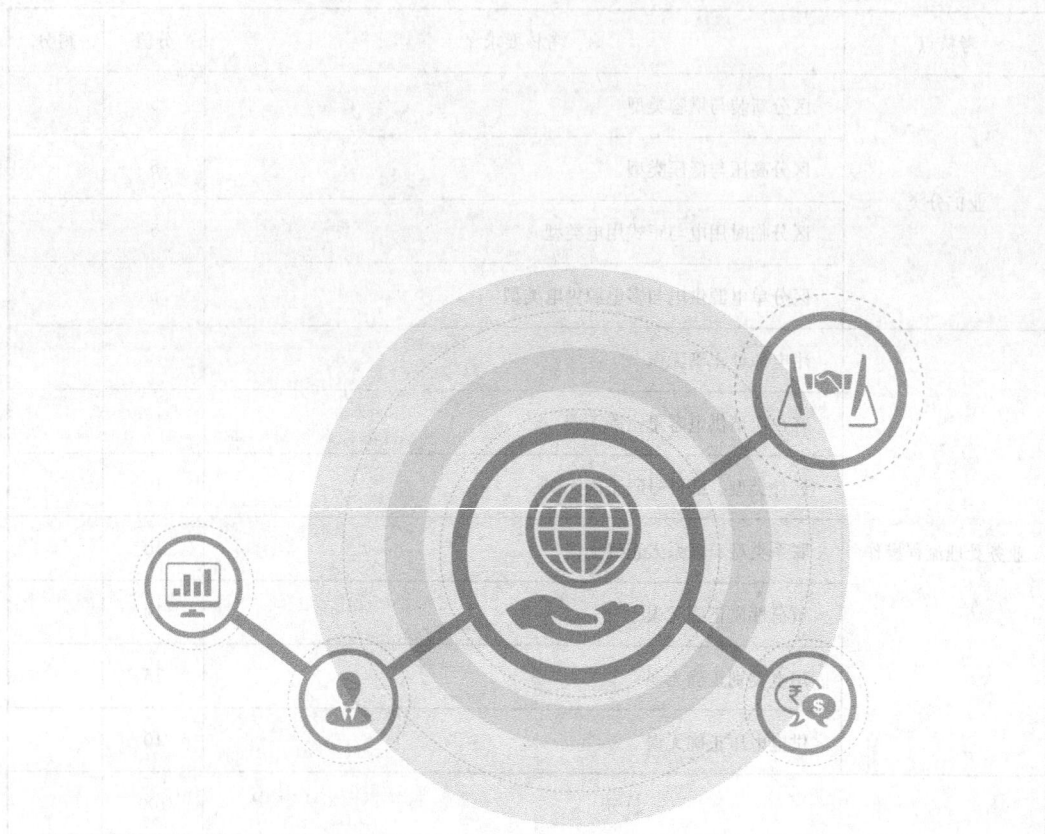

任务二　高压新装用户现场勘查

🎏 任务描述

学习现场勘查基本工作内容，了解现场勘查注意事项，开展高压新装用户现场勘查流程操作。

📖 任务目标

通过学习使学生了解业扩报装的现场勘查的工作内容和作业规范。

💻 知识准备

现场勘查前，勘查人员应预先了解待勘查地点的现场供电条件，与客户预约现场勘查时间，组织相关人员进行勘查。现场勘查应重点核实客户负荷性质、用电容量、用电类别等信息，结合现场供电条件，初步确定供电电源、计量、计费方案，并填写现场勘查单。勘查主要内容包括：

（1）对申请新装、增容用电的居民客户，应核定用电容量，确认供电电压、用电相别、计量装置位置和接户线的路径及长度。

（2）对申请新装、增容用电的非居民客户，应审核客户的用电需求，确定新增用电容量、用电性质及负荷特性，初步确定供电电源、供电电压、供电容量、计量方案、计费方案等。

（3）对拟定的重要电力客户，应根据国家确定重要负荷等级有关规定，审核客户行业信息和负荷特性，并根据客户供电可靠性的要求以及中断供电危害程度确定供电方式。

（4）对申请增容的客户，应核实客户名称，用电地址，电能表箱位、表位、表号、倍率等信息，检查电能计量装置和受电装置运行情况。

一、确定客户基本信息

（1）客户基本情况调查。

（2）通过调查了解并核对客户名称、用电地址、法定代表人、电气负责人、联系电话等是否与客户提供的申请资料对应。

（3）通过调查和核对，依据相关法律法规确认客户申请用电项目的合法性，内容包括：核对用电地址的国有资源使用，法人资格有效性及项目的审批，用电设备使用是否符合国家相关法律法规的规定，等等。

（4）通过询问了解该项目的投资情况、资金来源、发展前景及计划完工时间。

（5）通过询问并结合客户提供的《用电设备明细表》，调查核对客户有无冲击负荷、非对称负荷及谐波源设备；了解客户用电设备对电能质量及供电可靠性的要求；了解客户是否有多种性质的负荷存在。

（6）通过询问了解客户生产工艺、用电负荷特性、特殊设备对供电的要求等。

（7）通过询问了解客户有无热泵、蓄能锅炉、冰蓄冷技术等设备的应用计划。

（8）通过询问了解资金运作及信用情况，拟定客户电费支付保证措施实施的方式及可行性。

（9）调查了解高危及重要客户的重要负荷组成情况。

二、调查客户受电点情况

（1）现场了解，核查客户用电地址处，待建建筑物对系统网架及电网规划等是否造成影响。

（2）现场核查，确认客户的用电负荷中心；通过查看建筑总平面图、变配电设施设计资料等方式，初步确定变电站的位置。变电站位置选择，应根据技术、经济比较决定。

（3）通过询问及查看变配电设施设计资料，了解变电站或主设备附近有无影响设备运行或安全生产的设施。

微课17

现场勘查

（4）确认初步确定的变电站与周边建筑的距离是否符合规定要求。

三、确定客户受电容量和供电电压及供电电源点数量

（1）通过调查、核对，了解客户近期及远期的实际用电设备装机容量、设备使用的同时率、单机设备最大容量及启动方式、自然功率因数等用电设备状况。

（2）通过调查、核对，了解客户用电设备的实际分布及综合使用情况。

（3）根据客户的综合用地状况，了解主设备（主要指配电变压器、高压电机）的数量、分布状况，初步确定客户的总受电容量。

（4）对照相关标准，根据客户用电地址、初定的总受电容量、用电设备对电能质量的要求、用电设备对电网的影响、周边电网布局，结合电网的近远期规划，初定客户的供电电压。

（5）根据客户的负荷特性，对供电的要求，结合相关规定，拟定客户供电电源点的数量及电源点直接的关联关系。

四、确定电源接入方案

（1）根据初定的客户受电容量、供电电压及供电电源点数量要求，结合周边的电网布局、电网的供电能力，供电点的周边负荷发展趋势及局部电网规划，拟定供电电源接

入方案。

（2）根据拟定的电源接入方案，结合被接入电源设备状况，初步确定电源接入点的位置（节点间隔、接户杆）及接电方案。

（3）初步确定电源引入方案（包括进线方式及走向），并初步确定实施的可能性。

五、计费、计量方案的确定

（1）根据客户用电设备实际使用情况，客户的用电负荷性质、客户的行业分类，对照国家的电价政策，初步确定客户受电点的计费方案。

（2）根据初定的供电方式、核定的供电容量以及初定的计费方案，拟定合理的计量方案。

（3）根据拟定的计量方案，初步完成计量装置和计量装置安装形式的确定工作。

任务实施[1]

一、勘查派工操作

登录系统，单击"工作任务＞＞待办工作单"，选择处理该工作单，显示如图 5-6 所示的勘查派工窗口，选择勘查派工的接收人员。

图 5-6　勘查派工窗口

---

[1]本任务设备准备、材料准备、人员准备、场地准备参考"情景五任务一"。

图 5-7 勘查派工提示框

单击"发送"按钮，出现勘察派工提示框，提示是否要派工，如图 5-7 所示。

单击"确定"按钮后，发送到下一岗位。

注意事项：

（1）若在填写工作单时发生错填，则应进行退单操作。

（2）本流程操作受岗位的限制，并不是每个操作员都能随意操作。

（3）选择多个工单，可以一次派工给一个勘查人员。

（4）对勘查人员派工结束后，可以继续选择其他工单派给其他勘查人员。

同时，依次完成客户资料信息录入，用电设备信息录入。用电申请受理完成后，应按照规定将客户资料实时扫描，上传智能档案系统进行资料电子化处理。同时将流程发送到下一个环节。

二、高压新装现场勘查操作

登录系统，单击"工作任务＞＞待办工作单"，选择该工单进行处理，出现如图 5-8 所示的勘查方案窗口。

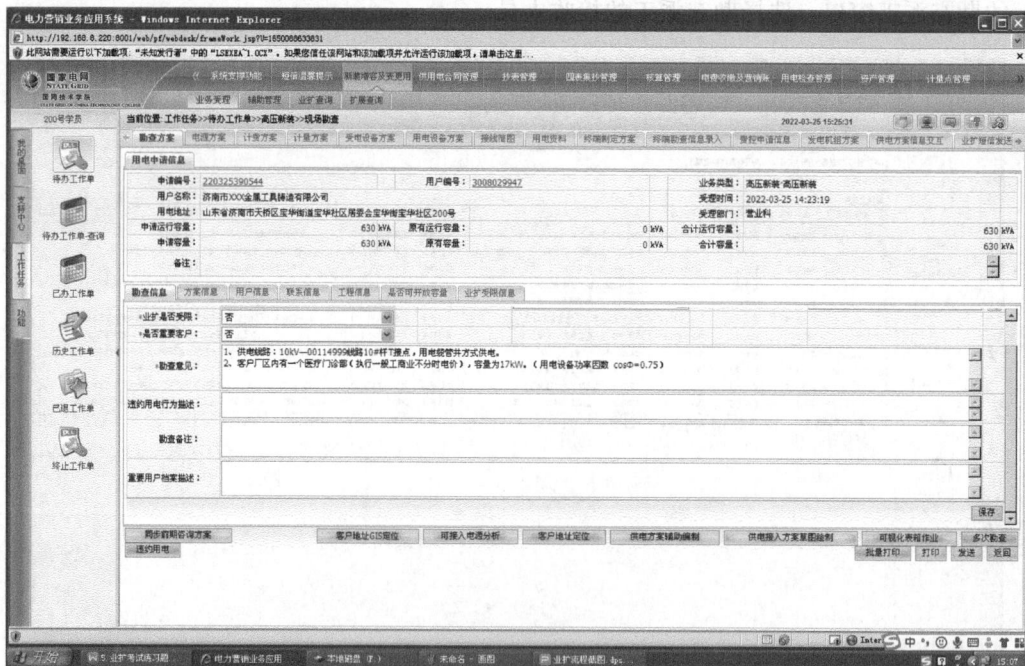

图 5-8 勘查方案

（1）填入勘查意见，选择勘查时间，对于有违约用电行为的选择"是"，填入违约用电行为描述等。

根据现场勘查资料，核对营业受理时用户信息数据正确性，与营业受理资料不一致的，直接修改。修改完成后，单击"保存"按钮，提示保存成功。

单击"方案信息"，跳转至方案信息录入页面，如图 5-9 所示。

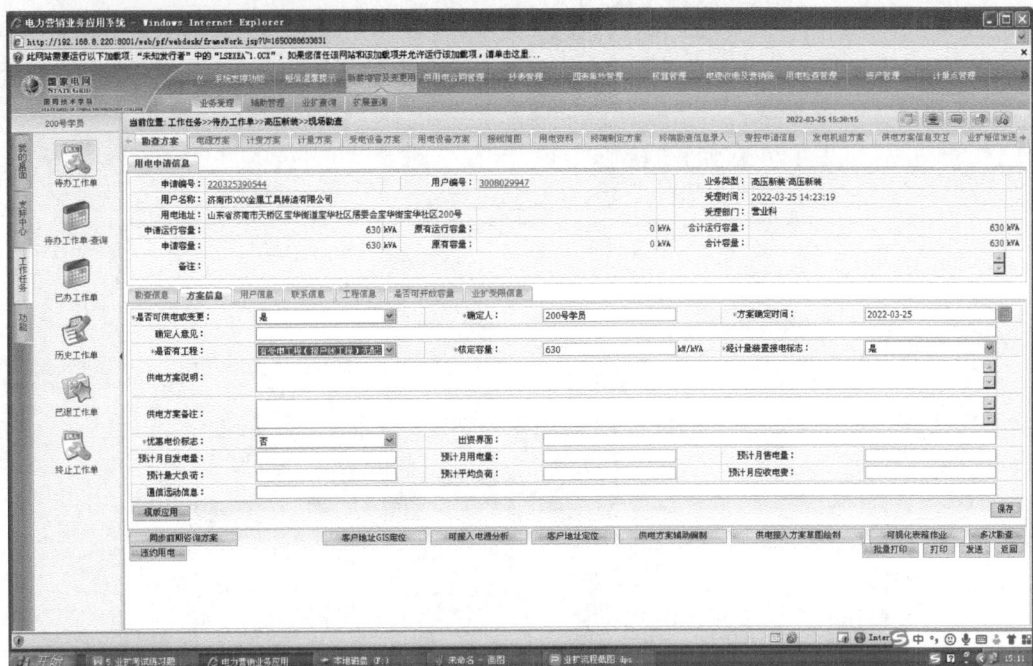

图 5-9　方案信息录入页面

（2）下拉框选择是否可以供电、是否有工程、经计量装置接电等信息，输入核定容量、确定人意见、供电方案说明等信息，单击"保存"按钮，提示保存成功。

方案信息显示现场勘查的方案信息，如图 5-9 所示。根据现场勘查资料，核对现场勘查时制定的方案信息的正确性，与现场勘查资料不一致的，直接修改。修改完成后，单击"保存"按钮，提示保存成功。

任务拓展

（1）了解业扩报装工作安全作业规范，以及现场作业安全规范。

（2）现场勘查，了解热泵、蓄能锅炉、冰蓄冷技术等设备的应用技术，思考如何向用户策划和推广电能替代和需求侧管理项目。

（3）对应急指挥和处置部门、危险化学品生产企业、重大社会活动场所及国家重点工程企事业单位等存在一级负荷的电力用户，其电源方案及自备应急电源方案如何设置？

任务评价

任务完成后，根据表 5-7 所列考核要求对学生进行综合评价。

表 5-7　　　　　　　　　　　　　任务实施评价标准表

实施步骤	考核要求	分值	得分
现场勘查流程操作	核实客户负荷性质	10	
	确定用电容量	10	
	区分用电类别	10	
	确定电源方案	20	
	确定计量方案	20	
	确定计费方案	20	
	填写现场勘查单	10	
总分		100	

业扩报装供电方案编制

【情境描述】

本情境主要任务是熟悉业扩报装高压 10kV 用户供电方案编制，包括接入系统方案、受电系统方案、计量计费方案编制 3 大任务。本情境的核心知识点是理解接入系统方案的编制工作内容、业务要求和作业规范；关键技能项是能够在营销业务应用系统中开展高压 10kV 新装用户的接入系统方案、受电系统方案、计量计费方案编制流程操作。

【情境目标】

（1）知识目标：掌握客户分级的判断方法、客户供电容量的核算方法、客户电源点供电电压等级以及供电回路数的确定方法。

（2）能力目标：能够根据客户需求设计接入系统方案；能够开展高压新装用户接入系统方案的营销业务应用系统流程操作。

（3）素质目标：具备结合客户实际分析问题与解决问题的能力，具备大客户经理工作岗位的素质需求；培养良好的职业道德观，树立职业道德与工作责任心。

任务一 编制高压客户接入系统方案与受电系统方案

任务描述

（1）根据客户信息进行客户重要性分级。

（2）根据客户的设备清单，对客户供电容量进行核定，并结合容量、客户分级及电网条件确定合理供电电压等级。

（3）判断客户分级确定用户的供电回路数，根据实际确定供电电源到客户配电室之间的路径、出线方式，以及供电线路敷设方式。

任务目标

通过学习掌握高压用户接入系统方案编制方法，能够理解负荷分级依据及分级

125

微课18

拟定供电方案

方法，对客户分级的正确性进行判断；能够正确核算用户供电容量，依据供电容量确定其供电电压等级；能够根据客户分级确定用户的供电回路数，根据实际确定供电电源到客户配电室之间的路径、出线方式，以及供电线路敷设，通过经济比较确定电源接入方式，完成业扩报装接入系统方案的制定。

知识准备

一、客户分级

1. 重要电力客户的界定

重要电力客户是指在国家或者一个地区（城市）的社会、政治、经济生活中占有重要地位，对其中断供电将可能造成人身伤亡、较大环境污染、较大政治影响、较大经济损失、社会公共秩序严重混乱的用电单位或对供电可靠性有特殊要求的用电场所。根据对供电可靠性的要求以及中断供电危害程度，重要电力客户可以分为特级重要电力客户、一级重要电力客户、二级重要电力客户和临时性重要电力客户。重要电力客户认定一般由电力客户提出，经当地政府有关部门批准。

（1）特级重要电力客户，是指在管理国家事务中具有特别重要作用，中断供电将可能危害国家安全的电力客户。

（2）一级重要电力客户，是指中断供电将可能产生下列后果之一的电力客户：

1）直接引发人身伤亡的；

2）造成严重环境污染的；

3）发生中毒、爆炸或火灾的；

4）造成重大政治影响的；

5）造成重大经济损失的；

6）造成较大范围社会公共秩序严重混乱的。

（3）二级重要电力客户，是指中断供电将可能产生下列后果之一的电力客户：

1）造成较大环境污染的；

2）造成较大政治影响的；

3）造成较大经济损失的；

4）造成一定范围社会公共秩序严重混乱的。

（4）临时性重要电力客户，是指需要临时特殊供电保障的电力客户。

2. 普通电力客户的界定

除重要电力客户以外的其他客户，统称为普通电力客户。

二、核定客户供电容量和确定电压等级

1. 电压等级的分类

(1) 低压供电：单相为 220V、三相为 380V。

(2) 高压供电：10、35(66)、110kV 和 220kV。客户需要的供电电压等级在 110kV 及以上时，其受电装置应作为终端变电站设计。

2. 确定供电电压等级的一般原则

客户的供电电压等级应根据当地电网条件、客户分级、用电设备计算负荷或受电设备总容量，经过技术经济比较后确定。除有特殊需要外，供电电压等级一般可参照表 6-1 列出的规定确定。

表 6-1　　　　　　　　　　　客户供电电压等级的确定

供电电压等级	用电设备装接容量	受电变压器总容量
220V	10kW 及以下单相设备	—
380V	100kW 及以下	50kVA 及以下
10kV	—	50kVA 至 10 000kVA
35(66)kV	—	5000kVA 至 40MVA
110kV	—	20MVA 至 100MVA
220kV	—	100MVA 及以上

三、客户变电站（配电室）的主变压器台区容量确定

1. 根据负荷特点和经济运行条件选择变压器台数

当符合一级或二级负荷、季节性负荷变化较大、集中负荷较大等条件之一时，宜装设两台及以上变压器分别供电，并且实现办公生活和生产负荷分开，尽量不使用一台变压器供电。因为使用两台或多台变压器供电，可以根据生产需要停启变压器。安装多台变压器具体台数要根据客户负荷分布情况、用电负荷性质重要程度等因素来确定。

2. 电力变压器常用容量规格

电力变压器常用规格包括：10、20、30、50、63、80、100、125、160、200、250、315、400、500、630、800、1000、1250、1600、2000、2500、3150、4000、5000、6300、8000、10 000kVA 等。

3. 采用需用系数确定变压器容量

用电设备的负荷计算式为

$$P_c = K_d P \tag{6-1}$$

式中：P_c 为计算负荷，kW；K_d 为需用系数；P 为用电设备的额定功率，kW。

求出用电设备计算负荷后，根据规定用户应达到的功率因数求出用电负荷的视在功率，确定变压器的容量。

用电负荷的视在功率计算式为

$$S = P_c/\cos\varphi \tag{6-2}$$

式中：S 为用电负荷的视在功率，kVA；$\cos\varphi$ 为要求用户应达到的功率因数。

考虑正常情况下变压器的利用率和功率损耗，一般情况下用电负荷视在功率宜等于变压器额定容量的 70%～75%。

在实际工作中，确定变压器容量一定要与客户认真协商，按照安全、经济、统筹兼顾的要求，确定出最佳的变压器容量和台数。常用变压器的类型如图 6-1 所示。

图 6-1　干式、油浸式、箱式变压器
(a) 干式；(b) 油浸式；(c) 箱式

四、客户供电电源的确定

应根据客户实际用电容量，确定所提供的供电电压等级，然后按照就近供电的原则选择供电电源。

1. 供电电源数量的确定

供电电源数量必须根据客户分级来确定，具体确定方法见表 6-2。

表 6-2　　　　　　　　　　供电电源数量的确定

客户分级	供电电源数量
特级重要电力客户	三路及以上独立供电电源
一级重要电力客户	双电源
二级重要电力客户	双电源或双回路
普通电力客户	单电源

2. 供电电源点确定

根据客户用电容量、需用供电电压和供电电源数，确定电网供电电源点。确定电网供电电源点的一般原则如下：

（1）电源点应具备足够的供电能力，能提供合格的电能质量，以满足客户的用电需求；在选择电源点时应充分考虑各种相关因素，确保电网和客户端变电站的安全运行；

（2）存在多个可选电源点，应进行技术经济比较后确定；

（3）根据客户的负荷性质和用电需求，确定电源点的回路数和种类；

（4）根据城市地形、地貌和城市道路规划要求，就近选择电源点；

（5）路径规划应短捷顺直，减少与道路交叉，避免近电远供、迂回供电；

（6）架设专线供电，可以根据所处地区、城市、农村等因素不同而限定不同的容量，客户架设专线的最小用电容量一般选定在2000～3000kVA之间为宜。

确定的电力线路（包括开闭所）的路径（占地）需与政府规划部门联系，由政府规划部门批准，在正式地形图上划出电力线路许可施工安装位置，方可进行设计和施工。

🔭 任务实施❶

一、接入系统方案填写

结合"情境五任务一"中的高压新装用户，填写供电方案答复书中关于接入系统方案部分的内容。

济南市×××铸造有限公司申请新装用电，该用户的接入系统方案见表6-3。

表 6-3   济南市×××铸造有限公司接入系统方案

供电电源情况。

供电企业向客户提供单电源三相交流50Hz电源

（1）第一路电源。

电源性质：主供电源　　　　　　　　电源类型：公网T接

供电电压：交流10kV　　　　　　　　供电容量：630kVA

供电电源接电点：110kV泉城变电站10kV测试线路231线出线柜

产权分界点：110kV泉城变电站10kV测试线路231线出线柜开关下桩头电缆搭接处，分界点电源侧产权属供电企业，分界点负荷侧产权属客户。

进出线敷设方式及路径：初步建议110kV泉城变电站10kV测试线路231线以电缆出110kV泉城变电站往东南，沿建成道路电缆敷设至配电房，电缆截面建议采用185mm²，长度大约500m。具体路径和敷设方式以设计勘查结果以及政府规划部门最终批复为准。

（2）第二路电源。

电源性质：＿＿／＿＿　　　　　　　　电源类型：＿＿＿＿／＿＿＿＿

供电电压：＿＿／＿＿＿kV　　　　　　供电容量：＿＿＿＿／＿＿＿＿kVA

供电电源接电点：＿＿＿＿＿＿＿＿＿＿＿／＿＿＿＿＿＿＿＿＿＿＿

产权分界点：＿＿＿＿＿＿＿＿＿＿／＿＿＿＿＿＿＿＿＿＿，分界点电源侧产权属供电企业，分界点负荷侧产权属客户。

进出线敷设方式及路径：初步建议＿＿＿＿＿＿＿＿／＿＿＿＿＿＿＿。具体路径和敷设方式以设计勘查结果以及政府规划部门最终批复为准。

填表选项说明如下：

（1）电源性质。电源分为主供电源和备用电源：对于单电源用户，只配置1路电

---

❶本任务设备准备、材料准备、人员准备、场地准备参考"情景五任务一"。

源，为主供电源；对于双电源或多电源用户，根据运行方式确定哪一路为主供电源，哪一路为备用电源。

（2）电源类型。电源类型分为公变、公网 T 接（专变）、专线用户，根据用户容量和现场电源勘查情况确定。该用户为高压用户公网 T 接用户。

（3）供电电压。供电电压参照本任务"知识准备"中表 6-1，其中，容量为 50kVA 至 10 000kVA 时宜采用 10kV 电压等级供电。

（4）供电容量。本案例已给出，用户供电容量为 630kVA。一般用户提供设备清单时，则需要参照本任务"知识准备"中式（6-1）和式（6-2）进行核算。

（5）供电电源接电点。供电电源接电点是指供电电源，一般为"××变电站××线路"。

（6）产权分界点。产权分界点是供用电双方产权归属和责任划分点，参照《供电营业规则》相关规定理解掌握产权分界概念。

（7）进出线敷设方式及路径。应按照规划部门要求，结合现场实际确定进出线敷设方式及路径。

二、营销业务应用系统中接入系统方案流程操作

（1）登录系统，单击"工作任务＞＞待办工作单"，选择需要处理的工作单，单击"电源方案"，跳转至电源方案界面。

（2）下拉框选择电源类型、电源相数、电源性质、供电电压、进线方式、产权分界点、保护方式、运行方式等。核定供电容量，对于电源类型为专线的用户选择出线的变电站，电源类型为专变的用户选择接出的线路，电源类型是公变或者公用专变的用户，选择接出的台区。例如，该户为电源类型为专变，则选择对应的线路，单击"线路"后按钮，弹出"选择线路"窗口，如图 6-2 所示。

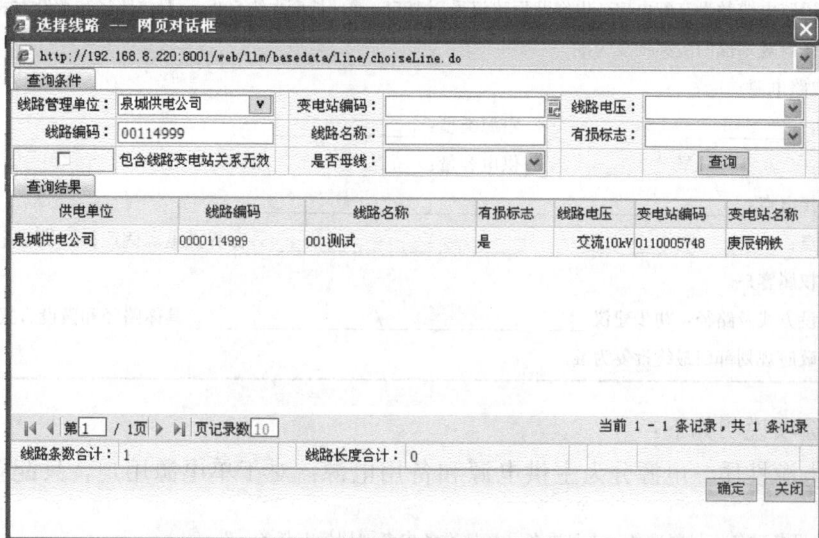

图 6-2　选择线路

（3）选择查询条件，单击"查询"按钮，显示查询结果，选中要选择的线路，单击"确定"按钮，保存选择线路方案。

（4）数据输入完成后，检查其正确性后，单击"保存"按钮，提示保存成功后，保存供电电源方案，如图 6-3 所示。

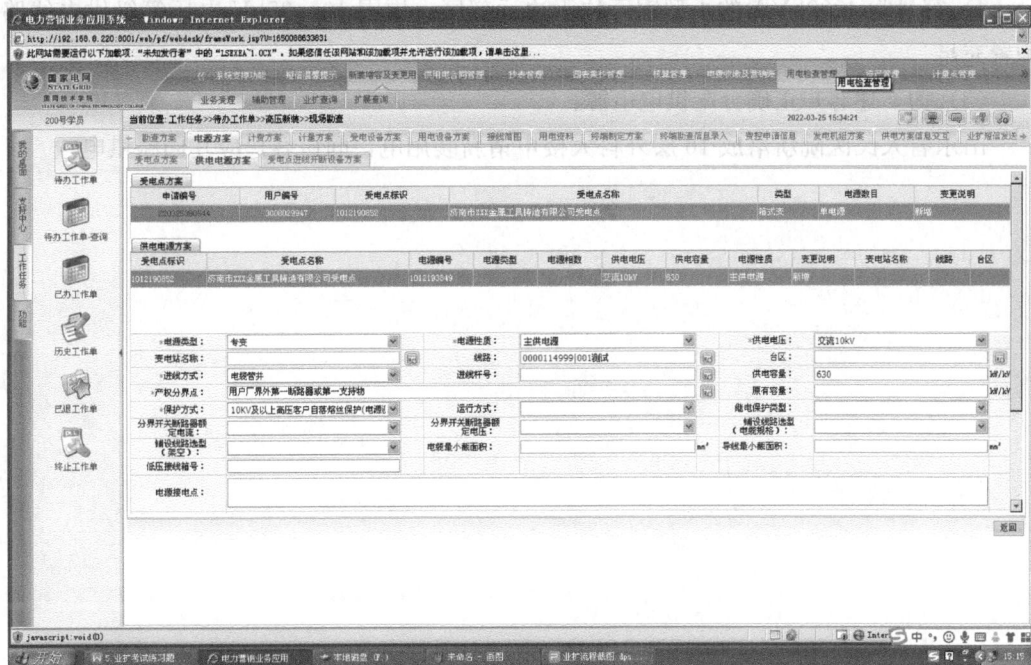

图 6-3 供电电源方案

一般情况下，如果是单电源供电时，选择一条电源线路。如果是双电源供电，或者多电源供电，单击"增加"按钮，增加两条或多条电源线路。

任务拓展

参考《民用高等建筑规范》，了解建筑群客户分级标准；参考《山东省重要客户分类标准》，了解各企事业单位、生产单位重要客户分类界定的依据；根据本任务所学知识，完成以下习题：

（1）对下述用户进行客户分级：

1）山东省人民医院新落成 16 层外科大楼申请新装用电，问该客户分级应为几级？

2）层高 18 层的四星级酒店申请新装用电，问该客户分级应为几级？若层高为 8 层呢？

3）电信公司申请新装用电，问该客户分级应为几级？

（2）确定以下用电客户合理的电压等级：

1）容量为 630kVA 的棉纺织厂，周围 0.4、10kV 电压等级供电线路配置充足；

2）容量为30kVA的通信基站信号发射塔，周围0.4、10kV电压等级供电线路配置充足；

3）容量为10 000kVA的山东省人民医院，周围0.4、10kV电压等级供电线路配置充足；

4）容量为4000kVA的小型钢厂位于边远郊区，周围10、35kV电压等级供电线路配置充足。

（3）为下述客户正确分配供电电源：

山东省人民医院新落成16层外科大楼申请新装用电，问该客户应几回路供电？

任务评价

任务完成后，根据表 6-4 所列考核要求对学生进行综合评价。

表 6-4 　　　　　　　　　　　　　　任务实施评价标准表

实施步骤	考核要求	分值	得分
电源方案	客户分级、负荷分级无误	20	
	电压等级选择无误	20	
	供电线路选择无误	10	
	供电回路数选择无误	10	
	供电容量的计算无误	10	
	产权分界点描述无误	10	
	线路进线方式选择无误	10	
	客户配电室位置选择无误	10	
总分		100	

任务二　编制高压客户受电系统方案

任务描述

（1）确定客户变电站（配电室）位置进线方式。

（2）确定客户配电室一次接线图。

（3）确定配电室低压母线接线方式。

（4）确定系统的继电保护方式。

（5）确定电气设备运行方式、调度通信方式。

任务目标

通过学习了解高压接入系统方案工作内容与作业规范，包括设计受电工程的进线方式、受电装置容量、主接线、运行方式、继电保护方式、调度通信、保安措施、电能计量方式及接线方式、安装位置、产权及维护责任分界点、主要电气设备技术参数等内容。

知识准备

一、客户受电方式的确定

客户受电方式分为：柱上变压器、简易箱式变电站、组合箱式变电站、简易变电站（配电室）和变电站（配电室）。具体采用哪一种受电方式，与地域、社会经济发展程度以及各地的习惯有关，下面仅以××地区选择受电方式的原则作为参考。

（1）客户用电容量在 315kVA 及以下者，一般新建柱上变压器，但变压器安装在下列位置时，原则上应新建简易箱式变电站或箱式变电站。

1）在城区供电的城市范围内；

2）在县区供电的城镇范围内，同时影响城镇美观的（如城镇街道两边）；

3）四周距建筑物太近，严重影响人身安全和安全用电的。

（2）客户用电容量在 315kVA 以上至 500kVA 以下者，一般应新建简易箱式变电站或简易变电站（配电室），如客户有特殊要求也可新建组合箱式变电站或变电站（配电室）。

（3）客户用电容量在 500kVA 及以上至 800kVA 及以下者，一般新建组合箱式变电站，如客户有特殊要求也可新建变电站（配电室）。

（4）客户用电容量在 800kVA 以上者，应新建变电站（配电室），如确因客户地方很小，无法新建变电站（配电室）时，可考虑新建组合箱式变电站，但设置的各种保护装置不能减少。

临时用电的客户在保证运行安全、计量合理准确、电价执行正确的基础上，选择最经济的方式，可以不受正式供电方案的限制。

二、客户变电站（配电室）出线方式的确定

变电站（配电室）出线方式宜采用电缆，如客户有特殊要求，需要采用架空线路出线时，必须消除安全隐患。配电室主接线方式主要包括线路变压器组、单电源单母线、双电源单母线接线和双电源单母线分段接线，如图 6-4 所示。

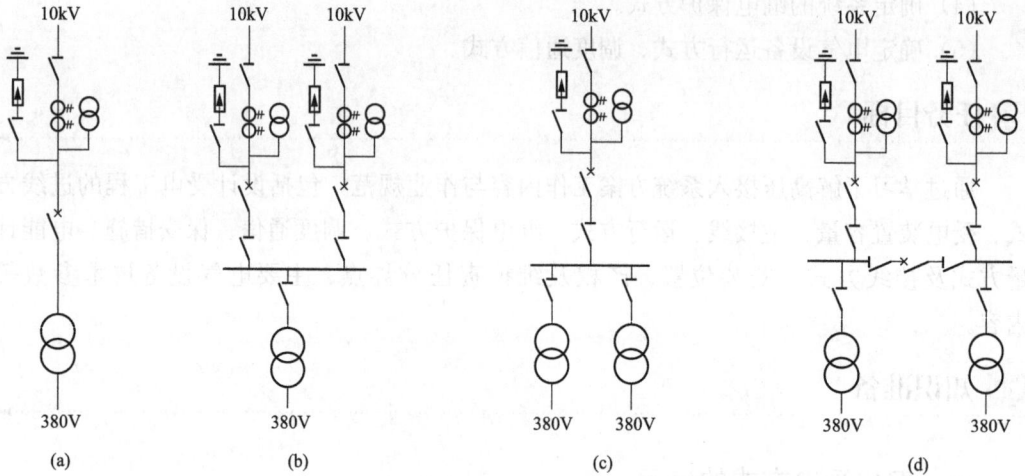

图 6-4 配电室主接线方式
（a）线路变压器组；（b）单电源单母线；（c）双电源单母线；（d）双电源单母线分段

（1）线路变压器组：由 10kV 线路支接经熔断器或 10kV 配电站供电，受电变压器容量 800kVA 及以下的，可不设电源进线断路器，将电源进线隔离开关改用负荷开关，如图 6-4（a）所示。

（2）单电源单母线：多台变压器（包括特种变压器）或高压电动机的主接线。适用于无重要负荷的中、小容量客户，如图 6-4（b）所示。

（3）双电源单母线：10kV 两路常用电源供电，两路供电线路应接自电源变电站的不同母线段。适用用于有重要负荷的中、小容量客户，如图 6-4（c）所示。

（4）双电源单母线分段：10kV 两路常用电源供电，两路供电电源应接自电源变电站的不同母线段。适用于中等容量客户，可有重要负荷，如图 6-4（d）所示。

三、客户进线继电保护的设置

客户变电站中的电气设备和线路，应装设反应短路故障和异常运行的继电保护和安全自动装置，满足可靠性、选择性、灵活性和速度性的要求。

具体保护方式配置的要求如下：

（1）进线保护的配置。

1）110kVA 及以上进线保护的配置，应根据经评审后的二次接入系统设计确定；

2）35kV 进线应装设延时速断及过电流保护，对于有自备电源的客户也可采用阻抗保护；

3）10kV 进线装设速断或延时速断、过电流保护，对小电阻接地系统，宜装设零序保护。

（2）主变压器保护的配置。

1）容量在 0.4MVA 及以上车间内油浸变压器和 0.8MVA 及以上油浸变压器，均应装设瓦斯保护，其余非电量保护按照变压器厂家要求配置；

2）电压在 10kV 及以下或容量在 10MVA 及以下的变压器，采用电流速断保护和过电流保护分别作为变压器的主保护和后备保护；

3）电压在 10kV 以上及容量在 10MVA 及以上的变压器，采用纵差保护和过电流保护（或复压过电流保护）分别作为变压器主保护和后备保护。对于电压为 10kV 的重要变压器，当电流速断保护灵敏度不符合要求时也可采用纵差保护作为变压器主保护；

4）220kV 主变压器除非电量保护外，应采用两套完整、独立的主保护和后备保护；

5）220kV 母线及 110kV 双母线宜采用两套专用母线保护。

四、客户电气设备运行方式的确定

根据客户用电性质、用电负荷及重要程度来确定客户运行方式，运行方式决定着客户电气设备运行是否可靠。具体要求如下：

（1）一级负荷客户可采用以下运行方式：两回及以上进线同时运行互为备用；一回进线主供、另一回路热备用；

（2）二级负荷客户可采用以下运行方式：两回及以上进线同时运行；一回进线主供、另一回路备用；不允许出现高压侧合环运行的方式。

五、客户调度通信等内容的确定

为了保证电力调度部门对所调度的客户之间通信畅通，及时准确地下达各类调度命令，如限电、倒负荷、操作开关、切除故障设备等，在确定供电方案时，对通信和自动化也有具体要求：

（1）35kV 及以下供电、用电容量不足 8000kVA 且有调度关系的客户，可利用电能量采集系统采集客户端的电流、电压及负荷等相关信息，配置专用通信市话与调度部门进行联络；

（2）35kV 供电、用电容量在 8000kVA 及以上或 110kV 及以上的客户宜采用专用光纤通道或其他通信方式，通过远动设备上传客户端的遥测、遥信信息，同时应配置专用通信市话或系统调度电话与调度部门进行联络；

（3）其他客户应配置专用通信市话与当地供电企业进行联络。

📹 任务实施[1]

一、受电系统方案填写

结合情境五任务一中的高压新装用户，填写供电方案答复书中关于受电系统方案部分的内容。

济南市×××铸造有限公司申请新装用电，该用户的受电系统方案见表6-5。

表6-5　　　　　　　　　济南市×××铸造有限公司受电系统方案

（1）受电点建设类型：采用　　配电房　　方式。

（2）受电容量：合计　630　kVA

（3）电气主接线：采用　单母线接线　方式。

（4）运行方式：电源采用　主供　方式，电源连锁采用　无连锁　方式。

（5）无功补偿：按无功电力就地平衡原则，按照国家标准、电力行业标准等规定设计并合理装设无功补偿设备。补偿设备宜采用自动投切方式，防止无功倒送，在高峰负荷时功率因数不宜低于　0.95　。

（6）继电保护：宜采用数字式继电保护装置，　进线采用定时限速断和过电流保护；主变采用速断和过电流、瓦斯、温度　保护。

（7）调度、通信及自动化：与　/　建立调度关系；配置相应的通信自动化装置联络，通信方案建议无数据上传要求，配专通信市话。

（8）自备应急电源及非电保安措施：客户对重要保安负荷配备足额容量的自备应急电源及非电性质保安措施，自备应急容量应不少于保安负荷的120%，建议配置柴油发电机类型自备应急电源，自备应急电源与电网电源之间应设可靠的电气或机械闭锁装置，防止倒送电；非电性质保安措施应符合生产特点，负荷性质，满足无电情况下保证客户安全的需求。

（9）电能质量要求：

1）存在非线性负荷设备　无　接入电网，应委托有资质的机构出具电能质量评估报告，并提交初步治理技术方案。

2）用电负荷注入公用电网连接点的谐波电压限值及谐波电流允许值应符合《电能质量　供用电网谐波》（GB/T 14549—1993）国家标准的限值。

3）冲击性负荷产生的电压波动允许值，应符合《电能质量电压波动和闪变》（GB/T 12326—2008）的限值。

填表选项说明：

（1）受电点建设类型：受电点建设类型包括箱式变压器、杆架变、配电室和变电站四种形式，本案例可选用箱式变压器或配电室均可，根据用户实际情况和要求进行配置。

（2）受电容量：该选项与客户供电容量或受电变压器容量一致。

（3）电气主接线：对于本例的普通用户采用单电源单母线供电即可。

---

[1]本任务设备准备、材料准备、人员准备、场地准备参考"情景五任务一"。

（4）运行方式：对于单电源用户电源只有主供一种方式；双电源用户有一路主供和一路备用，或两路同时运行等运行方式。

（5）无功补偿：由于感性负荷吸收电网无功，对电能质量造成影响，因此用户应根据考核要求配置无功补偿装置。需要注意的是，本例 630kVA 工业用户功率因数考核标准为 0.9，而高峰负荷时功率因数不宜低于 0.95。

（6）继电保护：10kV 进线装设速断或延时速断、过电流保护，对小电阻接地系统，宜装设零序保护；电压在 10kV 及以下或容量在 10MVA 及以下的变压器，采用电流速断保护和过电流保护分别作为变压器的主保护和后备保护。

（7）调度、通信及自动化：本例无需与调度建立通信关系。

（8）自备应急电源及非电保安措施：根据用户实际情况，若用户有应急、疏散或保障设备岸电的保安负荷，则需设置保安电源。

（9）电能质量要求：若用户有非线性负荷、谐波或冲击性负荷，则需要制定治理措施。

二、营销业务应用系统中受电系统方案流程操作

为描述方案中"受电系统方案"，首先介绍"受电设备方案"页面操作与信息录入。

（注："受电设备方案"可以在依次完成"勘查方案"-"电源方案"-"计费方案"-"计量方案"后，再完成。）

（1）单击"受电设备方案"，跳转至"受电设备方案"页面，如图 6-5 所示。

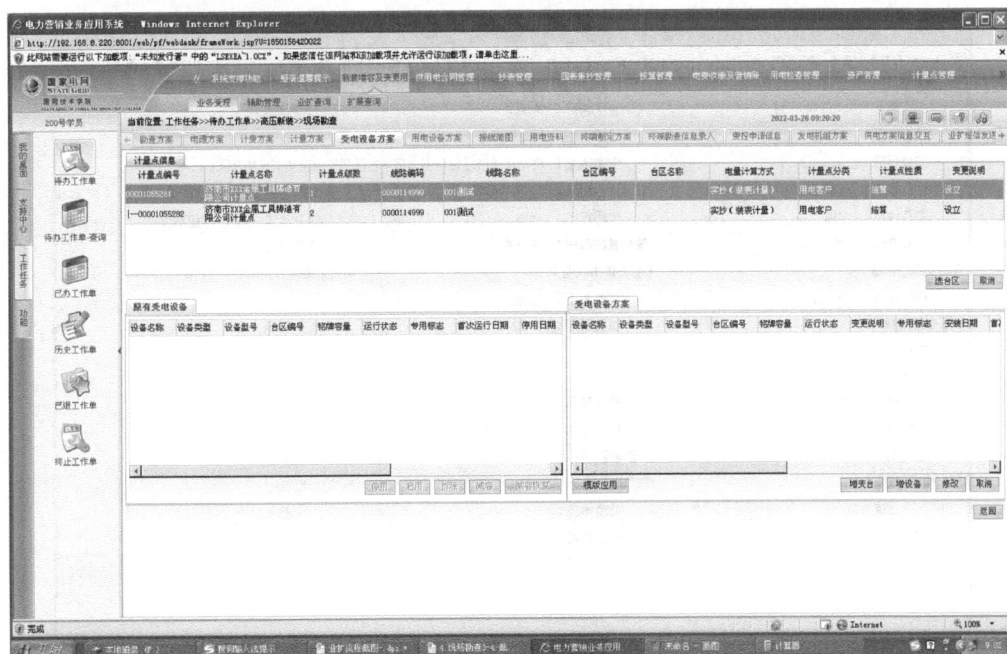

图 6-5 受电设备方案

（2）单击"增变台"按钮，弹出如图 6-6 所示的增变台信息维护页面，在"台区信息"栏，单击"新增"按钮，弹出页面如图 6-7 所示，在该页面完成台区信息的录入。

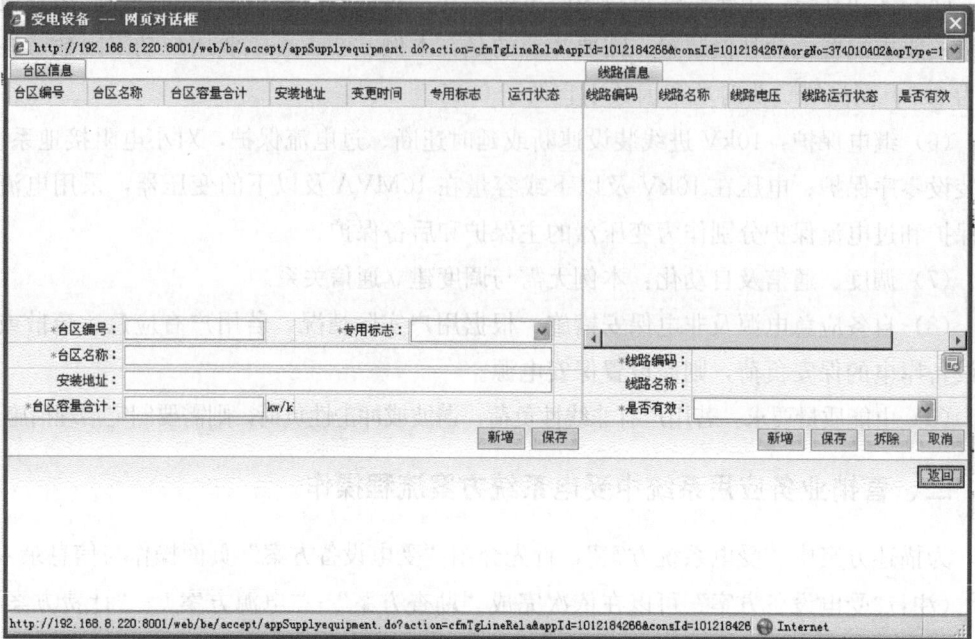

图 6-6 增变台信息维护

图 6-7 台区信息录入

（3）选择或手工填入台区名称、设备类型、设备名称、安装日期、安装地址、运行状态、铭牌容量、保护方式等。

系统填写说明：

1）运行状态：本案例为单电源，电源运行方式为主供。

2）铭牌容量：变压器铭牌上的容量，与变压器型号一致，本案例为 630kVA。

3）保护方式：参考"知识准备"中保护配置部分内容。

4）专用标志：台区专用标志分为公变、专变，本案例为专变。

5）一次侧电压和二次侧电压：本案例采用变比为 10/0.4 的变压器，因此一次侧电压为 10kV，二次侧电压为 0.4V。

（4）将台区信息与线路信息进行关联。在"线路信息"一栏中（见图 6-8），单击"线路编码"右侧的加载号，弹出如图 6-9 所示线路编码选择厂对话框，选择"001 测试线"，单击"确定"按钮。在"是否有效"下拉框中选择"是"，从而完成台区信息与线路信息的关联。

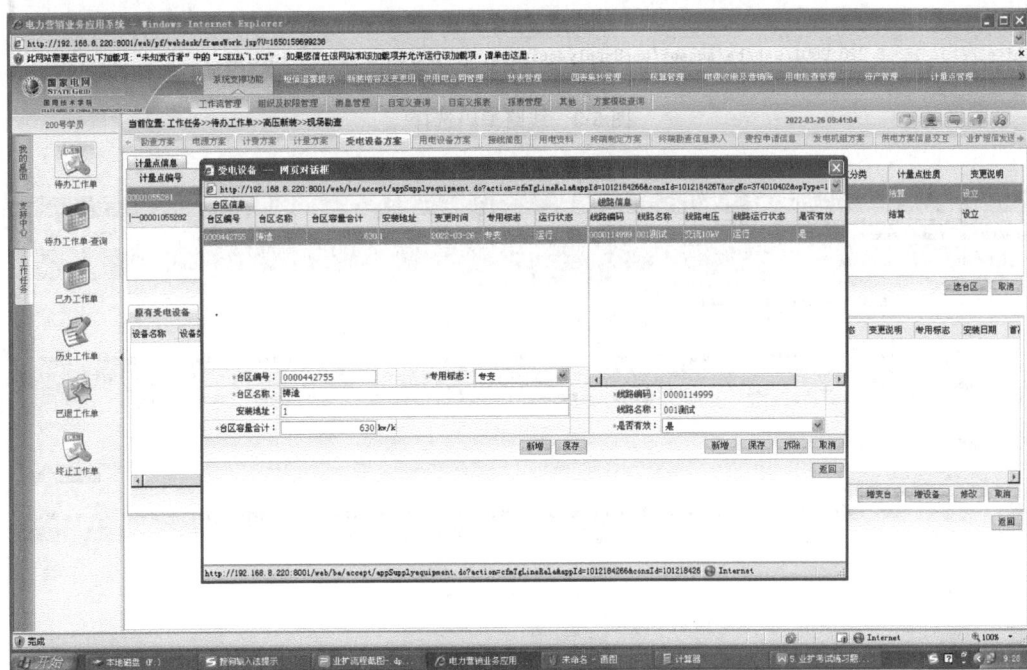

图 6-8　台区与线路信息关联

（5）计量点选台区。回到"受电设备方案"页面，如图 6-10 所示，选中"计量点级数"为"1"的"济南市×××金属工件铸造有限公司计量点"（即主计量点），单击"选台区"按钮，弹出页面台区选择界面，如图 6-11 所示。依次单击左侧台区与右侧线路，单击"确认"按钮，从而完成主计量点台区信息维护，如图 6-12 所示。继而，完成"计量点级数"为"2"的"济南市×××金属工件铸造有限公司计量点"（即分计量点）选台区操作。

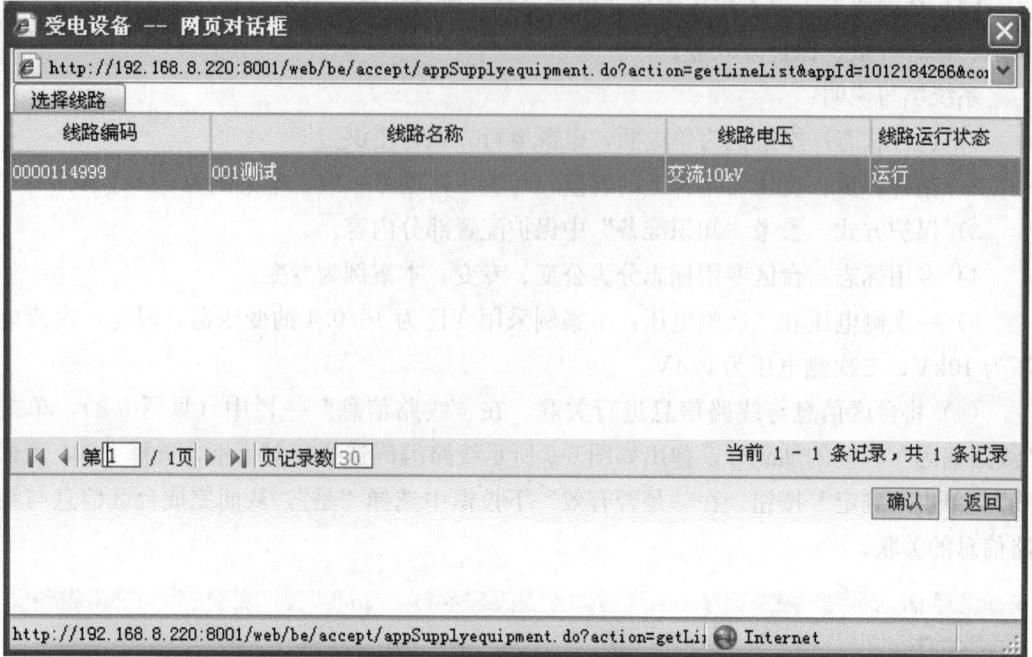

图 6-9　线路编码选择

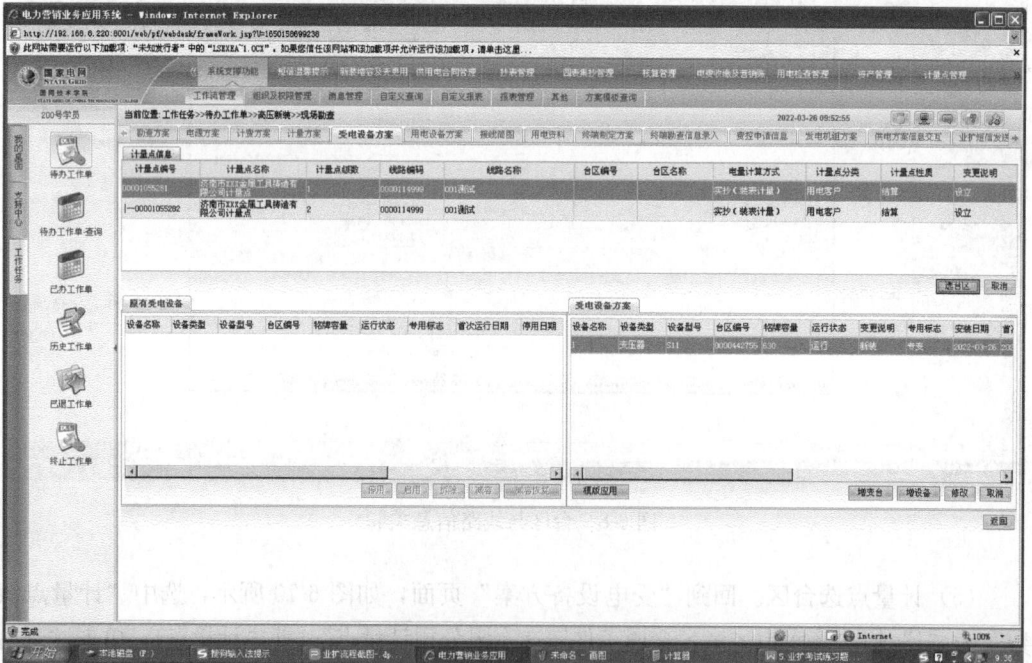

图 6-10　受电设备方案页面

图 6-11　台区与线路信息选择

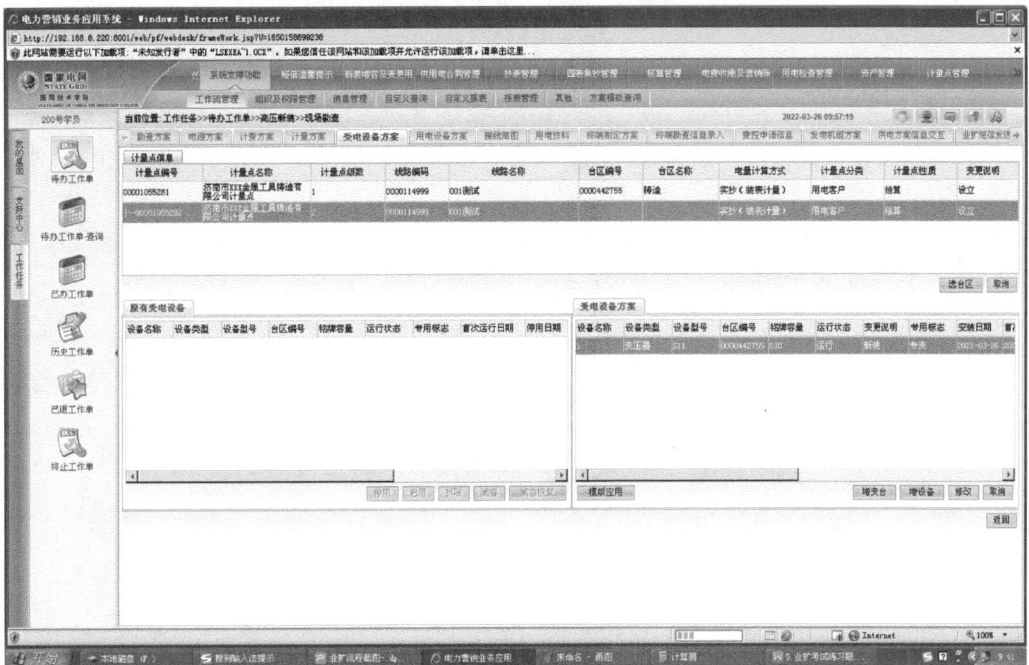

图 6-12　完成主计量点选台区

任务拓展

分析各类客户分级下的供电电源确定方法，思考并完成以下习题：

（1）2019年6月28日，G20峰会第十四次峰会于杭州召开，为此新增一台80万kVA变压器，请制定该用户的受电系统方案的配置方案。

（2）新疆鄂尔多斯棉纺织厂，受电设备总容量2000kVA，停电将产生大量次品，造成较大程度的经济损失，请制定该用户的受电系统方案的配置方案。

（3）联通兴隆片区通信基站信号发射塔，受电设备总容量30kVA，停电将造成周围片区用户通信不便，请制定该用户的受电系统方案的配置方案。

（4）山东省人民医院属三级甲等医院，具有手术台、ICU病房等重要负荷，受电设备总容量10 000kVA，请制定该用户的受电系统方案的配置方案。

（5）济南郊区小型钢厂，受电设备总容量4000kVA，位于边远郊区，周围10、35kV电压等级供电线路配置充足，请制定该用户的受电系统方案的配置方案。

任务评价

任务完成后，根据表 6-6 所列表核要求对学生进行综合评价。

表 6-6　　　　　　　　　　　　　任务实施评价标准表

实施步骤	考核要求	分值	得分
受电设备方案	主接线方式的选择	10	
	运行方式的选择	10	
	一次侧电压	10	
	二次侧电压	10	
	台区及变压器的型号容量选择	10	
	变损分摊表计方式选择	10	
	计量点台区选择	10	
	专用标志	10	
	保护方式选择	10	
	无功补偿方式	10	
总分		100	

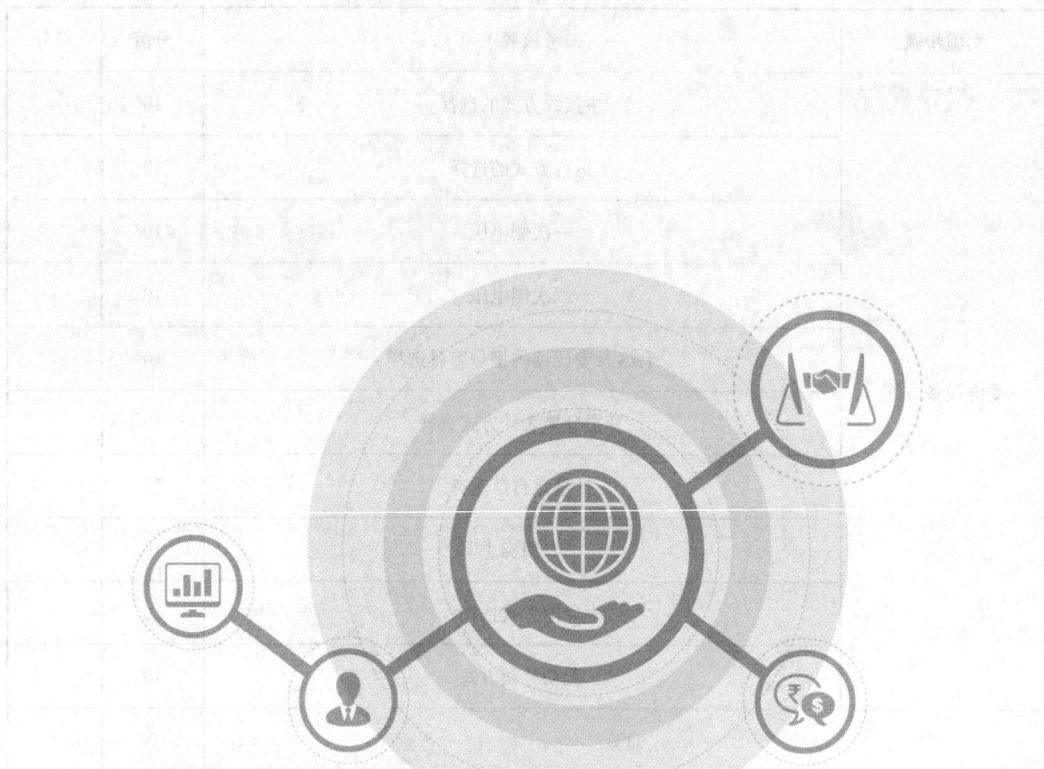

任务三 编制高压客户计量计费方案

📠 任务描述

（1）确定客户配电室中计量点的配置。

（2）确定高压 10kV 计量方案及计量装置的配置。

（3）确定低压 0.4kV 计量方式及计量装置的配置。

🖥 任务目标

通过学习使学生能根据计量方案配置原则，正确开展计量点、计量装置选型方面的配置。

💻 知识准备

一、计量方式配置原则

（1）高压供电客户的计量方式宜采用高供高计方式。但对 10kV 供电且容量在 315kVA 及以下、35kV 供电且容量在 500kVA 及以下的，高压侧计量确有困难时，可在低压侧计量，即采用高供低计方式。

（2）低压供电的客户，负荷电流为 60A 及以下时，电能计量装置接线宜采用直接接入式；负荷电流为 60A 以上时，宜采用经电流互感器接入式。

（3）有两路及以上线路分别来自不同供电点或有多个受电点的客户，应分别装设电能计量装置。

（4）客户一个受电点内不同电价类别的用电，应分别装设计费电能计量装置，无法分别装设时应采用定量或定比的方式计费。

（5）有送、受电量的地方电网和有自备电厂的客户，应在并网点上分别设置送、受电电能计量装置。

二、电能计量点

电能计量点应设定在供电设施与受电设施的产权分界处。计量装置选型配置必须按照 DL/T 448—2016《电能计量装置技术管理规程》的标准执行，具体电能计量装置配置的电能表、互感器的准确度等级应不低于表 6-7 所列值。

三、计量装置常用的规格

1. 电能表常用规格

（1）单相直接式：I 为 5(60)A，U 为 220V；

		准确度等级			
电压等级	电能计量装置类别	电能表		互感器	
		有功	无功	电压互感器	电流互感器
220kV	I	0.2S	2	0.2	0.2S
110(66)～220kV	II	0.5S	2	0.2	0.2S
10～110(66)kV	III	0.5S	2	0.5	0.5S
380V～10kV	IV	1	2	0.5	0.5S
220V	V	2	—	—	0.5S

表 6-7   电能表、互感器的准确度等级

（2）三相四线直接式：I 为 $3×5(60)$A，U 为 $3×220/380$V。

（3）三相四线经互感器接入式：I 为 $3×1.5(6)$A，U 为 $3×220/380$V 或 $3×57.7/100$V。

（4）三相三线经互感器接入式：I 为 $3×1.5(6)$A，U 为 $3×100$V。

2. 电流互感器常用规格

一次侧：10、12.5、15、20、25、30、40、50、60、75、100、125、150、200、250、300、400、500、600、750、1000、1250、1500A 和 2000A 等。

二次侧：1A 或 5A。5A 一般用在表计或计量，1A 一般用在信号、取样或电压 500kV 及以上的计量装置中。

电流互感器配置需要计算一次回路电流值，计算方法如下：

若计量点在 10kV 侧，电流为

$$I = \frac{S}{10\sqrt{3}} \text{ 或 } I = \frac{P}{10\sqrt{3}\cos\varphi}$$

若计量点在 0.4kV 侧，电流为

$$I = \frac{S}{0.4\sqrt{3}} \text{ 或 } I = \frac{P}{0.4\sqrt{3}\cos\varphi}$$

3. 电压互感器

电压互感器配置（10kV 供电）：

（1）高压侧计量：10 000/100 的电压互感器。Vv 接线配 2 只，Yyn 接线配 3 只；

（2）低压侧计量：不需要配置电压互感器。

电压互感器配置（35kV 供电）：

高压侧计量：35 000/100 的电压互感器。Vv 接线配 2 只，Yyn 接线配 3 只；

任务实施[1]

一、计量计费方案填写

结合情境五任务一中的高压新装用户，填写供电方案答复书中关于计量计费方案部分的内容。

济南市×××铸造有限公司申请新装用电，该用户的计量计费方案见表 6-8。

表 6-8 **济南市×××铸造有限公司计量计费方案**

1. 计量点设置及计量方式

计量点 1：计量装置专设在 <u>110kV 泉城变电站 10kV 测试线路 231 线出线柜</u>处，计量方式为<u>高供高计</u>，接线方式为三相三线，电压等级为 <u>10</u> kV。

电压互感器变比为 <u>10 000/100</u>，准确度等级为 <u>0.2</u>；

电流互感器变比为 <u>40/5</u>，准确度等级为 <u>0.2S</u>。

计量点 2：计量装置专设在<u>变压器低压侧</u>处，计量方式为<u>高供低计</u>，接线方式为<u>三相四线</u>，电压等级为<u>0.4kV</u>。

电压互感器变比为 <u>/</u>、准确度等级为 <u>/</u>；

电流互感器变比为 <u>/</u>、准确度等级为 <u>/</u>。

2. 计费方案

(1) 电价为：<u>大工业 1~10kV；峰谷分时电价；两部制</u>。

(2) 功率因数考核标准：根据国家《功率因数调整电费办法》的规定，功率因数调整电费的考核标准为 <u>0.9</u>。

根据政府主管部门批准的电价（包括国家规定的随电价征收的有关费用）执行，如发生电价和其他收费项目费率调整，按政府有关电价调整文件执行。

填表选项说明：

(1) 计量点计量装置：本案例铸造厂用电为工业供电，除了生产用电外还有一部分医疗门诊，属于一般工商业用电，因此需要装设 2 个计量点。其中，高压侧应装设在产权分界处，低压侧装设在变压器低压出线母排之前。

(2) 计量方式：计量方式分为高供高计、高供低计、低供低计 3 种类型。其中，产权分界点在变压器高压侧为高供，在低压侧为低供；计量装置装表位置为高压侧为高计，在低压侧为低计。

(3) 接线方式：10kV 为中性点绝缘系统，因此，10kV 侧为三相三线接线方式，0.4kV 为三相四线接线方式。

(4) 电压等级：变比为 10/0.4 的变压器，在变压器高压侧为 10kV，低压侧为 0.4kV。

(5) 电压互感器变比：10kV 侧计量点装设电压互感器变比为 10 000/100，低压侧

---

[1] 本任务设备准备、材料准备、人员准备、场地准备参考"情景五任务一"。

无需电压互感器。

(6) 电流互感器变比：高压侧计量点的容量 $S=630\text{kVA}$，执行电价为大工业电价，一次侧电流为

$$I=\frac{S}{10\sqrt{3}}=\frac{630}{10\times1.732}=36.3(\text{A})$$

因此，选用 40/5 的电流互感器；低压侧计量点容量

$$P=17\text{kW},\cos\varphi=0.75$$

执行电价为一般工商业的，一次侧电流为

$$I=\frac{P}{0.4\sqrt{3}\cos\varphi}=\frac{17}{0.4\times1.732\times0.75}=32.7(\text{A})$$

由于低压一次侧电流小于 60A，因此无需电流互感器。

(7) 电价：本用户为大工业用户，依据电价制度，应执行大工业电价，两部制，复费率。

(8) 功率因数考核标准：依据功率因数考核标准，大于 160kVA 大工业应执行 0.9 考核标准。

二、营销业务应用系统中计量计费方案流程操作

1. 用户定价策略方案

(1) 单击"计费方案"按钮，进入"计费方案"页面。

(2) 根据勘查信息，确定用户电价策略方案。

1）"定价策略类型"，因用户为大工业用户，因此用户的定价策略类型选择"两部制"。

2）"基本电费计算方式"，根据要求选择"按容量"或"按需量"。对于选择按照需量计算基本电费的方式，输入需量核定值。

3）"功率因数考核方式"，本用户为大工业用户，根据文件需执行功率因数考核，因此单击下拉框选择功率因数考核方式。

4）检查其正确性后，单击"保存"按钮保存用户定价策略方案，如图 6-13 所示。

2. 用户电价方案

(1) 首先完成主电价信息录入。

1）"执行电价"，单击右侧加载号，弹出如图 6-14 所示"执行电价"页面，因本用户为大工业用户，选择"用电类别"为大工业，因用户为 10kV 高压用户，选择"电压等级"为 1～10kV，搜索后选择第一个。

2）"电价行业类别"，在申请信息录入已确定，此处不要改动，保持默认值。

3）"是否执行峰谷标志"，因大工业用户均执行峰谷标志，此处选择"是"。其他类型用电如一般工商业用电或居民用电，应根据本地峰谷电价执行标准进行选择。

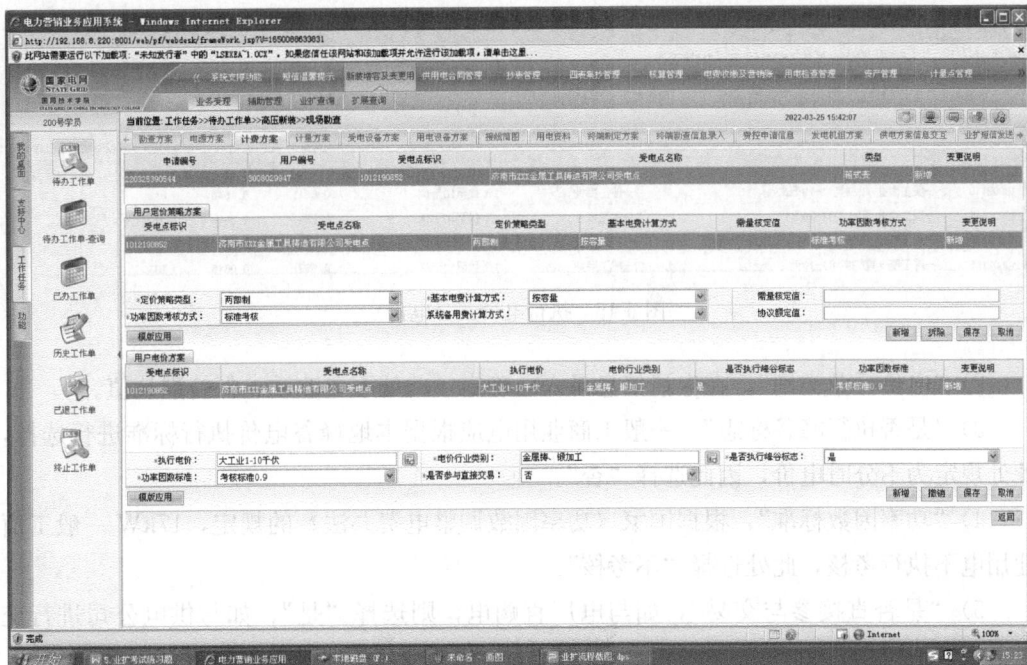

图 6-13 用户定价策略方案

图 6-14 执行电价（主电价）

4）"功率因数标准"，根据国家《功率因数调整电费办法》的规定，大工业用户执行"考核标准 0.9"。

5）"是否直接参与交易"，如与电厂直购电，则选择"是"；如与供电公司进行交易，则选择"否"。

单击"保存"，完成主电价信息录入。

（2）完成分电价信息录入。

1）单击"新增"，在"执行电价"处单击右侧加载号，弹出"电价选择"页面，如图 6-15 所示。因客户厂区内有一个医疗门诊部（执行一般工商业不分时电价），容量为 17kW，此处用户应为一般工商业用电。选择"用电类别"为一般工商业，因用户为 10kV 高压用户，此计量点同样执行"电压等级"为"1 千伏至 10 千伏"的电价，搜索后选择第一个。

图 6-15　执行电价（分电价）

2）"电价行业类别"，在申请信息录入已确定，此处不要改动，保持默认值。

3）"是否执行峰谷标志"，一般工商业用电应根据本地峰谷电价执行标准进行选择，此处规定为不分时电价，因此选择"否"。

4）"功率因数标准"，根据国家《功率因数调整电费办法》的规定，17kW 一般工商业用电不执行考核，此处选择"不考核"。

5）"是否直接参与交易"，如与电厂直购电，则选择"是"；如与供电公司进行交易，则选择"否"。

6）单击"保存"按钮，完成分电价信息录入，如图 6-16 所示。

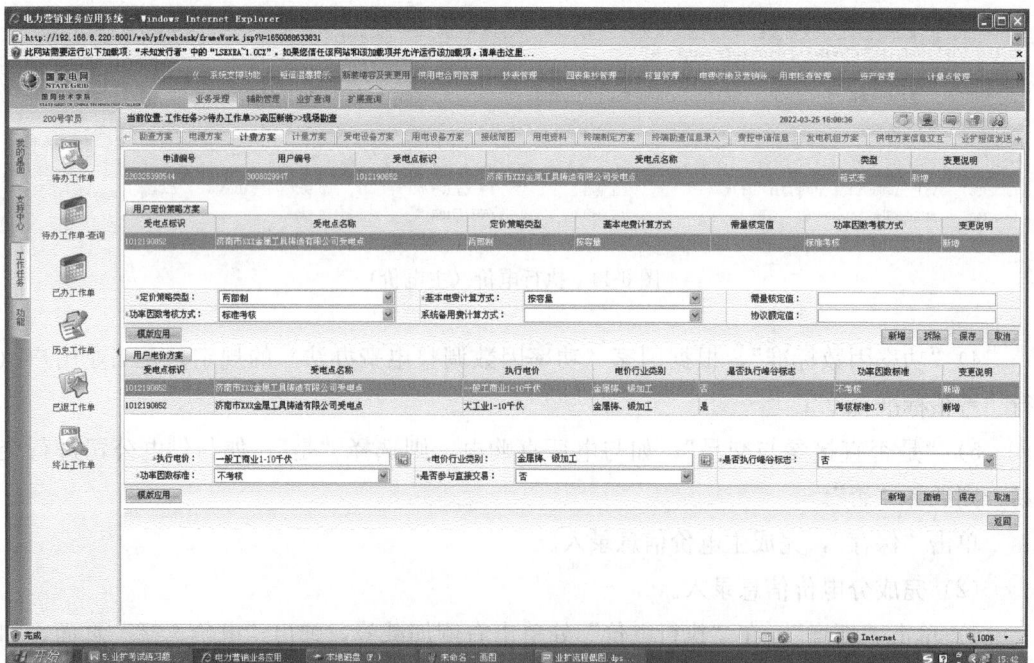

图 6-16　计费方案录入完成

3. 计量方案

（1）单击"计量方案"，进入"计量方案"页面，如图 6-17 所示，选择"用户电价方案"中的"大工业1-10千伏"电价后，单击"计量点方案"中的"新增"按钮，弹出计量点信息录入页面，如图6-18所示。

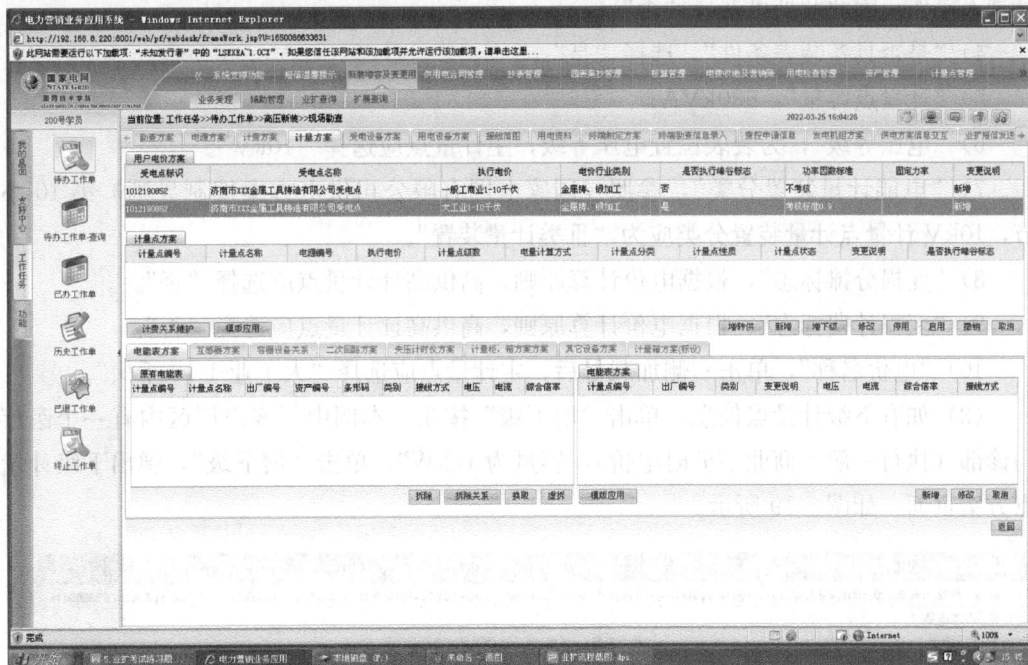

图 6-17 计量方案页面

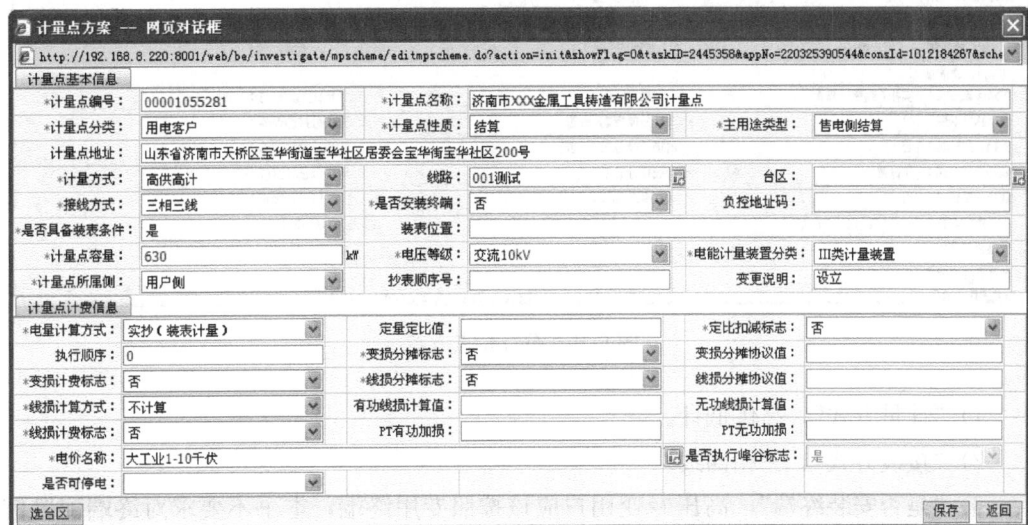

图 6-18 计量点信息录入

（2）完成主计量点信息录入。

1）"计量方式"，高供高计。

2)“接线方式”，三相三线。

3)“是否按照终端”，高压专变用户应该按照专用终端，本书不要求对终端配置信息录入操作，因此此处可选择“否”。

4)“是否具备装表条件”，选择“是”。

5)“计量点容量”，630kVA；

6)“电压等级”，为装表位置电压等级，主计量点应选择“10kV”。

7)“电能计量装置分类”，参照《国家电网有限公司供电方案编制导则》第 10 小节，10kV 计量点计量装置分类应为“Ⅲ类计量装置”。

8)“变损分摊标志”，根据电价计算原则，高供高计计量点应选择“否”。

9)“变损计费标志”，根据电价计算原则，高供高计计量点应选择“否”。

10)“电价名称”，单击右侧加载号后，主计量点应选择“大工业 1-10 千伏”。

(3) 如有下级计量点信息，单击“增下级”按钮。本例中，客户厂区内有一个医疗门诊部（执行一般工商业不分时电价），容量为 17kW”，单击“增下级”，弹出下级计量点方案页面，如图 6-19 所示。

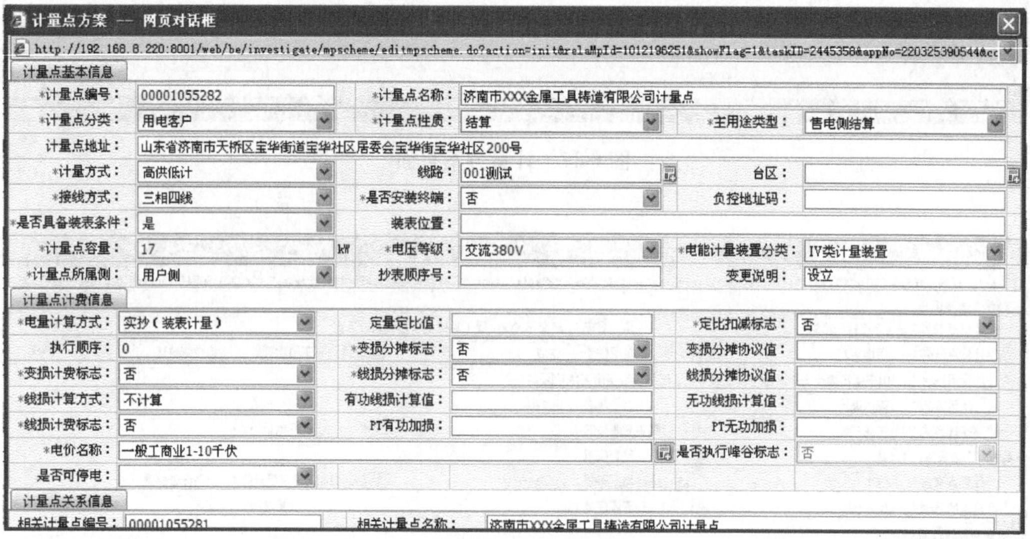
计量点方案 -- 网页对话框

http://192.168.8.220:8001/web/be/investigate/mpscheme/editmpscheme.do?action=init&relaMpId=1012196251&showFlag=1&taskID=2445358&appNo=220325390544&cc

计量点基本信息

*计量点编号：	00001055282	*计量点名称：	济南市XXX金属工具铸造有限公司计量点		
*计量点分类：	用电客户	*计量点性质：	结算	*主用途类型：	售电侧结算
计量点地址：	山东省济南市天桥区宝华街道宝华社区居委会宝华街宝华社区200号				
*计量方式：	高供低计	线路：	001测试	台区：	
*接线方式：	三相四线	*是否安装终端：	否	负控地址码：	
*是否具备装表条件：	是	装表位置：			
*计量点容量：	17 kW	*电压等级：	交流380V	*电能计量装置分类：	IV类计量装置
*计量点所属侧：	用户侧	抄表顺序号：		变更说明：	设立

计量点计费信息

*电量计算方式：	实抄（装表计量）	定量定比值：		*定比扣减标志：	否
执行顺序：	0	*变损分摊标志：	否	变损分摊协议值：	
*变损计费标志：	否	*线损分摊标志：	否	线损分摊协议值：	
*线损计算方式：	不计算	有功线损计算值：		无功线损计算值：	
*线损计费标志：	否	PT有功加损：		PT无功加损：	
*电价名称：	一般工商业1-10千伏			是否执行峰谷标志：	否
是否可停电：					

计量点关系信息

相关计量点编号：	00001055281	相关计量点名称：	济南市XXX金属工具铸造有限公司计量点

图 6-19　分计量点方案

1)“计量方式”，高供低计。

2)“接线方式”，三相四线。

3)“是否安装终端”，高压专变用户应该按照专用终端，本书不要求对终端配置信息录入操作，因此此处可选择“否”。

4)“是否具备装表条件”，选择“是”。

5)“计量点容量”，17kW。

6)“电压等级”，为装表位置电压等级，主计量点应选择“380V”。

7）"电能计量装置分类"，参照《国家电网有限公司供电方案编制导则》第 10 小节，0.4kV 计量点计量装置分类应为"Ⅳ类计量装置"。

8）"变损分摊标志"，根据电价计算原则，因主计量点为高供高计，分计量点应选择"否"。

9）"变损计费标志"，根据电价计算原则，因主计量点为高供高计，分计量点应选择"否"。

10）"电价名称"，点开右侧加载号后，根据题目要求，此计量点应选择"一般工商业 1-10kV"。

（4）主计量点"电能表信息"录入。

选择主计量点方案信息，在"电能表方案"界面，单击"新增"按钮，弹出电能表方案窗口，如图 6-20 所示。

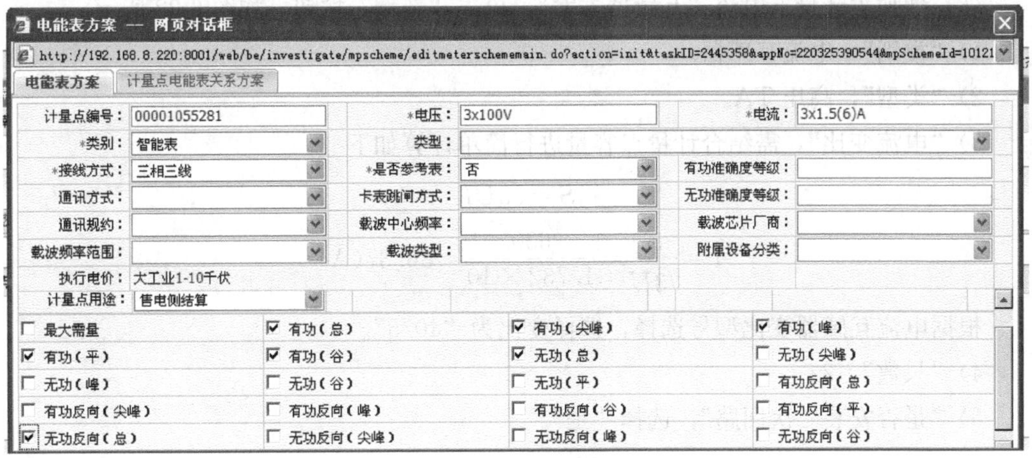

图 6-20　电能表方案

1）"电能表类别"，智能表。

2）"电压"，3×100V。

3）"电流"，$3 \times 1.5(6)$A。

4）"接线方式"，三相三线。

5）表计参数选择，应结合主表电价（即大工业）中电价信息。例如，主电价"峰谷标志"为"是"，"功率因数考核标准"为"0.9"，因此应勾选：有功（总）、有功（尖峰）、有功（峰）、有功（平）、有功（谷）、无功（总）、无功反向（总）。

（5）增加主计量点电压"互感器方案"，单击"新增"按钮，如图 6-21 所示。

1）"类别"，电压互感器。

2）"类型"，高压 TV。

3）"电压变比"，10 000/100。

4）"只数"，2。

5）"是否安装二次回路"，选择"是"。

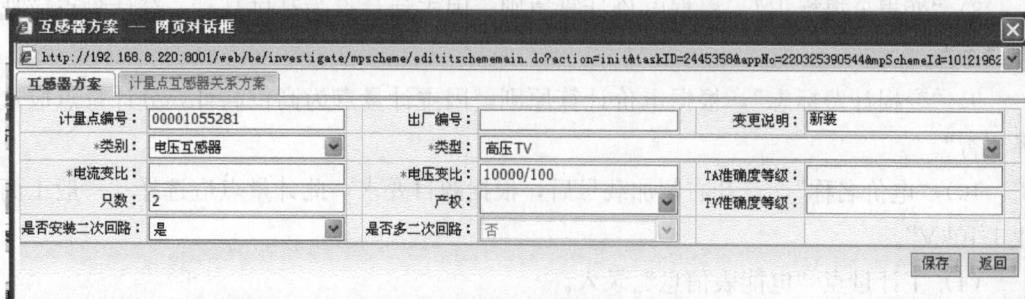

图 6-21　电压互感器方案

（6）增加主计量点电流"互感器方案"，单击"新增"按钮，如图 6-22 所示。

1）"类别"，电流互感器。

2）"类型"，高压 TA。

3）"电流变比"，需结合计量点容量进行简单计算如下

$$S = \sqrt{3}UI$$

$$I = \frac{S}{\sqrt{3}U} = \frac{630}{1.732 \times 10} = 36.37(A)$$

根据电流互感器变比型号选择，选择变比为"40/5"。

4）"只数"，2。

5）"是否安装二次回路"，选择"是"。

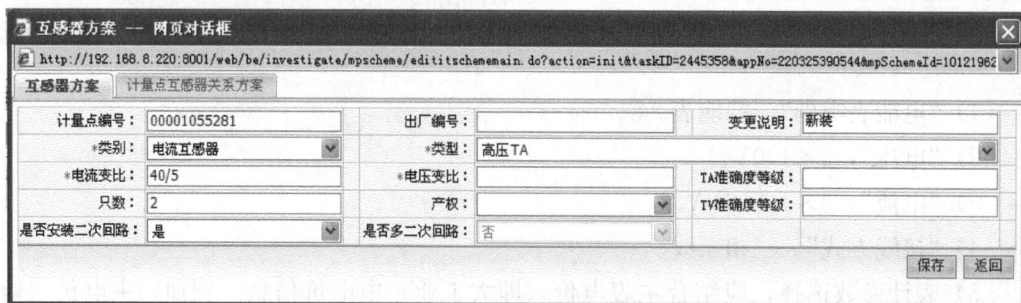

图 6-22　电流互感器方案

（7）分计量点"电能表信息"录入。

选择主计量点方案信息，在"电能表方案"页面，单击"新增"按钮，弹出"电能表方案"页面，如图 6-23 所示。

1）"电能表类别"，智能表。

2）"电压"，3×220/380V。

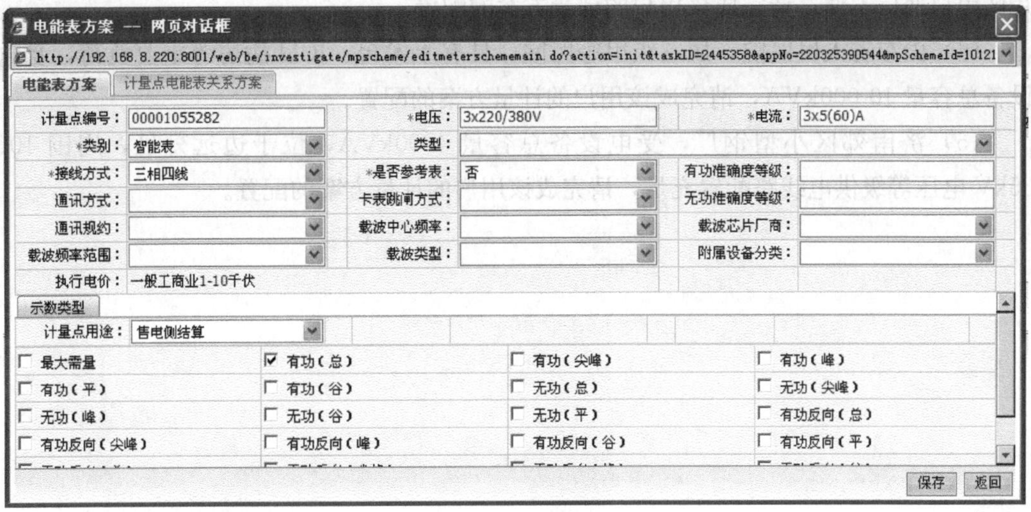

图 6-23 电能表方案

3）"电流"，3×5(60)A。

4）"接线方式"，三相四线。

5）表计参数选择，应结合分表电价（即一般工商业）中电价信息。例如，分电价"峰谷标志"为"否"，"功率因数考核标准"为"不考核"，因此应勾选：有功（总）。

（8）增加分计量点电压、电流"互感器方案"，因本案例分计量点容量为 17kW，根据容量与电流换算，可得

$$S = \frac{P}{\cos\varphi}$$

$$P = \sqrt{3}UI\cos\varphi$$

$$I = \frac{P}{\sqrt{3}\cos\varphi} = \frac{17}{1.732 \times 0.4 \times 0.75} = 32.7(\text{A}) < 60(\text{A})$$

因此，该计量点不需要安装互感器。

任务拓展

按照 35、110、220kV 电压等级下计量方案的编制方法完成以下 5 个案例的电能计量方案编制。

（1）2019 年 6 月 28 日，G20 第十四次峰会于杭州召开，为此新增一台 80 万 kVA 变压器，请完成该用户的计量方案的配置。

（2）新疆鄂尔多斯棉纺织厂，受电设备总容量 2000kVA，停电可产生大量次品，造成较大程度的经济损失，请完成该用户的计量方案的配置。

（3）联通兴隆片区通信基站信号发射塔，受电设备总容量 30kVA，停电可造成周围

片区用户通信不便，请完成该用户的计量方案的配置。

（4）山东省人民医院，属三级甲等医院，具有手术台、ICU 病房等重要负荷，受电设备总容量 10 000kVA，请完成该用户的计量方案的配置。

（5）济南郊区小型钢厂，受电设备总容量 4000kVA，位于边远郊区，周围 10、35kV 电压等级供电线路配置充足，请完成该用户的计量方案的配置。

任务评价

任务完成后，根据表 6-9 所列考核要求对学生进行综合评价。

表 6-9　　　　　　　　　　　　任务实施评价标准表

实施步骤	考核要求	分值	得分
计费方案	电价策略方案	15	
	电价	15	
	功率因数调整电费	10	
计量方案	计量点容量	10	
	电压互感器个数、变比	15	
	电流互感器个数、变比	15	
	电能表参数	20	
总分		100	

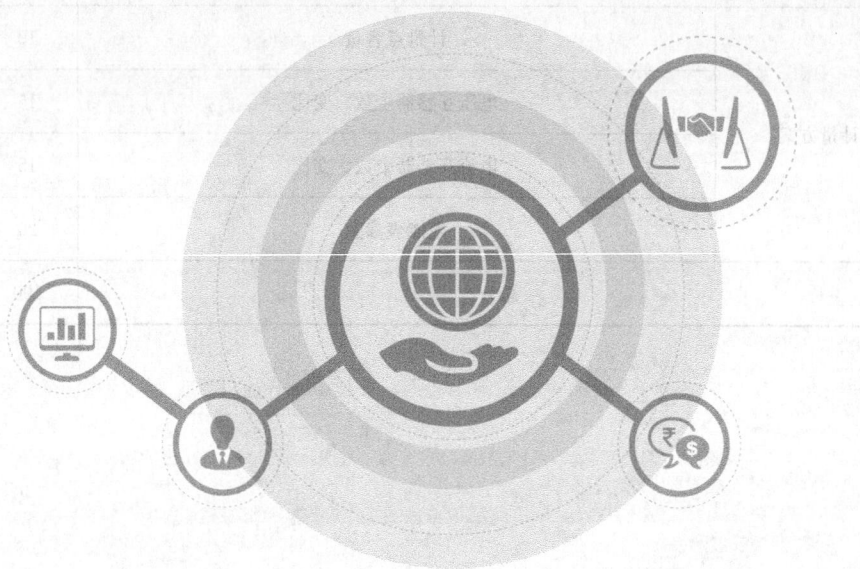

业扩报装其他流程

【情境描述】

本情境主要任务是熟悉业扩报装高压 10kV 高压新装用户从方案答复到资料归档的多个环节的系统操作，包含方案答复、设计文件审核及收费，中间检查与竣工报验，合同签订与流程归档 3 大任务。本情境的核心知识点是理解各个流程环节工作内容、业务要求和作业规范；关键技能项是能够在营销业务应用系统中，开展高压 10kV 新装用户的从方案答复直至流程规定的全部流程操作。

【情境目标】

（1）通过高压新装申请的营销业务应用系统流程的操作，掌握高压业务报装申请的方案答复、设计文件审批及收费环节的信息录入的方法。

（2）通过高压新装申请的营销业务应用系统流程的操作，掌握高压业务报装申请的中间检查、竣工验收及配表信息录入的方法。

（3）通过高压新装申请的营销业务应用系统流程的操作，掌握高压业务报装申请的合同签订和流程规定信息录入的方法。

（4）树立职业道德与工作责任心，具备分析问题与解决问题的能力，能够胜任大客户经理岗位的要求。

任务一 方案答复、设计文件审批及收费

任务描述

完成高压用户新装业务流程中方案答复、设计文件审批及收费操作。

任务目标

通过学习使学生掌握低压新装申请的营销业务应用系统新装页面各流程环境的操作，掌握低压业务报装申请的信息填写的方法。

📖 **知识准备**

一、收费

客户服务中心应严格按照各级价格主管部门批准的收费项目、标准和客户容量计算客户业务费用，经审核后形成《业务缴费通知单》，书面通知客户缴费。收费时应向客户提供相应的票据。严禁自立收费项目或擅自调整收费标准，严禁主业与关联企业互相代收有关费用。业务费的管理应符合财务管理制度的规定，做到日清日结。

二、设计文件审核

受理客户送审的受电工程图纸资料时，应审核报送资料并查验设计单位资质。审查合格后，应在受理后的一个工作日内将相关资料转至下一个流程相关部门。对于资料欠缺或不完整的，应告知客户需要补充完善的资料。低压供电的客户，报送的资料包括负荷组成和用电设备清单；高压供电的客户受电工程设计审查报送资料清单。

受电工程设计文件审核工作应依照供电方案和国家相关标准开展，审核结果应一次性书面答复客户，并督促其修改，直至复审合格。重要电力客户和供电电压等级在35kV 及以上客户其审核工作应由客户服务中心牵头组织，协调发策、生产、调度等有关部门完成。

下面介绍各类用电客户的审核重点。

1. 低压供电的客户

电能计量和用电信息采集装置的配置应符合 DL/T 448—2016《电能计量装置技术管理规程》和国家电网公司智能电能表以及用电信息采集系统相关技术标准；进户线缆截面、配电装置应满足电网安全及客户用电要求。

2. 高压供电的客户

电气设备技术参数、主接线方式、运行方式应满足供电方案要求；继电保护、通信、自动装置、接地装置的设置应符合有关规程；进户线缆型号截面、总开关容量应满足电网安全及客户用电的要求；电能计量和用电信息采集装置的配置应符合 DL/T 448—2016《电能计量装置技术管理规程》、国家电网公司智能电能表以及用电信息采集系统相关技术标准。

其中：对重要电力客户，自备应急电源及非电性质保安措施还应满足有关规程、规定的要求；对有非线性阻抗用电设备（高次谐波、冲击性负荷、波动负荷、非对称性负荷等）的客户，还应审核谐波负序治理装置及预留空间、电能质量监测装置是否满足有关规程、规定要求。

受电工程设计审核合格后，应在审核通过的受电工程设计文件上加盖图纸审核专用章，并告知客户下一个环节需要注意的事项。

（1）因客户自身原因需要变更设计的，应将变更后的设计文件再次送审，通过审核后方可实施，否则，供电企业将不予检验和接电。

（2）承揽受电工程施工的单位应具备政府有权部门颁发的承装（修、试）电力设施许可证、建筑业企业资质证书、安全生产许可证。

（3）正式开工前，应将施工企业资质、施工进度安排报供电部门审核备案。工程施工应依据审核通过的图纸进行施工。隐蔽工程掩埋或封闭前，应报供电部门进行中间检查。

受电工程竣工报验前，应向供电企业提供进线继电保护定值计算相关资料。

受电工程设计审核时限：自受理申请之日起，低压供电客户不超过 8 个工作日，高压供电客户不超过 20 个工作日。未在规定时限内完成的，应及时向客户做好沟通解释工作。

任务实施[1]

一、高压用户方案审批与答复流程操作

（1）登录系统，单击"工作任务＞＞待办工作单"，选择处理该工作单，显示如图7-1 所示。

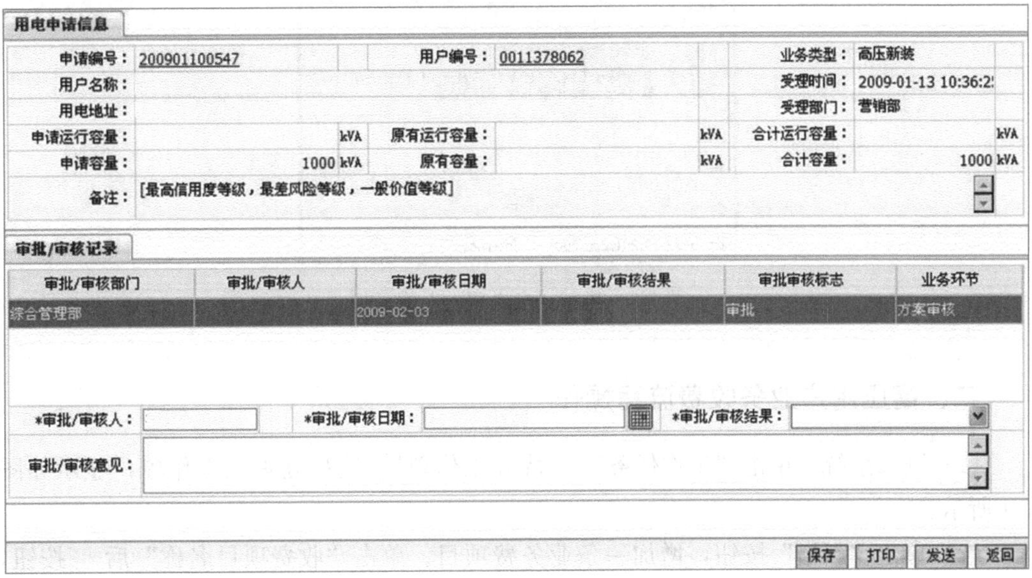

图 7-1　高压用户方案审批

（2）系统默认审批人，默认当天为审批日期，下拉框选择"审批结果"，输入审批

---

[1]本任务设备准备、材料准备、人员准备、场地准备参考"情景五任务一"。

意见，如图 7-2 所示。

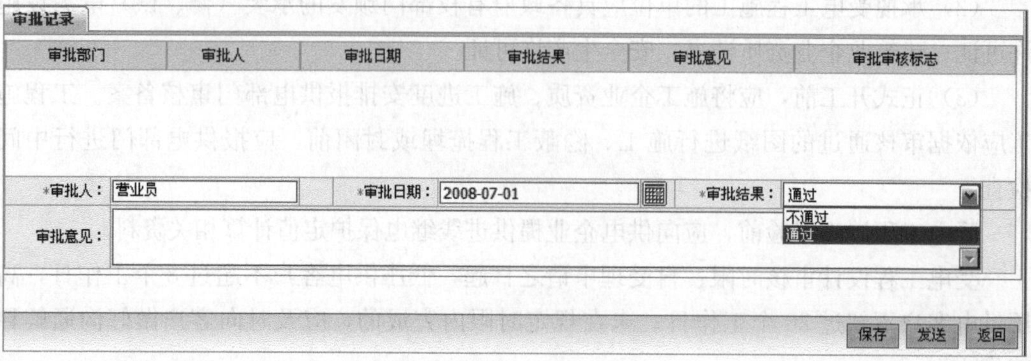

图 7-2　审批意见输入

（3）单击"保存"按钮，提示保存成功。

（4）单击"发送"按钮，显示"发送成功"提示框，如图 7-3 所示。

图 7-3　流程"发送成功"提示框

二、高压用户业务收费流程操作

（1）登录系统，单击"工作任务＞＞待办工作单"，选择处理该工作单，显示如图 7-4 所示。

（2）单击"新增"按钮，增加一条业务费项目。单击"收费项目名称"后 按钮，弹出"确定业务费用"对话框，如图 7-5 所示。

（3）选择费用类别，单击"查询"按钮，显示该费用类别所有业务费标准，如图 7-6 所示。

（4）选择一条业务费标准，单击"确定"按钮，返回确定费用界面。输入期数、费用计算依据，如果有减免缓情况，选择减免缓类型和原因。如果选择减收，输入减收金

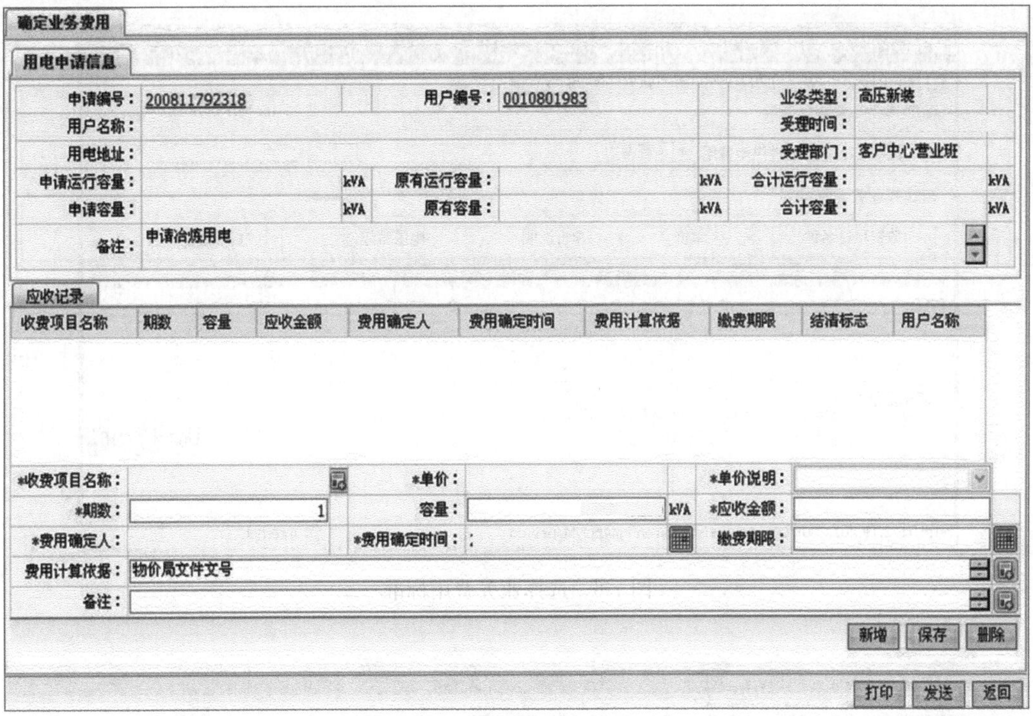

图 7-4　确定业务费用（一）

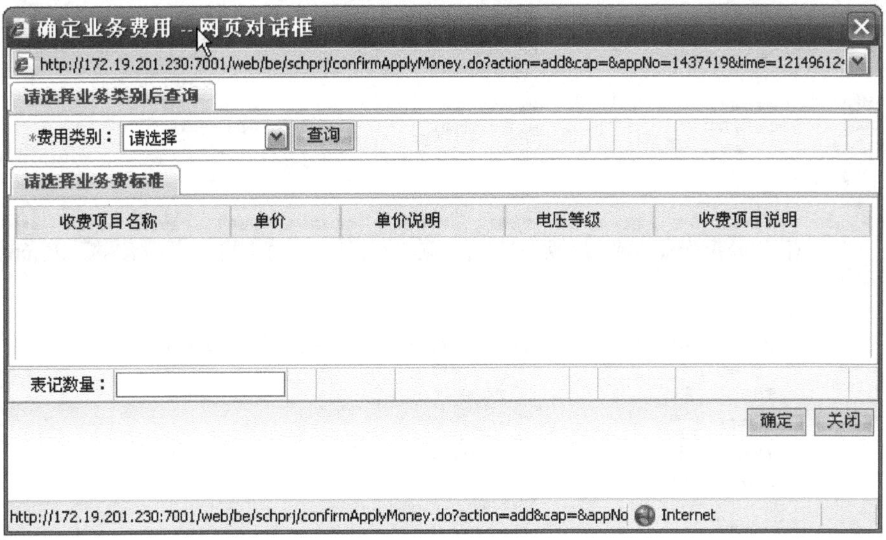

图 7-5　确定业务费用（二）

额。如果选择缓收，选择缓收日期。数据输入完成后，检查其正确性后，单击"保存"
按钮，增加一条业务费用应收记录，如图 7-7 所示。

（5）单击"发送"按钮，显示"发送成功"提示框。

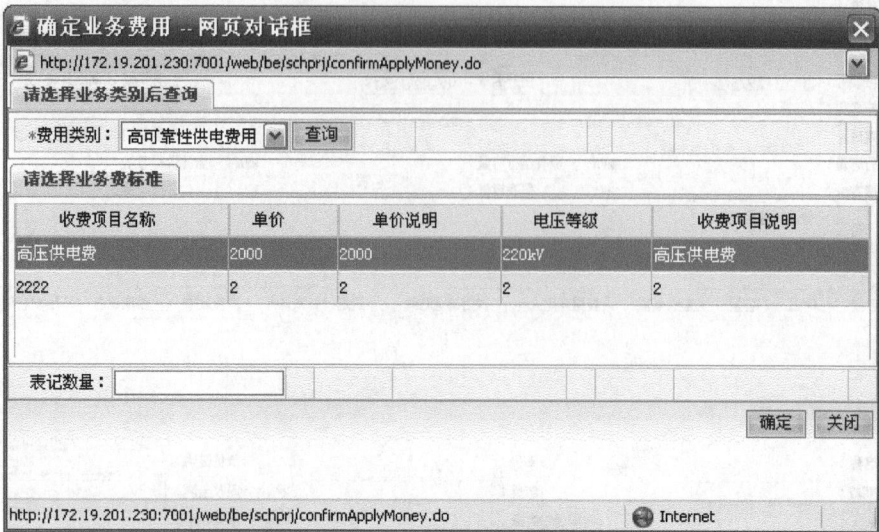

图 7-6 选择业务费用标准

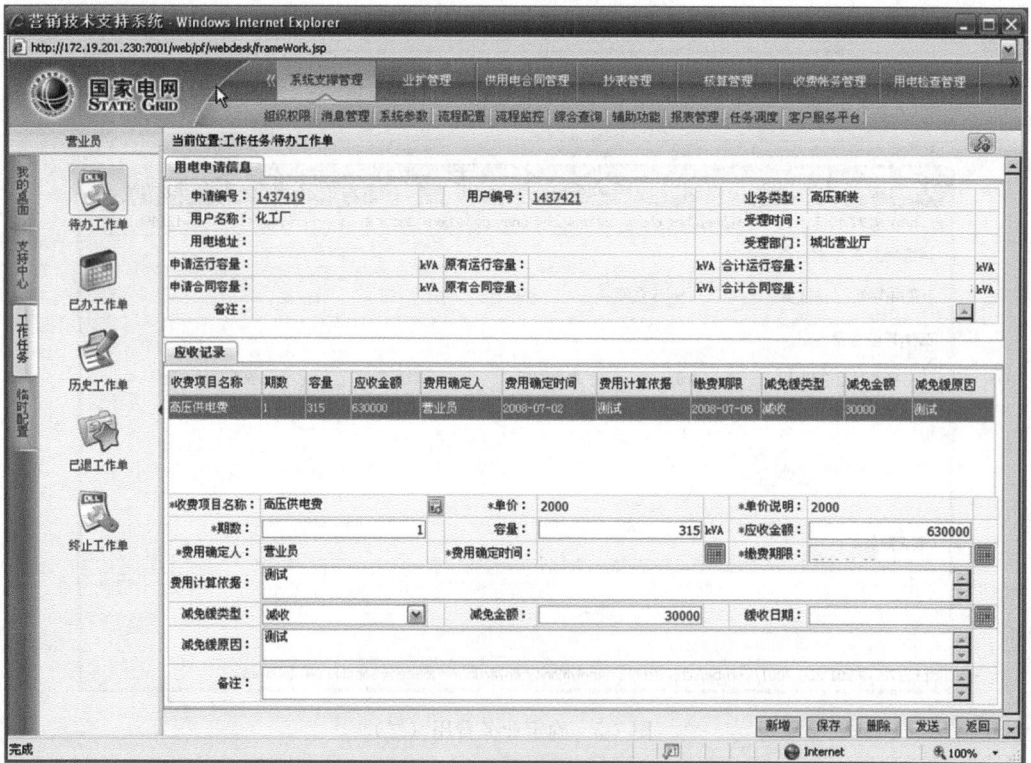

图 7-7 业务费用应收记录

三、高压用户设计文件审核流程操作

（1）登录系统，单击"工作任务＞＞待办工作单"，选择处理该工作单，显示如图 7-8 所示。

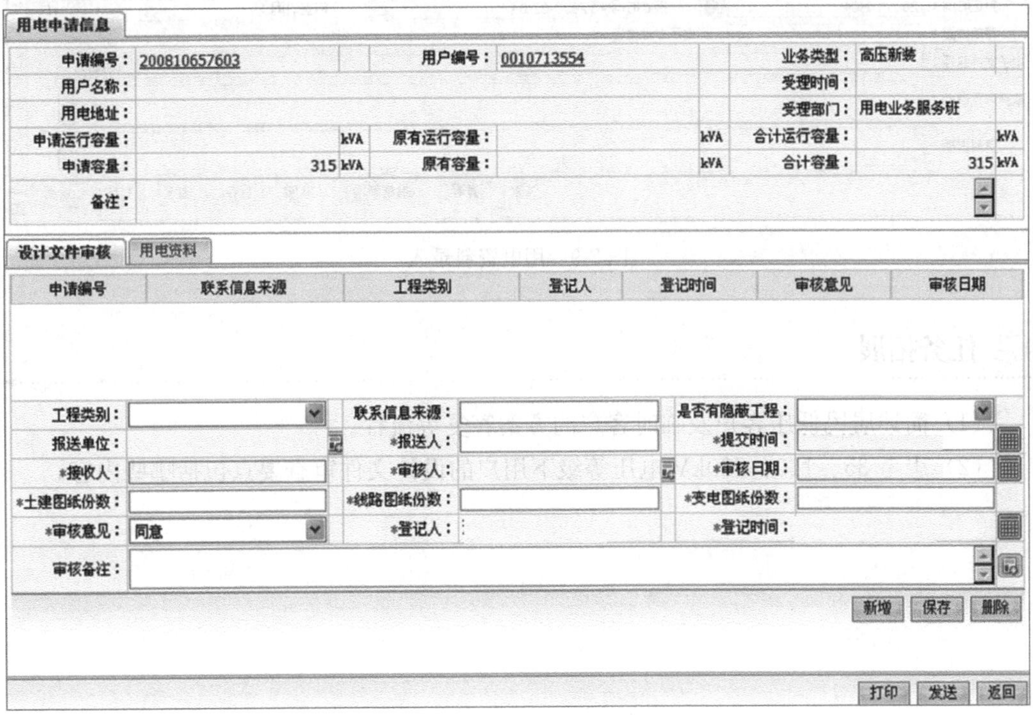

图 7-8 高压用户设计文件审核

（2）单击"新增"按钮，按实际情况输入工程类别、联系信息来源、报送单位、报送人、提交日期、接收人、审核日期、土建图份数、线路图份数、变电图份数等。

（3）输入数据后，单击"保存"按钮，保存成功。单击"新增"按钮，可以添加多条工程文件信息。选中一条记录，单击"删除"按钮，可以删除一条工程文件信息。

（4）单击"用电资料"按钮，跳转至用电资料录入页面，如图 7-9 所示。

（5）单击"新增"按钮，根据情况录入用电资料名称、类别、分数、报送人、接收人、审查人等信息。在电子文件后，单击 浏览… 按钮，可以上传电子文档。

（6）输入数据后，单击"保存"按钮，保存成功。

（7）单击"发送"按钮，显示发送成功提示框。

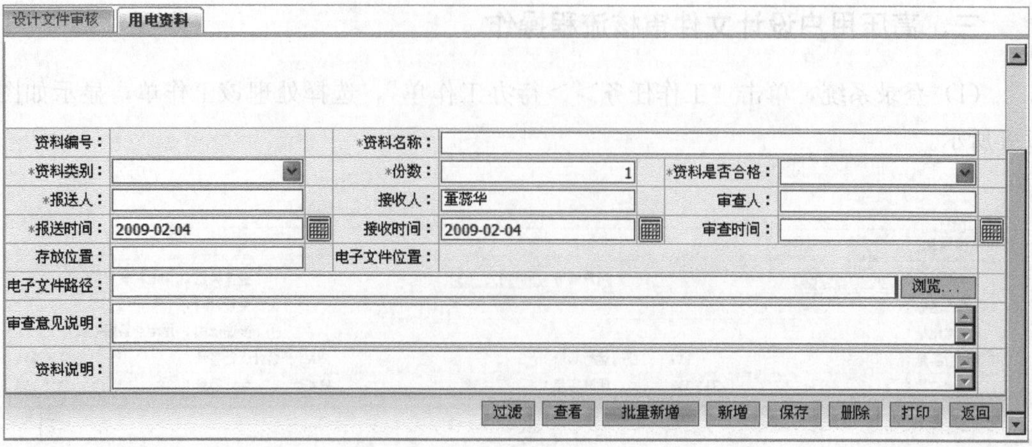

图 7-9 用电资料录入

任务拓展

（1）简述居民低压客户及临时客户的方案答复等流程。

（2）思考 35、110、220kV 电压等级下用户的设计文件审查要点包括哪些内容。

任务评价

任务完成后，根据表 7-1 所列考核要求对学生进行综合评价。

表 7-1　　　　　　　　　　　　　　**任务实施评价标准表**

实施步骤	考核要求	分值	得分
供电方案审批	审批流程环节完整	20	
供电方案答复	流程环节完整	25	
业务费用确定	业务费用收取金额正确无误、流程环节完整	30	
设计文件审核	隐蔽工程选择、流程环节完整	25	
总分		100	

任务二　中间检查、竣工报验及表计配送

任务描述

（1）完成高压用户中间检查的作业流程及系统流程操作。

（2）完成高压用户竣工报验的作业流程及系统。

（3）完成高压用户配表环节的作业流程及系统。

任务目标

通过学习使学生掌握高压新装申请的营销业务应用系统新装页面各流程环境的操作，及低压业务报装申请的信息填写的方法。

知识准备

一、中间检查

供电企业在受理客户受电工程中间检查报验申请后，应及时组织开展中间检查。发现缺陷的，应一次性书面通知客户整改，复验合格后方可继续施工。

（1）现场检查前，应提前与客户预约时间，告知检查项目和应配合的工作。

（2）现场检查时，应查验施工企业、试验单位是否符合相关资质要求，检查施工工艺、建设用材、设备选型等项目，并记录检查情况。对检查中发现的问题，应以《受电工程缺陷整改通知单》的形式一次性通知客户整改。客户整改完成后，应报请供电企业复验，复验合格后方可继续施工。

（3）中间检查合格后，以《受电工程中间检查结果通知单》形式书面通知客户。

（4）对未实施中间检查的隐蔽工程，应书面向客户提出返工要求。

中间检查的期限，自接到客户申请之日起，低压供电客户为不超过 3 个工作日，高压供电客户为不超过 5 个工作日。

微课19

中间检查

二、竣工检验

电能计量装置互感器和用电信息采集终端场强测量应与客户受电工程施工同步进行。

（1）现场安装前，应根据供电方案和客户受电工程设计文件确认安装条件，领取互感器，并提前与客户预约安装时间。如果客户采用成套设备，应保证电流互感器采用独立专用绕组、准确度满足需求并安排现场校验。对需停电实施的工作，应与客户协商确

定停电工作时间。

微课20
竣工检验

（2）采集终端安装位置应依据终端通信信号强、敷设线路短、现场维护方便原则进行选定。

受电工程竣工检验前，客户服务中心应牵头组织生产、调度部门，做好接电前新受电设施接入系统的准备和进线继电保护的整定、检验工作。

受理客户竣工检验申请时，客户服务中心应审核客户相关报送材料是否齐全有效，与客户预约检验时间，并及时通知本单位参与工程验收的相关部门。

竣工检验时，应按照国家、电力行业标准、规程和客户竣工报验资料，对受电工程进行全面检验。发现缺陷的，应以书面形式一次性通知客户。复验合格后方可接电。

竣工检验前，应提前与客户预约时间，告知竣工检验项目和应配合的工作，组织相关人员开展竣工检验工作。

竣工检验范围应包括：工程施工工艺、建设用材、设备选型及相关技术文件，工程施工情况，线路架设或电缆敷设；高、低压盘（柜）及二次接线检验；继电保护装置及其定值；配电室建设及接地检验；变压器及开关试验；环网柜、电缆分支箱检验；设备的竣工报告和实验报告；运行规章制度及入网工作人员资质检验；安全措施检验等。

对检查中发现的问题，应以《受电工程缺陷整改通知单》书面通知客户整改。客户整改完成后，应报请供电企业复验。

竣工检验合格后，应根据现场情况最终核定计费方案和计量方案，记录资产的产权归属信息，形成《客户受电工程竣工验收单》，及时告知客户做好接电前的准备工作要求，并做好相关资料归档工作。准备工作包括：结清相关业务费用、签订《供用电合同》及相关协议、办结受电装置接入系统运行的相关手续。

启动竣工检验的时间，自受理之日起，低压供电客户不超过3个工作日，高压供电客户不超过5个工作日。

任务实施●

一、高压用户受电工程中间检查操作

（1）登录系统，单击"工作任务>>待办工作单"，选择处理该工作单。

（2）单击"新增"按钮，按实际情况输入检查结果、工程缺陷、计划内容、整改意见、工程整改情况数等，如图7-10所示。

（3）输入数据后，单击"保存"按钮，保存成功。单击"新增"按钮，可以添加多条中间检查记录。选中一条记录，单击"删除"按钮，可以删除中间检查记录。

（4）单击"发送"按钮，显示发送成功提示框。

●本任务设备准备、材料准备、人员准备、现场准备参考"情景五任务一"。

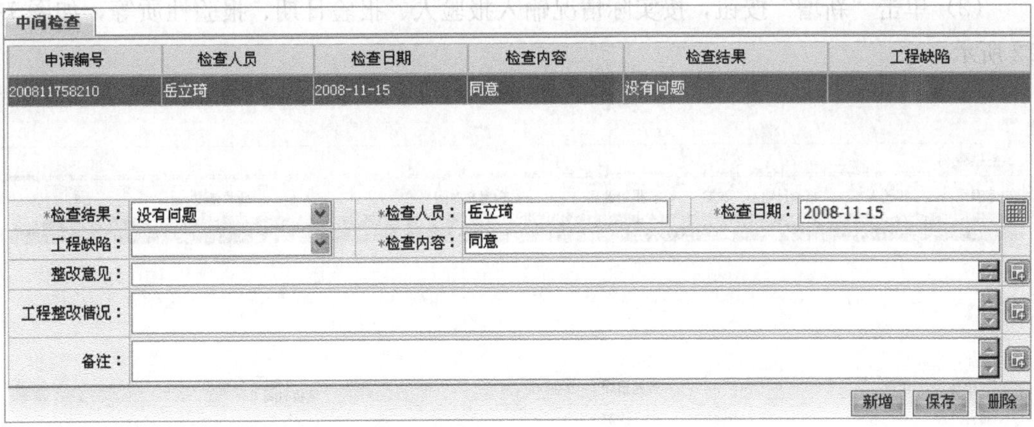

图 7-10 新增中间检查

二、高压用户竣工报验操作

（1）登录系统，单击"工作任务＞＞待办工作单"，选择处理该工作单，显示如图 7-11 所示页面。

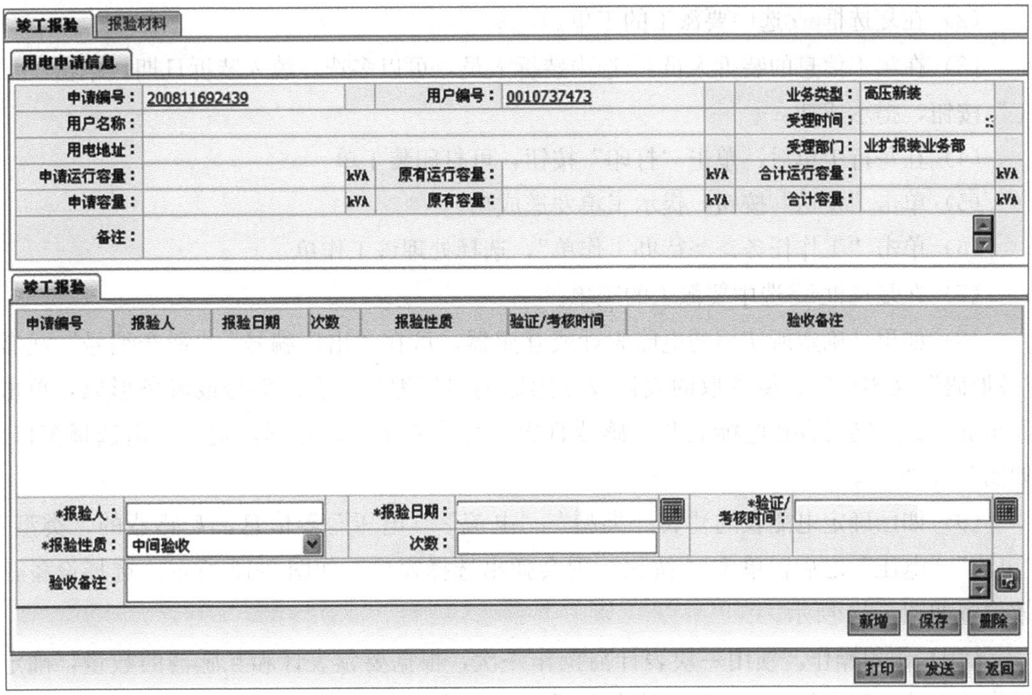

图 7-11 竣工报验（初始界面）

（2）单击"新增"按钮，按实际情况输入报验人、报验日期、报验性质等，如图 7-12 所示。

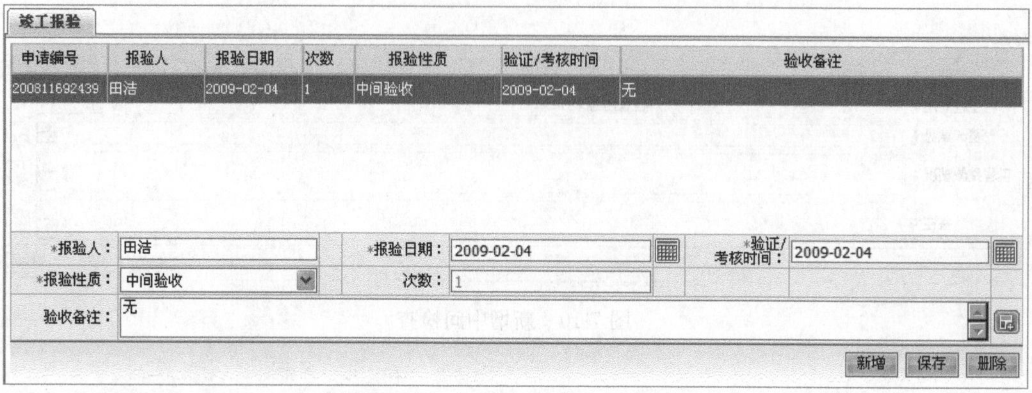

图 7-12　竣工报验（输入数据）

三、配表及安装派工

（1）登录系统，单击"工作任务＞＞待办工作单"，选择处理该工作单。

（2）在复选框 ☑ 选中要派工的工单。

（3）在派工信息的装拆人员 ☑ 选中装拆人员，可以多选。填入装拆日期，单击"派工"按钮，提示成功。

（4）在每行工单后，单击"打印"按钮，可打印装工单。

（5）单击"发送"按钮，提示工单发送成功。

（6）单击"工作任务＞＞待办工作单"，选择处理该工作单。

（7）在复选框 ☑ 选中要派工的工单。

（8）如果已确定所使用的电能表计或互感器，可在"出厂编号""资产编号"或者"条形码"文本框输入要领取的表计或互感器的出厂编号、资产编号或者条形码，单击回车键。如果同时存在电能表和互感器且出厂号或者条形码相同，则会弹出选择窗口，如图 7-13 所示。

（9）如已确定电能表的"表计类型""电流""电压"等信息，互感器的"类型""电流""电压"之后，单击 🔲 按钮，则会弹出选择窗口，如图 7-13 所示。选择设备存放位置如图 7-14 所示。

（10）领用操作。领用一块表计需操作一次，根据要领表计和互感器的数量，确定操作的次数；配出的电能表和互感器的类型、数量与方案信息相符，否则配不出表计。可将显示的待领计量装置的出厂号记录下来以做备用；从"领表人员"［见图 7-15（a）］下拉列表框选装接员，如图 7-15（b）所示。

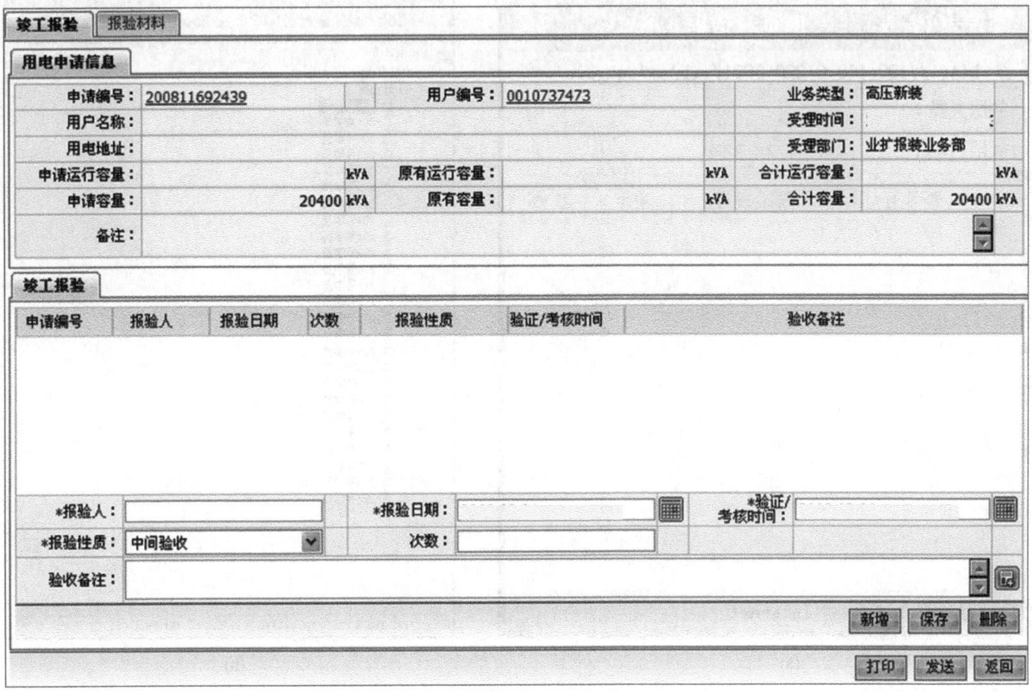

图 7-13 配表（备表）选择

图 7-14 "选择设备存放位置"对话框

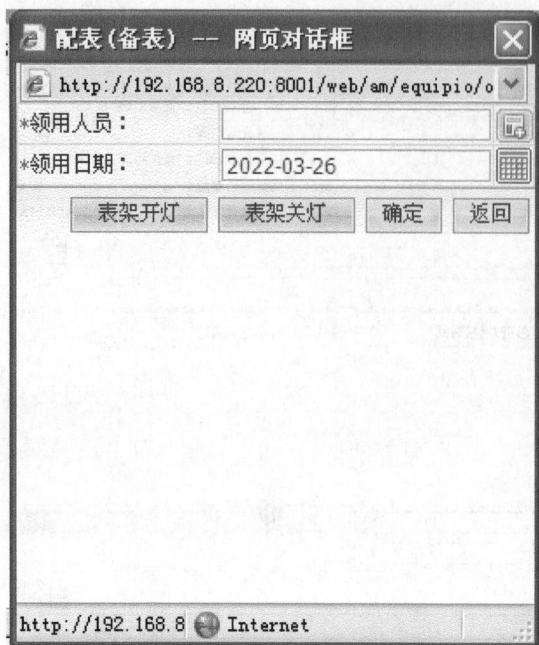
(a)

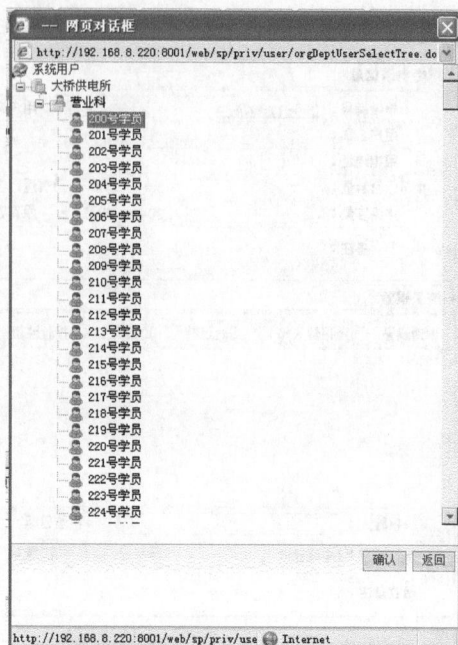
(b)

图 7-15 领用操作

（a）领用操作界面；（b）领用人员选择界面

（11）选中领用人员，单击"领用"按钮，提示保存成功如图 7-16 所示。

（12）单击"发送"按钮，提示工单发送成功，发送到下一环节，如图 7-17 所示。

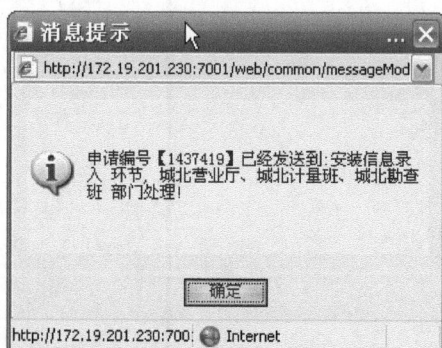

图 7-16 保存成功提示信息

图 7-17 发送成功提示

（13）单击"工作任务＞＞待办工作单"，选择处理该工作单，显示如图 7-18 所示。

（14）可根据"业务类别""装拆人员""申请编号""用户编号"查找工作单。

（15）选中一条安装计量点的资料，在"电能表方案"中，对于电能表方案信息栏

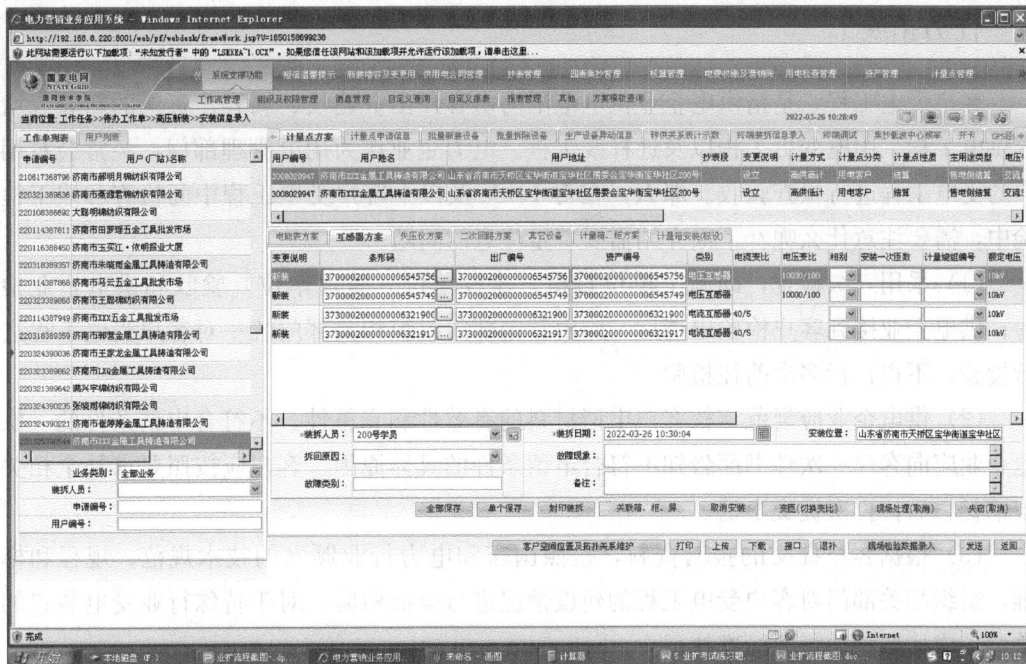

图 7-18 电能表安装信息录入

的"出厂编号""资产编号",文本框中自动显示配出电能表的出厂编号、资产编号等,输入装拆人员、装拆日期、安装位置等,然后单击"保存"按钮,提示保存成功。

（16）在电能表装拆示数处,新装只输入"装出示数"（为此表的初始读数）,然后单击"保存"按钮,提示保存成功。

（17）单击"互感器方案",显示互感器安装信息录入界面,如图 7-19 所示。

（18）选中一条安装计量点的资料,对于互感器方案信息栏的"出厂编号""资产编号",文本框中自动显示配出互感器的出厂编号、资产编号等,选择相别等,输入装拆人员、装拆日期、安装位置等,然后单击"保存"按钮,提示保存成功。

图 7-19 互感器安装信息录入

单击"发送"按钮,提示工单发送成功。

任务拓展

客户受电工程,是指供电企业供电范围内由客户出资建设、属客户资产的新装或增容供电工程、用电变更工程以及迁杆线工程。电力企业作为用电管理部门,经常会对用户的受电工程进行检查验收。那么,在对 10kV 及以下客户受电工程中间检查和竣工检验中,需要注意什么呢? 下面介绍需要着重注意的问题。

(1)采用三级检查,即施工单位自检,建设单位(监理单位)验收和供电企业检验;供电企业接到客户检验申请后,应由营销部门组织相关部门统一对客户受电工程进行检验,不得自行多次前往检验。

(2)供电企业应规范审核客户申请材料的有效性和完整性。不符合申请条件的,供电企业应向客户一次性书面告知不符合申请条件的具体原因。客户应按照要求补全相关申请材料后,再次提交申请。

(3)根据客户提交的报验资料,按照国家和电力行业颁发的技术规范、规程和标准,组织相关部门对客户受电工程的建设情况进行全面检验。对于特殊行业受电装置的检验,应按照相关行业标准执行。

(4)依据经审核合格的图纸,检查是否按图施工,对于设备质量及施工工艺,应通过现场检查及查看施工记录、自检报告、试验报告等方法进行。检查时对相关实物质量、记录、自查报告等有疑问时,可采取询问、查证等方式,必要时可要求现场试验。

任务评价

任务完成后，根据表 7-2 所列考核要求对学生进行综合评价。

表 7-2 　　　　　　　　　　　　**任务实施评价标准表**

实施步骤	考核要求	分值	得分
中间检查流程操作	中间检查流程操作准确、完整	25	
竣工报验流程操作	流程环节完整	40	
配表及安装派工操作	准确配表、领表及安装排派工	35	
总分		100	

任务三　签订供用电合同到流程归档

任务描述

（1）完成高压用户签订供用电合同的流程操作。

（2）完成高压用户装表接电的流程操作。

（3）完成高压用户信息归档和资料归档的流程操作。

任务目标

通过学习使学生掌握高压新装申请的营销业务应用系统合同签订和流程归档方法。

知识准备

一、合同签订

合同承办人员在签订供用电合同之前，应就客户的主体资格、履约能力等资信情况开展调查，根据公司下发的统一合同文本中有关《供用电合同》文本与客户协商拟订合同内容，形成《供用电合同》初稿文本及供用电合同附件。

对于高压供用电合同，应根据供用电合同分级管理规定，由不同管理权限合同审核人员进行审核。其中，对于重要客户和对供电方式及供电质量有特殊要求的客户，应经相关部门审核会签后形成最终文本。

合同文本审核批准后，将供用电合同文本送交客户审核，如无异议，由双方法定代表人、企业负责人或其授权委托人签订，合同文本应加盖双方的"供用电合同专用章"或公章后生效；如有异议，由双方协商一致后确定合同条款。

二、装表接电

正式接电前，完成接电条件审核，并对全部电气设备做外观检查，确认已拆除所有临时电源及接地线，安排安装智能电能表及用户侧采集终端；增容客户还应拆除原有电能计量装置，抄录原有电能表编号、主要铭牌参数、止度数等信息，并请客户签字确认。接电条件包括：启动送电方案已审定，新建的供电工程已验收合格，客户的受电工程已竣工检验合格，《供用电合同》及相关协议已签订，业务相关费用已结清，电能计量装置、用电信息采集终端已安装检验合格，客户电气人员具备上岗资质、客户安全措施已齐备等。

采集终端、电能计量装置安装结束后，应核对装置编号、电能表起度及变比等重要信息，及时加装封印，记录现场安装信息、计量印证使用信息，请客户签字确认。

采集终端安装完毕后，应符合 Q/GDW 3803—2009《电力用户用电信息采集系统规范 采集终端建设管理规范》的运行要求。

接电后应检查采集终端、电能计量装置运行是否正常，并会同客户现场抄录电能表示数，记录送电时间、变压器启用时间及相关情况。

装表接电时限应满足以下要求：自受电装置检验合格并办结相关手续之日起，一般居民客户不超过 3 个工作日，非居民客户不超过 5 个工作日。

三、资料归档

装表接电完成后，应及时收集、整理并核对归档信息和报装资料，建立客户信息档案和纸质档案。如果存在档案信息错误或信息不完整，则发起相关流程纠错。具体要求如下：

（1）纸质资料应保留原件，确实不能保留原件的，保留与原件核对无误的复印件。《供用电合同》及相关协议必须保留原件；

（2）纸质资料应重点核实有关签章是否真实、齐全，资料填写是否完整、清晰；营销信息档案应重点核实与纸质档案是否一致；

（3）档案资料和电子档案相关信息不完整、不规范、不一致，应退还给相应业务环节补充完善；

（4）业务人员应建立客户档案台账并统一编号建立索引。

四、工作质量管理要求

（1）建立业扩报装稽查和客户服务回访常态机制。各级营销部门要全过程督办业扩报装各环节的工作进度，加强对业扩报装工作标准、政策制度和服务规范执行情况的稽查。供电服务中心开展客户回访和满意度调查，定期提出改进业扩报装服务的措施建议。高压客户回访率要实现 100%。

（2）强化业扩报装考核评价工作，完善业扩报装质量考核制度，将业扩报装客户满意度、主要环节质量指标纳入同业对标体系；建立客户受电工程"三指定"治理长效机制，将整治成效纳入各级企业负责人业绩考核指标。通过持续评价，不断规范业扩报装，提升服务水平。

（3）实行业扩报装服务责任追究制度。各单位要重视并加强客户投诉管理，建立健全业扩报装服务责任追究制度，对涉嫌"三指定"、侵害客户利益的事件以及在业扩报装工作过程中造成重大社会影响、重大经济损失的事件，应严格追究有关责任人的责任。

任务实施 ❶

一、合同起草流程操作

（1）登录系统，单击"工作任务>>待办工作单"，选择处理该工作单，如图 7-20 所示。

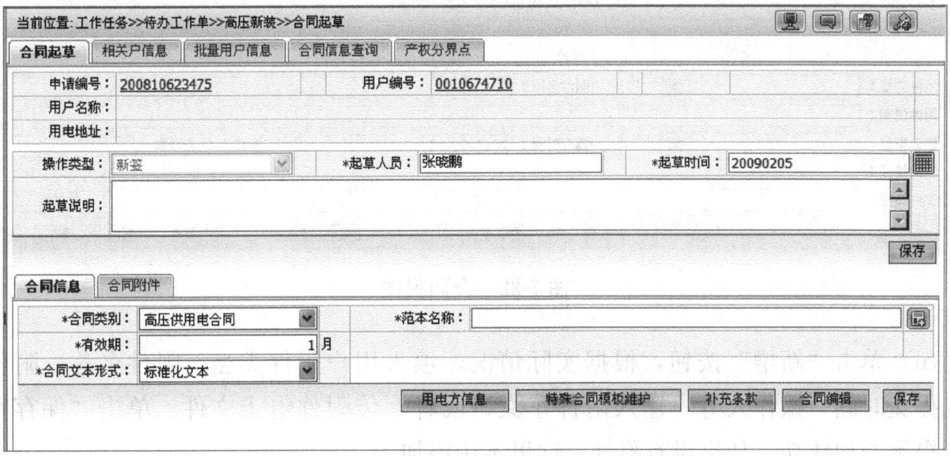

图 7-20 合同起草

（2）单击"范本名称"后 按钮，弹出"合同范本引用"页面，如图 7-21 所示。

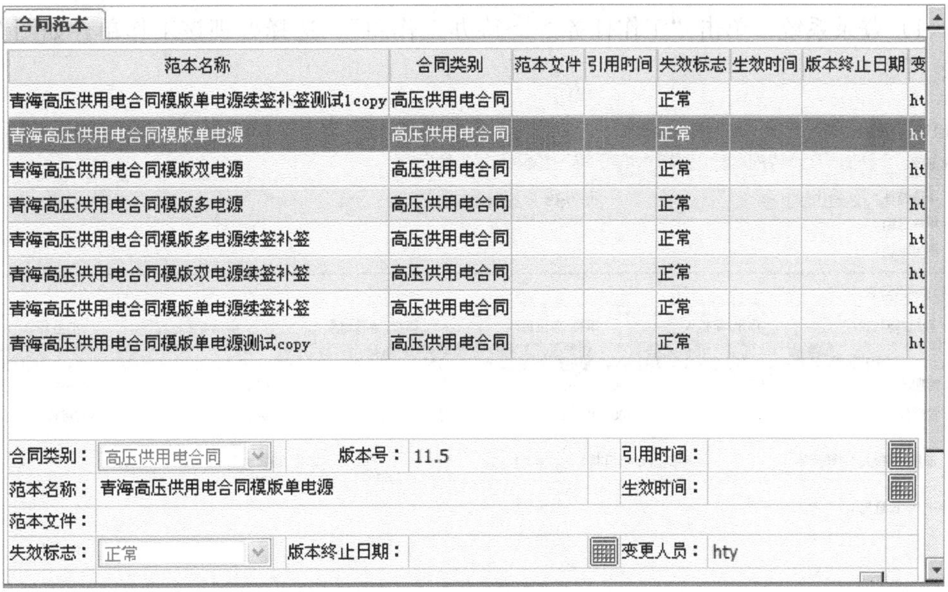

图 7-21 合同范本引用

---

❶本任务设备准备、材料准备、人员准备、场地准备参考"情景五任务一"。

（3）选择要引用的合同范本，单击"确认"按钮，选择合同范本成功。

（4）单击"保存"按钮，提示保存成功。

（5）单击"合同附件"按钮，跳转至"合同附件"窗口，如图7-22所示。

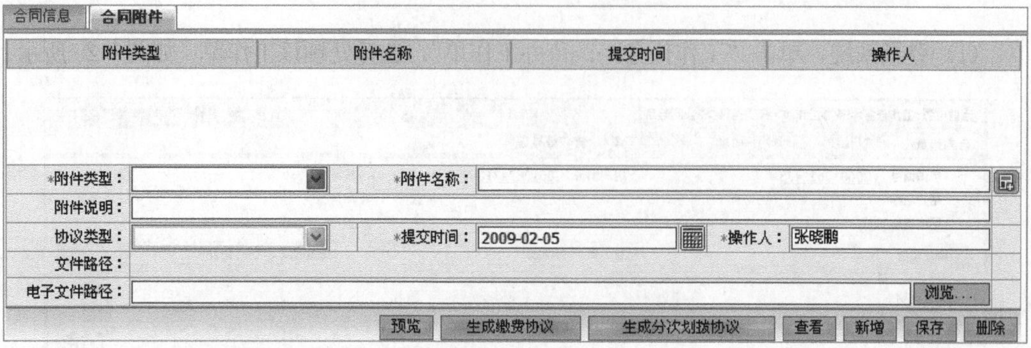

图 7-22　合同附件

（6）单击"新增"按钮，根据实际情况，填入用户附件类型、附件名称、附件协议、提交时间、操作人等，输入附件正文，或者上传附件电子文件。单击"保存"按钮，提示增加成功。如果没有附件，这里不用添加。

（7）单击"发送"按钮，显示发送成功提示。

二、合同审核流程操作

（1）登录系统，单击"工作任务＞＞待办工作单"，选择处理该工作单，如图7-23所示。

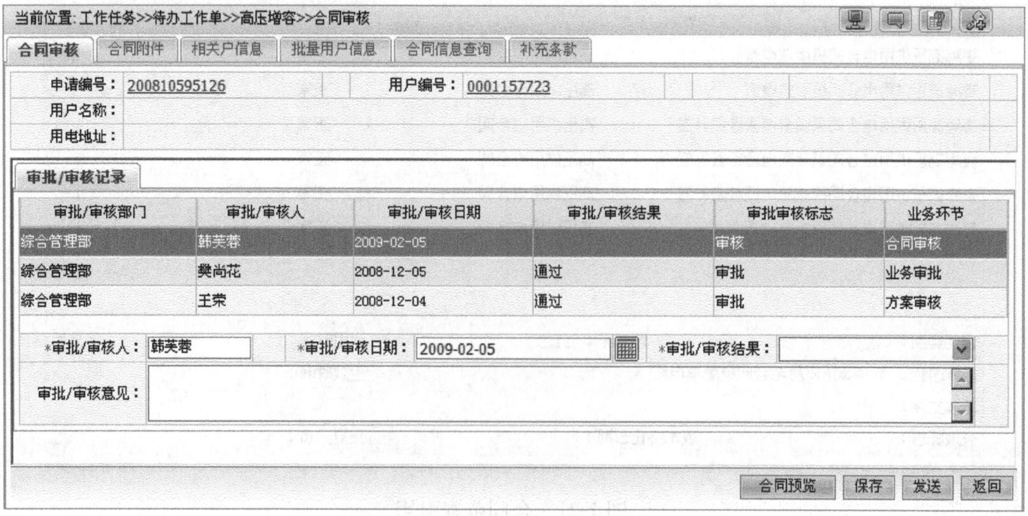

图 7-23　合同审核

（2）根据实际情况输入审核人、审核日期、审核结果，填入审核意见，单击“保存”按钮，提示保存成功，如图 7-24 所示。

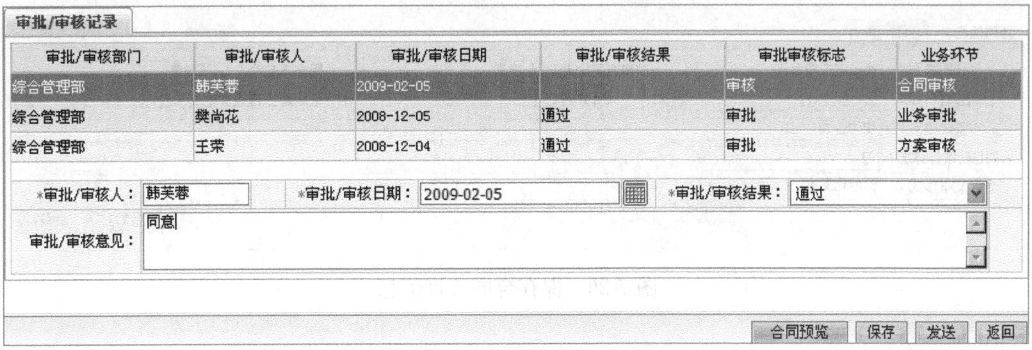
审批/审核记录
审批/审核部门
审批/审核人
审批/审核日期
审批/审核结果
审批审核标志
业务环节
综合管理部
韩芙蓉
2009-02-05
审核
合同审核
综合管理部
樊尚花
2008-12-05
通过
审批
业务审批
综合管理部
王荣
2008-12-04
通过
审批
方案审核
*审批/审核人：
韩芙蓉
*审批/审核日期：
2009-02-05
*审批/审核结果：
通过
审批/审核意见：
同意
合同预览
保存
发送
返回

图 7-24　保存合同审核记录

（3）单击“发送”按钮，显示发送成功提示框。

三、合同签订流程操作

（1）登录系统，单击“工作任务＞＞待办工作单”，选择处理该工作单，如图 7-25 所示。

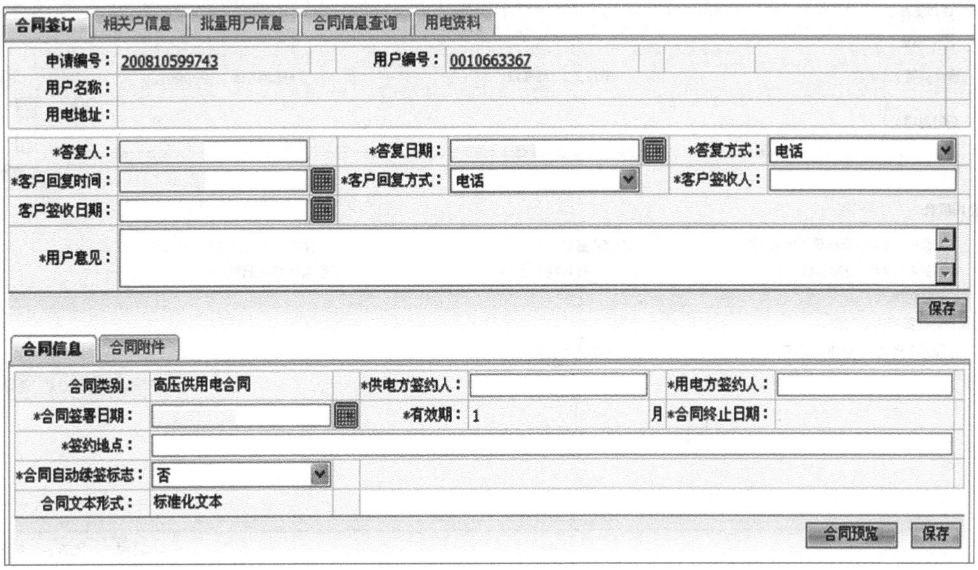
合同签订
相关户信息
批量用户信息
合同信息查询
用电资料
申请编号：
200810599743
用户编号：
0010663367
用户名称：
用电地址：
*答复人：
*答复日期：
*答复方式：
电话
*客户回复时间：
*客户回复方式：
电话
*客户签收人：
客户签收日期：
*用户意见：
保存
合同信息
合同附件
合同类别：
高压供用电合同
*供电方签约人：
*用电方签约人：
*合同签署日期：
*有效期：
1
月
*合同终止日期：
*签约地点：
*合同自动续签标志：
否
合同文本形式：
标准化文本
合同预览
保存

图 7-25　合同签订

（2）根据实际情况输入答复人、答复日期、答复方式，填入用户意见、客户回复时间、客户回复方式、客户签约人、签收日期。单击“保存”按钮，提示保存成功。

（3）根据实际情况，填入合同自动续签标志、合同签署日期、供电方签约人、签约地点、用电方签约人等信息。数据输入完成后，检查其正确性后，单击"保存"按钮，提示保存成功，如图7-26所示。

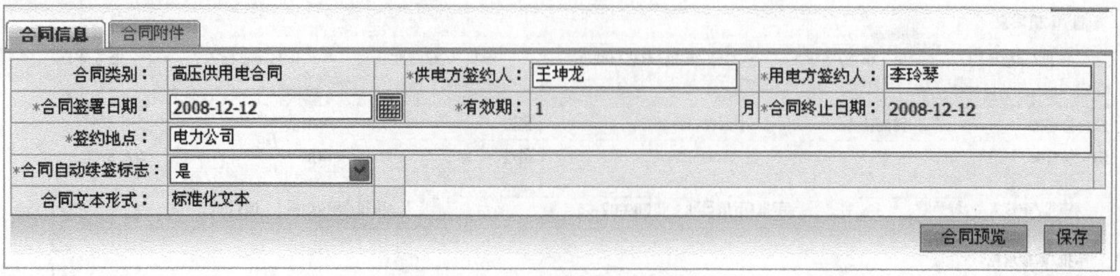

图7-26　保存合同签订信息

（4）单击"发送"按钮，显示发送成功提示。

四、合同归档流程操作

（1）登录系统，单击"工作任务＞＞待办工作单"，选择处理该工作单，如图7-27所示。

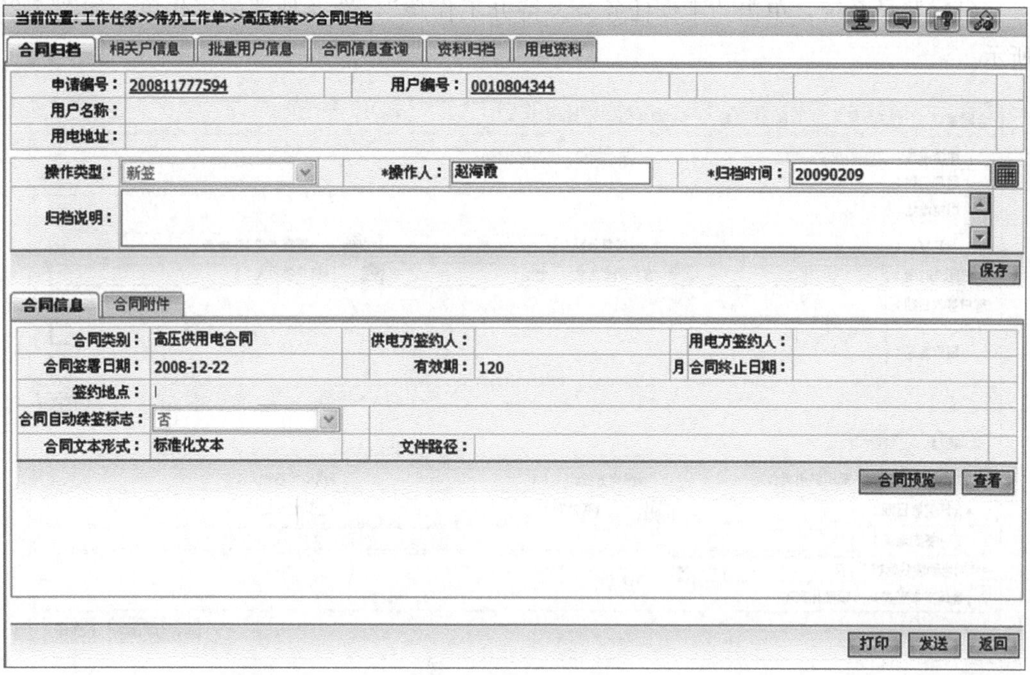

图7-27　合同归档

（2）根据实际情况，填入操作人、归档时间、归档说明等信息。数据输入完成后，检查其正确性后，单击"保存"按钮，提示增加成功。

（3）单击"发送"按钮，显示发送成功提示。

五、高压新装送（停）电管理

（1）登录系统，单击"工作任务＞＞待办工作单"，选择处理该工作单，显示如图7-28所示页面。

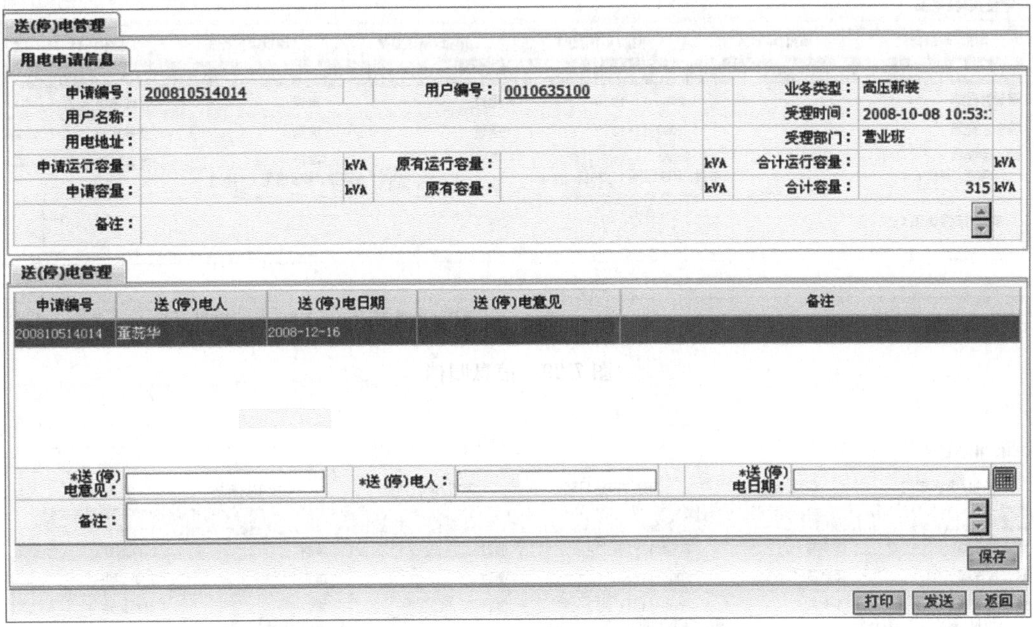

图 7-28 送（停）电管理

（2）根据实际情况输入送电意见、送电人、送电日期等，单击"保存"按钮，系统添加一条审批意见。

（3）单击"发送"按钮，显示发送成功提示。

六、高压新装信息归档

（1）登录系统，单击"工作任务＞＞待办工作单，选择处理该工作单"，显示如图7-29所示页面。

（2）根据实际情况输入审批人、审批日期、审批结果、审批意见等，单击"保存"按钮，系统显示所有审批意见，如图7-30所示。

（3）单击"归档"按钮，提示框显示该流程已经结束。

七、高压新装资料归档

（1）登录系统，单击"工作任务＞＞待办工作单"，选择处理该工作单，显示如图

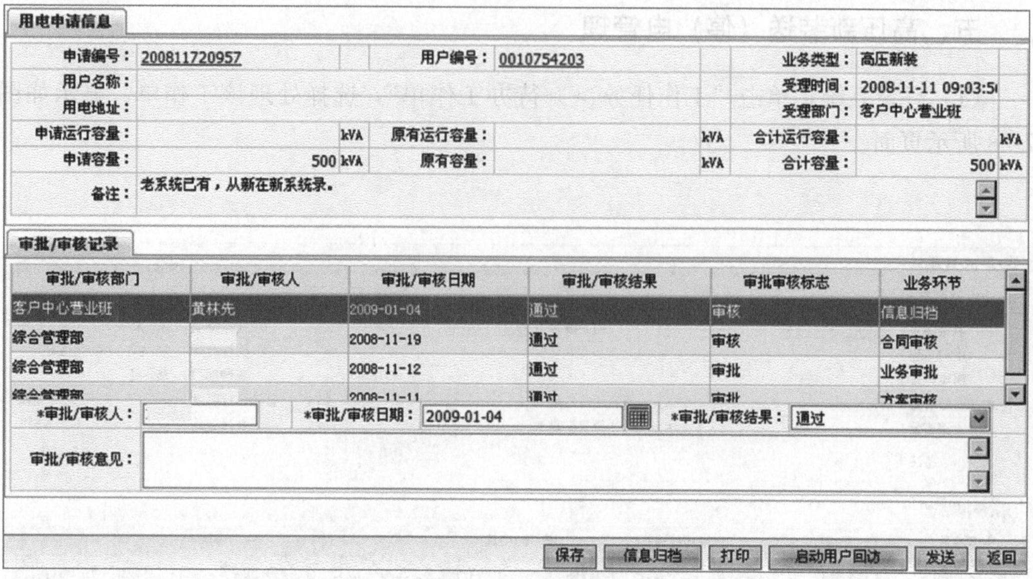

图 7-29 信息归档

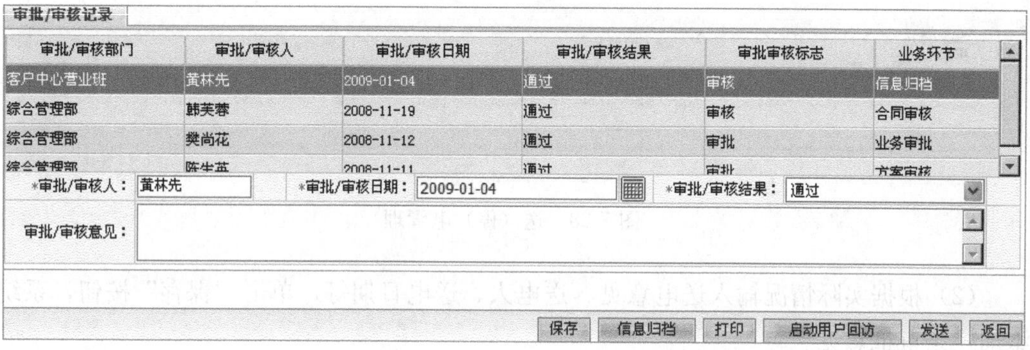

图 7-30 保存归档信息

7-31 所示页面。

（2）根据资料存放的位置，录入档案号、盒号、柜号、归档人员、归档日期等信息，单击"保存"按钮，提示保存成功，如图 7-32 所示。

（3）单击"用电资料"，跳转至用电资料信息录入页面，如图 7-33 所示。

（4）单击"新增"按钮，根据情况录入用电资料名称、类别、份数、报送人、接收人、审查人等信息。在电子文件后，单击 浏览... 按钮，可以上传电子文档。

（5）输入数据后，单击"保存"按钮，保存成功，显示增加用电资料信息，如图 7-34 所示。

（6）单击"归档"按钮，提示框显示该流程已经结束。

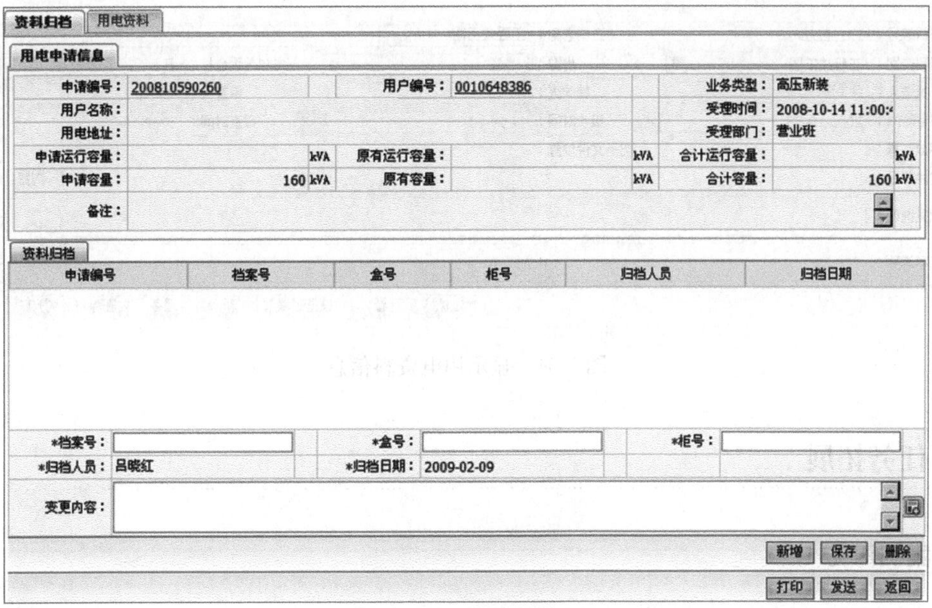

图 7-31　资料归档

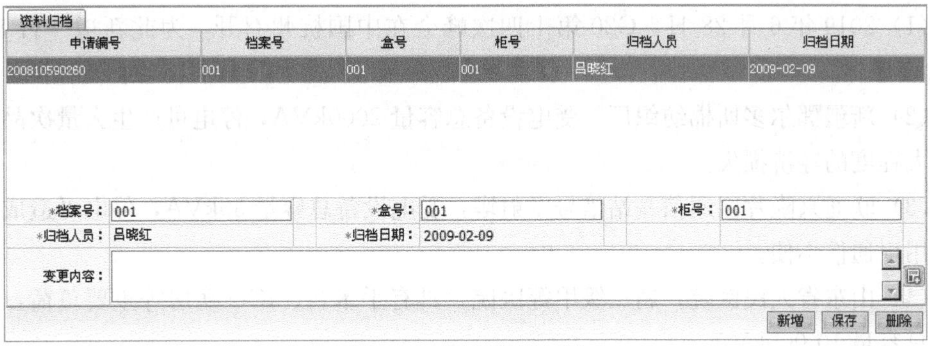

图 7-32　保存资料归档

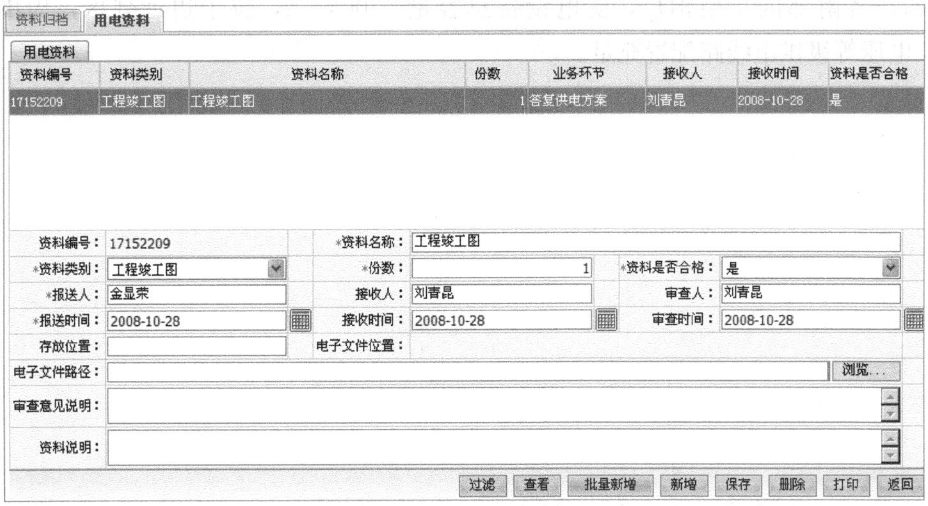

图 7-33　用电资料录入

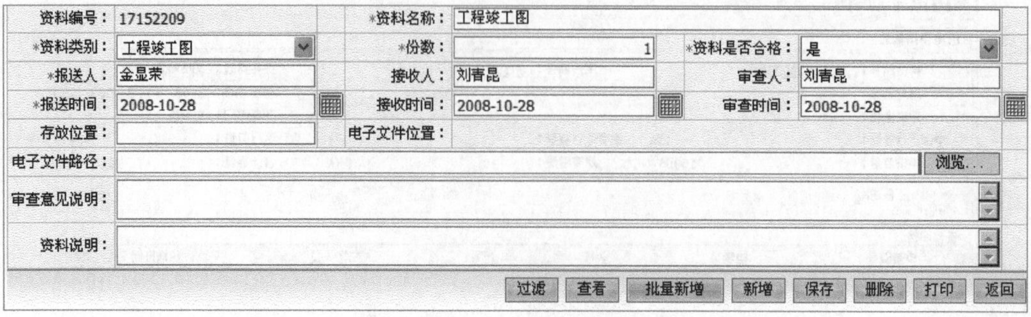

图 7-34 显示用电资料信息

任务拓展

案例深化

结合下列案例发起高压新装流程，并进行流程操作直至流程结束。

（1）2019 年 6 月 28 日，G20 第十四次峰会在中国杭州召开，为此新增一台 80 万 kVA 变压器。

（2）新疆鄂尔多斯棉纺织厂，受电设备总容量 2000kVA，停电可产生大量次品，造成较大程度的经济损失。

（3）联通兴隆片区通信基站信号发射塔，受电设备总容量 30kVA，停电可造成周围片区用户通信不便。

（4）山东省人民医院，属三级甲等医院，具有手术台、ICU 病房等重要负荷，受电设备总容量 10 000kVA。

（5）济南郊区小型钢厂，受电设备总容量 4000kVA，位于边远郊区，周围 10、35kV 电压等级供电线路配置充足。

任务评价

任务完成后，根据表 7-3 所列考核要求对学生进行综合评价。

表 7-3 任务实施评价标准表

考核点	考核要求	分值	得分
合同签订流程操作	合同起草流程操作准确、完整	15	
	合同审核流程操作准确、完整	10	
	合同签订流程操作准确、完整	20	
	合同归档流程操作准确、完整	15	
停送电管理流程操作	停送电管理流程操作准确、完整	20	
归档流程操作	信息归档流程操作准确、完整	10	
	资料归档流程操作准确、完整	10	
总分		100	

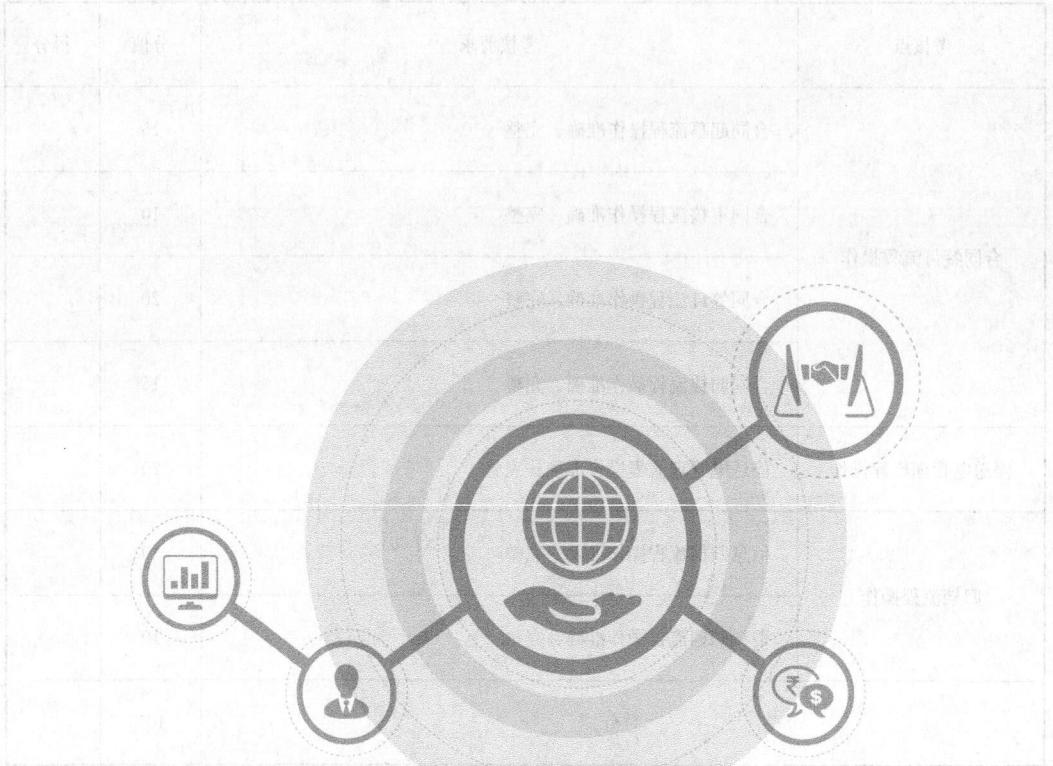

情境八

抄录电能表

【情境描述】

本情境设计了两项工作任务，分别是"制定电能表抄表计划"和"抄表"。本情境的核心知识点为抄表的相关规定，关键技能项为制定抄表计划和抄表。

【情境目标】

（1）知识目标：了解抄表管理的内容和规定，熟悉抄表的工作内容和工作规定。

（2）能力目标：能够使用营销业务应用系统完成抄表计划制定、手工抄表的流程操作。

（3）素质目标：能够在操作过程正确抄录表计信息，确保抄回的数据、信息真实、准确，树立细心、严谨、实事求是的岗位态度。

任务一　制定抄表计划

任务描述

本任务为制定抄表计划，分为以下步骤：登录系统，输入组合条件，调用"制定抄表计划，查询计划"，选择制定计划的抄表段计划参数信息，生成抄表计划信息。

任务目标

了解抄表管理的内容和相关规定，熟知抄表段、抄表例日、抄表周期的相关规定，熟悉营销业务应用系统中的抄表模块，能够制定抄表计划。

知识准备

抄表管理是指供电企业为了按时完成抄表工作而采取的手段和措施，是电费管理的一个重要环节和前提。

一、抄表管理的规定

《供电营业规则》第八十三条规定：供电企业应在规定的日期抄录计费电能表读数。由于用户的原因未能如期抄录计费电能表读数时，可通知用户待期补抄或暂按前次用电量计收电费，待下次抄表时一并结清。因用户原因连续六个月不能如期抄到计费电能表读数时，供电企业应通知该用户终止供电。

二、抄表段的设置

抄表段是电费抄核收电费数据的基础管理单元，通过对抄表段属性、抄表周期、抄表例日等参数的设定，可以对抄表段中的抄表数据进行定义。

（1）抄表段设置应遵循抄表效率最高的原则，综合考虑电力客户类型、抄表周期、抄表例日、地理分布、便于线损管理等因素。

（2）抄表段一经设置，应相对固定。调整抄表段应不影响相关电力客户正常的电费计算。新建、调整、注销抄表段，须履行审批手续。

（3）存在共用变压器的电力客户、存在转供电关系的电力客户以及发用电关联的电力客户应设在同一抄表段。

（4）新装电力客户应在归档当月编入抄表段；注销电力客户应在下一抄表计划发起前撤出抄表段。

三、抄表周期管理规定

抄表周期即为两次抄表的间隔时间。

（1）电力客户的抄表周期通常为每月一次（采取本地费控的，在不影响用户年度阶梯结算准确性的情况下，抄表周期可为双月一次）。

（2）对于高耗能高污染及产业过剩、存在关停并转风险的企业，或经营状况差、存在欠费记录、列入社会征信体系黑名单实施联合惩戒的企业，以及临时用电的电力客户，应按国家相关规定或合同约定实行购电制、分次结算、电费担保、电费抵押等方式防范回收风险。对于这类用户，可根据实际情况增加月抄表次数或进行电费预估，实现多次结算，保障电费顺利回收。

（3）对于高压新装电力客户应，在接电后的当月完成采集装置调试，并在客户归档后第一个抄表周期进行首次远程自动化抄表。对于在新装接电归档后当月抄表确有困难的其他电力客户，应在下一个抄表周期内完成采集装置调试并进行首次远程自动化抄表。

（4）抄表周期变更时，应履行审批手续，并事前告知相关电力客户。因抄表周期变更对居民阶梯电费计算等带来影响的，应按相关要求处理。

四、抄表例日管理规定

抄表例日即为抄表的具体时间。

（1）35kV 及以上电压等级及低压电力客户抄表例日应安排在月末最后一天 24 时，其他高压电力客户抄表例日应安排在每月 25 日及以后。参与市场化交易电力客户的抄表例日应与协议约定时间一致。稳步推进按自然月购售同期抄表。

（2）对于同一台区的电力客户、同一供电线路的高压电力客户、同一户号有多个计量点的电力客户、同一售电公司名下的电力客户、存在转供关系等特殊情况的电力客户，抄表例日、抄表周期应同步。

（3）对于每月多次抄表的电力客户，应按"供用电合同"或"电费结算协议"有关条款约定的日期安排抄表。

（4）抄表例日不得随意变更。确需变更的，应履行审批手续并告知相关电力客户和线损管理部门。因抄表例日变更对基本电费、阶梯电费计算等带来影响的，应按相关要求处理。

五、抄表流程

抄表操作流程如图 8-1 所示。

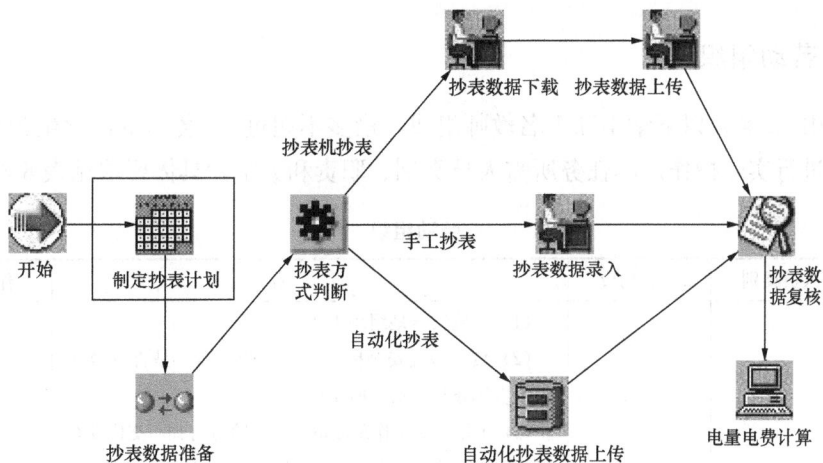

图 8-1 抄表操作流程图

🜇 设备准备

设备准备包括数据服务器、应用服务器、计算机等，具体要求见表 8-1。

表 8-1 设备及要求

工器具准备序号	工器具名称	规格	单位	数量
1	服务器组	数据服务器、应用服务器	组	1
2	电源插排	六孔及以上	个	1
3	电脑及附件	主机、显示器、键盘、鼠标	套	1
4	交换机	接口多于 60 个	台	1

材料准备

所需材料及要求具体见表 8-2。

表 8-2 所需材料及要求

序号	材料名称	单位	数量
1	作业指导书	份	1
2	单元教学设计	份	1
3	安全交底签字表	份	1
4	课程标准	份	1
5	班前班后会记录	份	1
6	实训日志	份	1

人员准备

一、劳动组织

小组由 12 名及以下学生和 1 名教师组成，最多不超过 12 名学生，学生为实际操作人，主要进行实际操作。本任务所需人员类别、职责和数量，具体要求见表 8-3。

表 8-3 劳动组织

序号	人员类别	人员构成	职责	作业人数
1	工作负责人	由教师担任	(1) 正确安全地组织工作； (2) 负责检查安全措施是否正确完备、是否符合实训室实际条件，必要时予以补充； (3) 工作前对工作班成员进行危险点告知，交代安全措施和技术措施，并确认每一个工作班成员都已知晓； (4) 严格执行实训室安全措施； (5) 督促、监护工作班成员遵守电力安全工作规程，正确使用劳动防护用品和执行实训室安全措施； (6) 工作班成员精神状态是否良好，变动是否合适； (7) 交代作业任务及作业范围，掌控作业进度，完成作业任务； (8) 监督工作过程，保障作业质量	1～3 人

续表

序号	人员类别	人员构成	职　责	作业人数
2	工作班成员	学生	（1）熟悉工作内容、作业流程，明确工作中的危险点，并履行确认手续； （2）严格遵守安全规章制度、技术规程和劳动纪律，对自己工作中的行为负责，互相关心工作安全，按照指导老师的要求开展实训操作； （3）按照指导老师的要求，正确使用计算机和系统； （4）长袖棉质工作服，衣服扣子要扣紧，不得将袖子、裤腿挽起； （5）完成工作负责人安排的作业任务并保障作业质量	根据作业内容与实训室情况确定

二、人员要求

工作人员的健康状况、精神状态和工作资格等，具体见表 8-4。

表 8-4　　　　　　　　　　　　人员要求

序号	内　容	备注
1	学生身体健康；身体状态、精神状态应良好，并经安规考试合格	
2	教师具备必要的安全生产知识，学会紧急救护法，特别要学会触电急救，并经安规考试合格	
3	培训教师应熟悉营销业务应用系统的基本操作，能够对学生遇到的问题进行解答和处理	

场地准备

电费抄核收的危险点分析与预防控制措施，见表 8-5。

表 8-5　　　　　　　　　电费抄核收危险点分析及预防控制措施

序号	防范类型	危险点	预防控制措施
1	触电	布线复杂、渗水存在触电风险	严禁学生带水和饮料进入工位区；不经允许不碰电源和插座
2	计算机病毒	教学网络易受病毒攻击	安装还原系统、杀毒软件，禁止使用移动介质和光盘
3	火灾	培训室人员数量多，存在火灾风险	培训前，向所有学生告知本实训场地应急逃生通道路径

任务实施

一、召开班前会

（1）进行学生考勤、课前点名。

（2）召开班前会，实训项目操作前，向学生进行安全交底，详细说明操作过程中存在的危险点、操作注意事项、安全防范措施和实训室管理规定；指导学员签署安全实训承诺书。

（3）填写培训日志、班前会记录。

二、任务背景

抄表段在抄表例日抄表前，需要在营销业务应用系统中生成抄表计划，才能进行抄表的后续操作。因此制定抄表计划是抄表核算系统流程的触发点。

三、制定抄表计划

（1）按对应的权限和角色分配登录账号密码。

（2）打开 IE 浏览器，登录系统，单击"抄表计划/抄表管理/制定抄表计划"，如图8-2 所示。

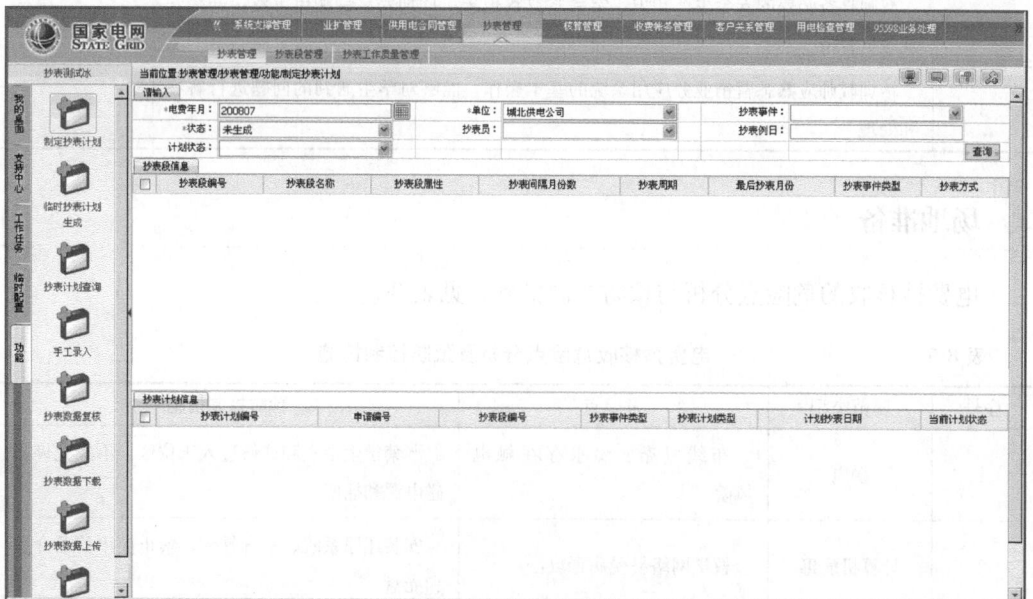

图 8-2　制定抄表计划初始页面

（3）选填"电费年月""单位"等各项信息，单击"查询"按钮，如图 8-3 所示。在

所列抄表段信息表中，选中要生成抄表段，可以选中一条或可同时选中多条记录。制定
抄表计划应综合考虑抄表周期、抄表例日、抄表现场作业人员、抄表工作量及抄表区域
的计划停电等情况。

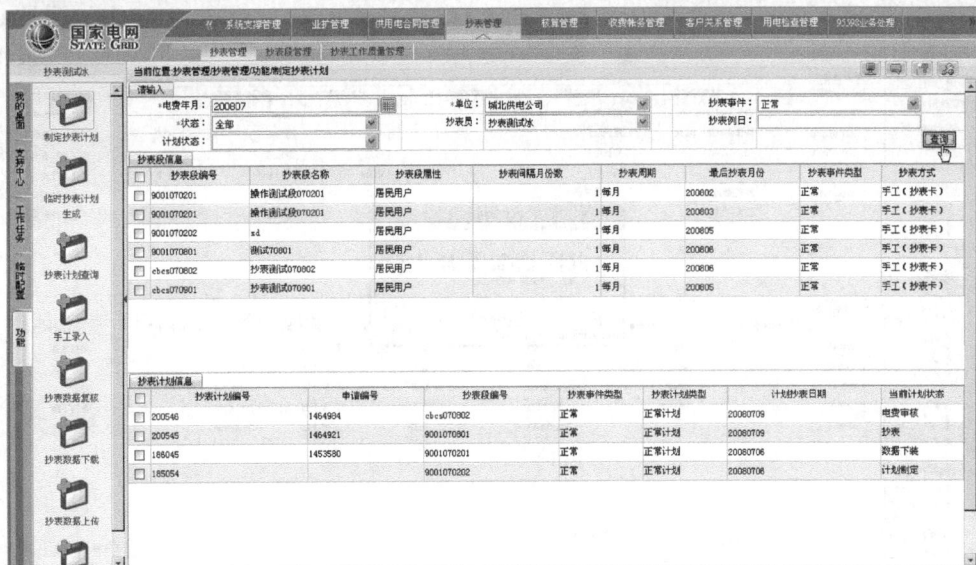

图 8-3　制定抄表计划窗口

（4）对选中抄表段记录，单击"生成"按钮，生成对应电费年月的抄表计划，如图
8-4 所示。

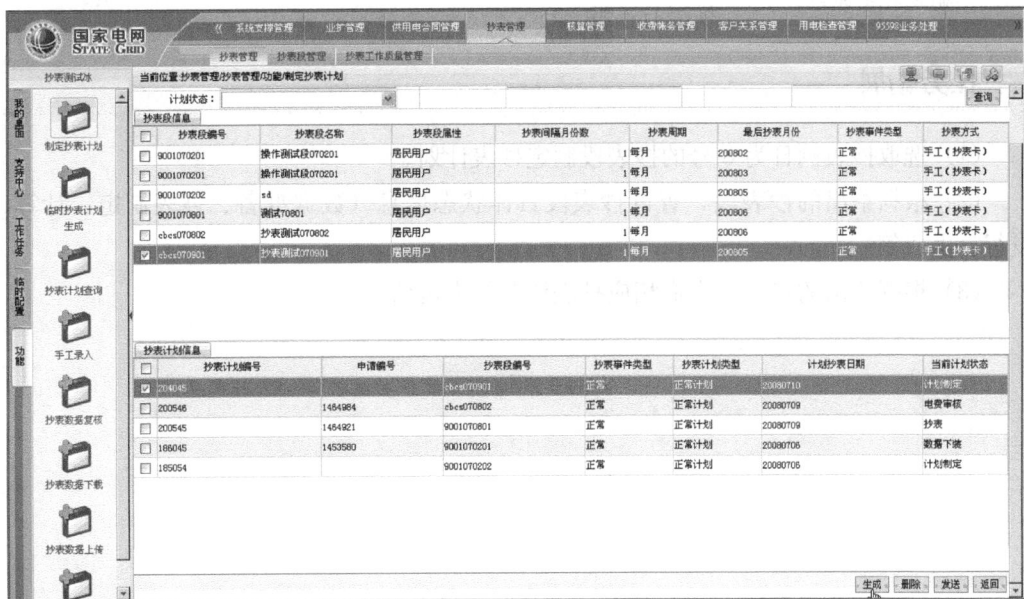

图 8-4　生成抄表计划

（5）勾选一条或多条抄表计划信息，单击"发送"按钮，流程将发送到"抄表数据准备"环节，如图 8-5 所示。

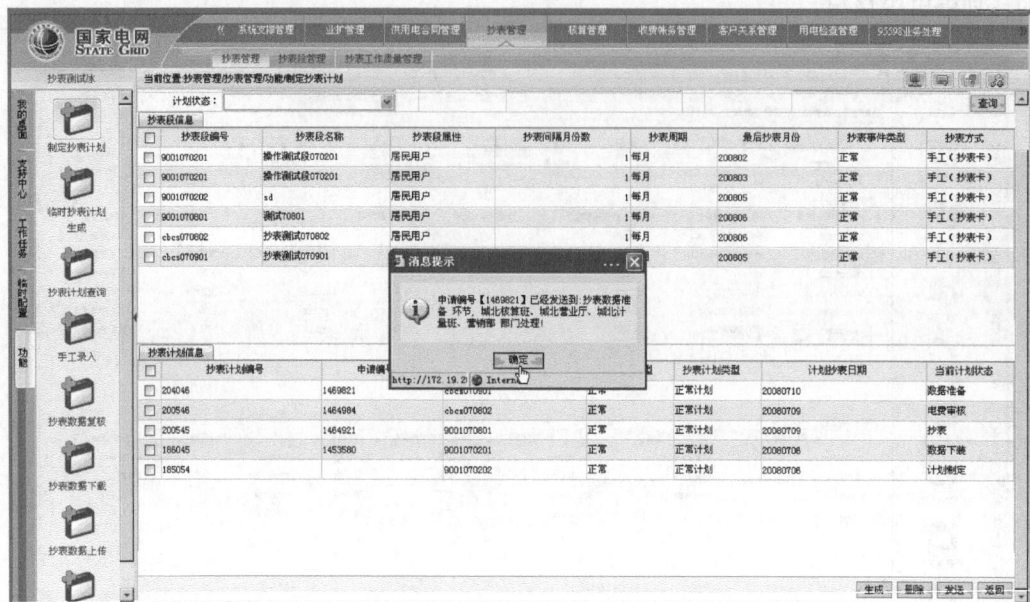

图 8-5　发送抄表计划成功消息提示

制定抄表计划完成，抄表核算流程开始。

（6）抄表计划全部制定完成后，检查抄表段或电力客户是否有遗漏。

微课21

制定抄表计划的要求

任务拓展

（1）选取抄表例日为 8 号的抄表段制定抄表计划。

（2）根据给出的抄表段，查询抄表段具体状态信息（数据准备、抄表制定、计算、发行、生成等）。

（3）根据给出的户号，查询相应抄表段及抄表员信息。

任务评价

任务完成后，根据表 8-6 所列考核要求对学生进行综合评价。

表 8-6　　　　　　　　　　　　　　任务实施评价标准表

考核点	考核要求	分值	得分
操作准备	遵循实训室管理规定，规范着装，正确佩戴和使用劳动防护用品，掌握工作中的危险源，明确安全防范措施	10	
制定抄表计划	"查询"：根据输入的查询条件，查询出符合条件的抄表段信息	10	
	"生成"：生成抄表段信息对应的抄表计划。该按钮的操作对象是抄表段信息，单击前，必须勾选一条或多条抄表段信息	40	
	选填信息符合任务设置要求	20	
	"发送"：发送抄表计划到下一环节，即抄表数据准备环节	10	
任务结束	严格执行作业指导书，操作行为规范，退出营销业务系统，关闭计算机，恢复工位，保持清洁	10	
总分		100	

任务二 抄 表

任务描述

本任务延续上一任务中生成的抄表计划内容，为系统中抄表数据的录入环节，完成营销业务应用系统抄表模块中抄表的数据准备、数据录入的系统流程操作。

任务目标

了解抄表的工作内容，熟知抄表的作业规范，掌握营销业务应用系统中的抄表模块中抄表的数据准备、数据录入的系统流程操作。

知识准备

抄表指正确抄录表计示数及相关信息，确保抄回的数据、信息真实、准确，它反映的要素是电量。

抄表的方式有现场人工抄表、现场远红外线抄表、远程自动采集抄表等多种方式。

一、现场抄表

（1）抄表员应到达现场，使用抄表卡或抄表机逐户对客户端用电计量装置记录的有关用电计量计费数据进行抄录。

（2）现场抄表工作必须遵循电力安全生产工作的相关规定，严禁违章作业。

（3）需要到客户门内抄录的，应出示工作证件，遵守客户的出入制度。

（4）抄表数据（包括抄表客户信息、变更信息、新装客户档案信息等）下装准备工作、抄表机与服务器的对时工作应在抄表前一个工作日或当日出发前完成，并确保数据完整正确。出发前，应认真检查必备的抄表工器具是否完好、齐全。

（5）抄表时，应认真核对客户电能表箱位、表位、表号、倍率等信息，检查电能计量装置运行是否正常，封印是否完好。对于新装及用电变更客户，应核对并确认用电容量、最大需量、电能表参数、互感器参数等信息，做好核对记录。

（6）发现客户电量异常、违约用电或窃电嫌疑、表计故障、有信息（卡）无表、有表无信息（卡）等异常情况，要做好现场记录，提出异常报告并及时上报处理。

（7）采用抄表机红外抄表方式的，应在现场完成电能表显示数据与红外抄见数的核对工作。当红外抄见数据与现场不符时，以现场抄见数为准。

（8）抄表计划不得擅自变更。因特殊情况不能按计划抄表的，应履行审批手续。

（9）高压客户不能按计划抄表的，应事先告知客户。

（10）因客户原因未能如期抄表时，应通知客户待期补抄并按合同约定或有关规定计收电费。抄表员应设法在下一抄表日到来前完成补抄。

（11）抄表后应于当日完成抄表数据的上装，上装前应确认该抄表段所有客户的抄表数据均已录入。

（12）因特殊情况当日不能完成上装的，须履行审批手续并于次日完成。

（13）对于新装客户应做好抄表例日、电价政策、交费方式、交费期限及欠费停电等相关规定的提示告知工作。

二、远程自动抄表

（1）远程抄表前，应监控远程自动抄表流程状况、数据获取情况，对远程自动抄表失败、抄表数据异常的，应立即进行消缺处理。

（2）在采用远程自动抄表方式后的前三个抄表周期内，应每个周期进行现场核对抄表。发现数据异常，立即处理。

（3）正常运行后，对于连续三个抄表周期出现抄表数据为零度的客户，应抽取一定比例进行现场核实。其中，10kV 及以上客户应全部进行现场核实；0.4kV 非居民客户应抽取率不少于 80％的客户，居民客户应抽取率不少于 20％的客户。

（4）当抄表例日无法正确抄录数据时，应在抄表当日安排现场补抄，并立即进行消缺处理。

（5）对远程自动抄表异常客户现场核抄时，如现场抄见读数与远程获取读数不一致，以现场抄见读数为准。

三、现场抄表时的服务规范

（1）仪容仪表整洁，佩戴工作证。

（2）对待客户要热情，和客户沟通时要使用礼貌用语，如"您好""请""谢谢""对不起""再见"等。

（3）如需进入客户室内需敲门：每次连续敲三下，敲门轻重应根据情况不同（如耳聋、盲人、残伤、夜班）进行区别，做到恰到好处。如客户有反应，则停止敲门，切忌大声喧叫。

（4）不随意乱坐和不准翻动客户的东西，客户主动招待要婉言谢绝，禁止向客户吃、拿、卡、要。

（5）抄表时，应分脚站立开、关表箱，并注意周围环境，保障操作安全。

（6）对客户提出的相关问题，及时解答或处理，如有异议，应说明情况，但不要忽视客户的抱怨，不要与客户发生争执，不要损坏国网形象，不得顶撞、谩骂和无理取闹。

任务实施[1]

一、召开班前会

（1）进行学生考勤、课前点名。

（2）召开班前会，实训项目操作前，向学生进行安全交底，详细说明操作过程中存在的危险点、操作注意事项、安全防范措施和实训室管理规定；指导学员签署安全实训承诺书。

（3）填写培训日志、班前会记录。

二、抄表数据准备

抄表数据准备是在抄表段生成抄表计划后，进行抄表前的准备环节，是把抄表段中上月抄见表码转为当月起码，并锁定客户信息的过程。

（1）登录系统，单击"工作任务＞＞待办工作单"，选择工作单，窗口显示当前操作员抄表的所有数据准备阶段的抄表段列表，如图 8-6 所示。

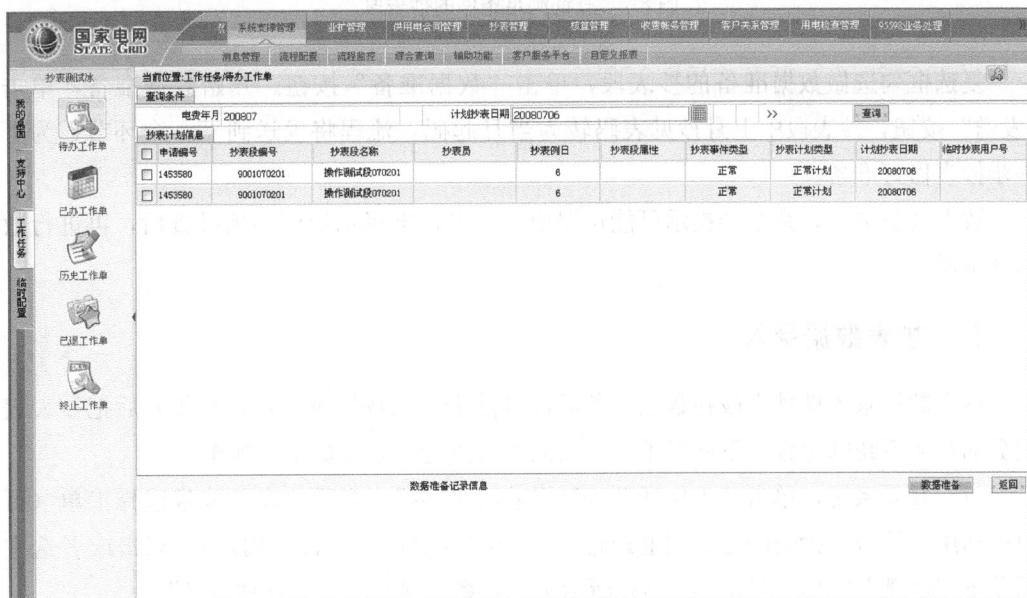

图 8-6　数据准备

（2）单击 » ，展开详细查询栏目，输入查询条件，单击"查询"按钮，查询出满足条件的抄表段，如图 8-7 所示。

---

[1]本任务设备准备、材料准备、人员准备、场地准备参考"情景八任务一"。

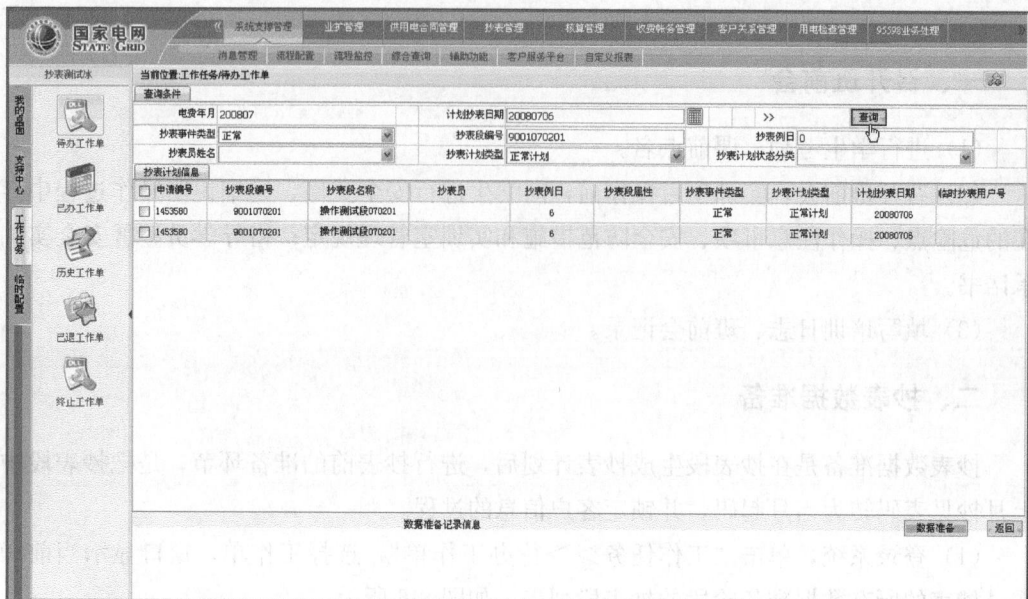

图 8-7　查询满足条件的抄表段

复选框勾选做数据准备的抄表段，单击"数据准备"按钮。开始数据准备，单击"发送"按钮，抄表段中上月抄见表码转为当月起码，流程将发送到下一个环节，为下一步抄表做好准备。

数据准备失败，系统会提示可能错误原因，可根据提示原因逐项排查后，再进行数据准备操作。

三、抄表数据录入

抄表数据录入即抄表段在数据准备后经过抄表（现场抄录或远程采集）后把抄表表码数据录入系统的过程。下面以手工录入的方式进行抄表数据录入操作。

（1）登录系统，单击"工作任务＞＞待办工作单"，按照抄表段编号选择工单（可以根据用户编号、抄表序号、用电地址、资产编号快速定位抄表用户），双击或者选中后单击"处理"按钮，显示如图 8-8 所示页面，系统显示"抄表计划信息"。

（2）双击抄表信息，弹出"示数录入"对话框，如图 8-9 所示。

（3）在"本次示数"列，输入抄表清单抄上的抄表示数。单击回车，跳转到下一行。依次进行，直至完成整个抄表段的抄表示数录入，如图 8-10 所示。

根据抄表清单，输入并保存本次抄见示数、抄表状态（未抄、已抄、估抄）、抄表异常情况（无异常、倒转、表坏、空走、表计丢失、门闭、违约用电、窃电等）、本次抄表录入日期。

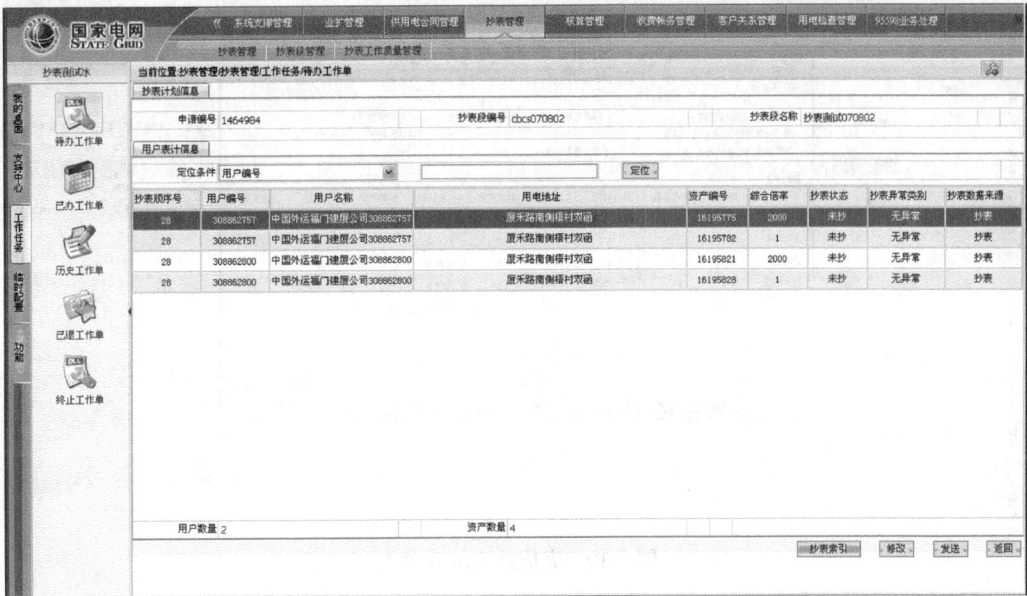

图 8-8　抄表数据录入

图 8-9　示数录入对话框

图 8-10　完成抄表示数录入

（4）示数录入完成之后，单击"发送"按钮，如图 8-11 所示。

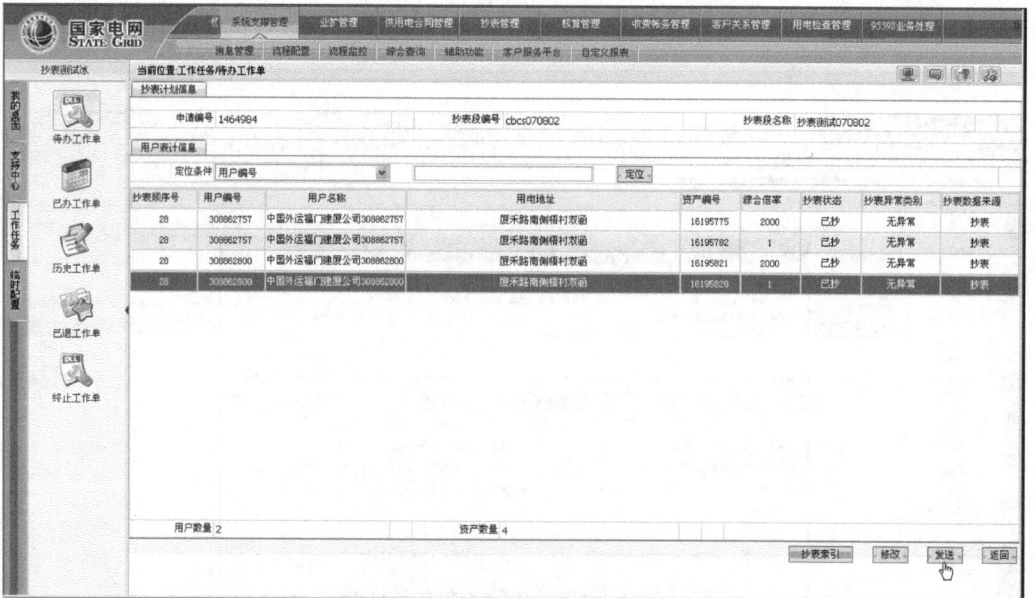

图 8-11　发送抄表数据

（5）单击"发送"按钮后，弹出对话框，提示流程发送到下一步"抄表示数复核"环节，如图 8-12 所示。

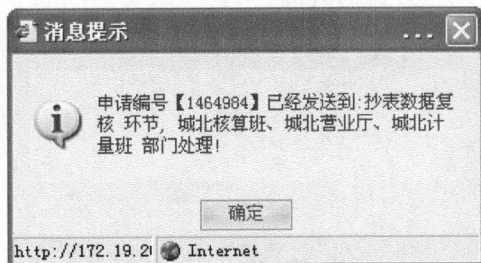

图 8-12　抄表数据发送完成提示

微课22

定期开展抄表
质量检查

任务拓展

选取抄表例日为 8 号的抄表段进行抄表参数录入并传至下一环节"抄表数据复核"。

任务评价

任务完成后，根据表 8-7 所列考核要求对学生进行综合评价。

表 8-7 任务实施评价标准表

考核点	考核要求	分值	得分
操作准备	遵循实训室管理规定，规范着装，正确佩戴和使用劳动防护用品，掌握工作中的危险源，明确安全防范措施	5	
抄表	"查询"：根据选填的查询条件，查询出满足条件的抄表计划信息	5	
	"数据准备"：将勾选的一条或多条抄表计划信息做数据准备处理，并发送到下一环节	10	
	"返回"：可以关闭该页面，回到上一操作页面	5	
	"定位"：根据定位的条件，及后面的数据，定位需要查询的抄表数据	10	
	"抄表索引"：单击"抄表索引"按钮，跳转到"抄表清单打印"页面，勾选需要打印的抄表数据，打印抄表清单	10	
	"修改"：修改选中的抄表信息	10	
	"发送"：发送抄表计划到下一环节，即抄表数据准备环节	10	
	如果抄表数据有异常，应该选择"异常类别"和"示数状态"信息，以便之后的审核工作的进行	10	
	不允许对销户用户做数据准备	5	
	不允许处理非本单位的数据准备	5	
	抄表数据准备在抄表例日前完成	5	
	一次抄表计划对应一次抄表准备	5	
任务结束	严格执行作业指导书，操作行为规范，退出营销业务系统，关闭计算机，恢复工位，保持清洁	5	
总分		100	

电 费 核 算

【情境描述】

本情境设计了三项工作任务，分别是"目录电度电费计算""居民阶梯电费计算"和"电量电费计算操作"。本情境的核心知识点为电费计算的规则、规定，关键技能项为电量电费计算与系统流程操作。

【情境目标】

（1）知识目标：了解计费参数的来源，熟悉计算的要求，掌握电费计算的相关规则、规定。

（2）能力目标：能够胜任简单的电费审核工作，能够正确计算电费，完成电费核算的操作。

（3）素质目标：通过任务实施，保证计费数据正确，树立细心、严谨、公平公正的岗位态度。

任务一　目录电度电费计算

任务描述

本任务以某 315kVA 工业客户相关用电信息及 4 月份抄见表码为背景，计算该客户4 月份的抄见电量计算、主分表扣减、变损电量、目录结算电量、电费。

任务目标

通过本任务操作了解电费计算的步骤，正确计算客户目录电度电费。

知识准备

电量电费计算是根据用电客户的抄表数据、用电客户档案信息以及执行的电价标准进行用电客户各类型电量、电费的计算。电量计算是对抄见电量、变压器损耗电量、线路损耗电量、扣减电量（主分表、转供、定比定量）、退补电量各种类型电量进行计算，得出结算电量；再通过结算电量和相应的电价，计算出各种电费。电费计算包括目录电度电费、基本电费、功率因数调整电费、代征电费等各电费类型的计算。

根据本次示数、上次示数、综合倍率计算出抄见电量的方法如下：

$$抄见电量＝（本次示数－上次示数）×综合倍率$$

主表下存在多个同级分表，主表扣减分表电量的顺序为：首先扣减被转供户的电量；其次扣减实抄分表电量；再次扣减定比定量电量。

主分表扣减之前需先把各分表的抄见电量计算完毕。若用电客户是转供户，则其被转供户统一视为分表参与电量计算。转供户转供出去的电量不参与其自身的电费结算，应从转供户中扣除。若分时表的峰、平、谷电量之和与总电量不相等时，以总、峰、谷三个示数为基准，平电量等于总电量与峰、谷电量之差。

为便于电量电费的清晰计算，通常对于计算期有变更用电的用电客户，其电量电费采用分段计算的处理方式具体操作如下：

（1）如有计费参数发生变化（如用户使用电价变化、基本电费算法变化、变压器容量变化、功率因数标准变化、计量方式变化、过户、改类等）的业务变更，变更前后分别计算；如仅换表，而未发生上述计费参数变化的，按正常方式计算；

（2）分次结算客户，除月末最后一次计算，其余只按抄见电量计算目录电度电费和代征电费。

设备准备

所需设备为计算器，具体要求见表 9-1。

表 9-1　　　　　　　　　　　　　　设备及要求

工器具准备序号	工器具名称	规格	单位	数量
1	计算器	具备三角函数计算功能	个	1

材料准备

所需材料要求具体见表 9-2。

表 9-2　　　　　　　　　　　　　　所需材料及要求

序号	材料名称	单位	数量
1	作业指导书	份	1
2	单元教学设计	份	1

序号	材料名称	单位	数量
3	安全交底签字表	份	1
4	课程标准	份	1
5	班前班后会记录	份	1
6	实训日志	份	1
7	电价表	份	1

任务实施[1]

一、召开班前会

（1）进行学生考勤、课前点名。

（2）召开班前会，实训项目操作前，向学生进行安全交底，详细说明操作过程中存在的危险点、操作注意事项、安全防范措施和实训室管理规定；指导学员签署安全实训承诺书。

（3）填写培训日志、班前会记录。

二、任务案例设定

某 315kVA 工业客户相关用电信息（采用 10kV 高压供电，高压侧计量，已知客户电流互感器为 25/5），3、4 月份抄见表码见表 9-3。假设该客户用电按照性质分为生产、办公照明两种，计算该客户 4 月份的抄见电量、主分表扣减、变损电量、目录结算电量、电费。

表 9-3   某 315kVA 工业客户 3、4 月份抄见表码

	月份	总	峰	谷	平	无
总表	3	2600	750	830	1020	1900
	4	2900	860	920	1120	2100
子表	3	1890	642	470	778	
	4	3400	1160	850	1389	

该地工商业及其他用电 1～10kV 目录电价见表 9-4。

表 9-4   该地工商业及其他用户 1～10kV 目录电价

用电类型	峰	平	谷
生产电价（元/kWh）	0.8948	0.6062	0.3177
办公照明电价（元/kWh）	0.8998	0.6089	0.3180

---

[1]本任务人员准备、场地准备参考"情景八任务一"。

三、抄见电量计算

第1步：计算综合倍率。

$$综合倍率＝10\ 000/100\times25/5＝500$$

第2步：计算总表抄见电量。

$$总抄见电量＝(2900-2600)\times500＝150\ 000(kWh)$$

$$峰段抄见电量＝(860-750)\times500＝55\ 000(kWh)$$

$$谷段抄见电量＝(920-830)\times500＝45\ 000(kWh)$$

$$平段抄见电量＝150\ 000-55\ 000-45\ 000＝50\ 000(kWh)$$

第3步：计算照明结算电量。

$$总抄见电量(照明)＝(3400-1890)\times1＝1510(kWh)$$

$$峰段抄见电量(照明)＝(1160-642)\times1＝518(kWh)$$

$$谷段抄见电量(照明)＝(850-470)\times1＝380(kWh)$$

$$平段抄见电量(照明)＝1550-568-450＝612(kWh)$$

$$照明各时段抄见电量＝照明各时段结算电量$$

四、主分表扣减计算

微课23

电量扣减计算

计算生产分表的扣减的结算电量。

$$总结算电量(生产)＝150\ 000-1510＝148\ 490(kWh)$$

$$峰段结算电量(生产)＝55\ 000-518＝54\ 482(kWh)$$

$$谷段结算电量(生产)＝45\ 000-380＝44\ 620(kWh)$$

$$平段结算电量(生产)＝148\ 490-54\ 480-44\ 620＝49\ 388(kWh)$$

五、目录电度电费计算

微课24

目录电度电费计算

目录电度电费计算是依据用电客户的结算电量及该部分电量所对应的目录电度电价执行标准计算出来的电费，其中不含代征电费。

计算照明目录电度电费。

$$峰段目录电度电费(照明)＝518\times0.8998＝466.0964(元)$$

$$谷段目录电度电费(照明)＝380\times0.3180＝120.8400(元)$$

$$平段目录电度电费(照明)＝612\times0.6089＝372.6468(元)$$

计算照明目录电度电费。

$$峰段目录电度电费(生产)＝54\ 482\times0.8948＝48\ 750.4936(元)$$

$$谷段目录电度电费(生产)＝44\ 620\times0.3177＝14\ 175.7740(元)$$

$$平段目录电度电费(生产)＝49\ 388\times0.6062＝29\ 939.0056(元)$$

📚 任务拓展

（1）结合任务案例，假设该客户用电按照性质分为生产、宿舍照明两种，计算该客户的目录电度电费。

注意事项：

照明结算不执行分时，如果子表没有分时表码，套减前先按照总表各时段电量比例分解子表电量。

（2）结合任务案例，假设该客户低压侧计量，用电性质分为生产、宿舍照明两种。已知客户电流互感器为 600/5，有功变损为 960kWh，无功变损为 1210kvarh，计算该客户的目录电度电费。

注意事项：

计量方式改为低压侧计量，注意变损的分摊。

变损计算参照附录。

任务评价

任务完成后，根据表 9-5 所列考核要求对学生进行综合评价。

表 9-5　　　　　　　　　　　　任务实施评价标准表

考核点		考核要求	分值	得分
操作准备		遵循实训室管理规定，规范着装，正确佩戴和使用劳动防护用品，掌握工作中的危险源，明确安全防范措施	10	
电量	倍率	倍率计算错误扣 10 分	10	
	抄见电量计算	抄见电量计算错误扣 2 分，少计算一项扣 1 分	20	
	结算电量计算	（1）总表加上分摊变损变损后，峰、谷、平电量、无功电量计算错误，每项扣 2 分	20	
		（2）照明用电峰、谷、平电量计算错误，每项扣 2 分		
		（3）生产用电进行主分表扣减，峰、谷、平电量、无功电量计算错误，每项扣 2 分		
电价	结算电价计算	（1）生产、照明电价查询错误每项扣 4 分	15	
		（2）峰、谷电价计算错误每项扣 2 分		
电费	目录电度电费计算	各分类峰、谷、平、总电费计算错误，每项扣 2 分	15	
任务结束		严格执行作业指导书，操作行为规范，恢复工位，保持清洁	10	
总分			100	

任务二　居民阶梯电费计算

任务描述

本任务以某居民客户 1~12 月的抄见电量为背景，按年、月两种计算方式计算该客户 1~12 月份电费。

任务目标

通过本任务的操作能够了解居民阶梯电费计算的步骤，能够正确计算居民客户阶梯电费。

知识准备

阶梯电价是阶梯式递增电价或阶梯式累进电价的简称，是指把户均用电量设置为若干个阶梯分段或分档次定价计算电费。居民阶梯电价是指将现行单一形式的居民电价，改为按照用户消费的电量分段定价，用电价格随用电量增加呈阶梯状逐级递增的一种电价定价机制。

阶梯电费计算公式为

总电费＝第一档电费＋第二档电费＋第三档电费

第一档电费＝第一档标准以内的电量×第一档电价

第二档电费＝超出第一档标准并且在第二档标准以内的电量×第二档电价

第三档电费＝超出第二档标准的电量×第三档电价

实行"一户一表"的城乡居民用电户执行阶梯电价。居民用户原则上以住宅为单位，一个房产证明对应的住宅为一"户"。没有房产证明的，以供电企业为居民安装的电能表为单位。

对家庭户籍人口在 5 人（含 5 人）以上的用户，每月增加阶梯电价基数（各省有差异）。

微课25

居民阶梯电价的电量分档和电价确定

任务实施[注]

一、召开班前会

（1）进行学生考勤、课前点名。

（2）召开班前会，实训项目操作前，向学生进行安全交底，详细说明操作过程中存

[注]本任务设备准备、材料准备、人员准备、场地准备参考"情景九任务一"。

在的危险点、操作注意事项、安全防范措施和实训室管理规定；指导学员签署安全实训承诺书。

（3）填写培训日志、班前会记录。

二、任务案例设定

某居民客户1～12月的抄见电量见表9-6，按年、月两种计算方式计算该客户1～12月份电费。

表 9-6　　　　　　　　　　　　某居民客户 1～12 月抄见电量

时间	1月	2月	3月	4月	5月	6月	7月	8月	9月	10月	11月	12月
抄见电量（kWh）	280	290	280	250	260	380	390	390	250	260	390	390
累计电量（kWh）	280	570	850	1100	1360	1740	2130	2520	2770	3030	3420	3810

三、月阶梯电费计算

1. 电量分档及加价标准

月标准：月结算电量＝分档电量（见表9-7）。

表 9-7　　　　　　　　　　　月阶梯电量分档及加价标准

电价标准	分档电量（kWh）	月结算电量（kWh）
第一档	180 及以下	180 及以下
第二档	181～310	181～310
第三档	310 以上	310 以上

居民月用电量分为三个档次，第一档维持现行电价标准；第二档在第一档电价的基础上，每度加价 0.05 元；第三档在第一档电价的基础上，每度加价 0.3 元。

假设：居民生活照明电价为 0.5 元/kWh。

2. 电费计算

$$1 月电费＝180×0.5＋100×0.55＝145（元）$$
$$6 月电费＝180×0.5＋130×0.55＋70×0.8＝217.5（元）$$

其他月份电费参照1、6月电费计算步骤。

四、年阶梯电费计算

1. 电量分档及加价标准

年标准：年分档电量＝分档电量×12（见表9-8）。

表 9-8 年阶梯电量分档及加价标准

电价标准	分档电量（kWh）	年分档电量（kWh）
第一档	180 及以下	2160 及以下
第二档	181~310	2161~3720
第三档	310 以上	3720 以上

居民月用电量分为三个档次，第一档维持现行电价标准；第二档在第一档电价的基础上，每度加价 0.05 元；第三档在第一档电价的基础上，每度加价 0.3 元。

假设：居民生活照明电价为 0.5 元/kWh。

2. 电费计算

$$1 月电费＝280×0.5＝140（元）$$
$$8 月电费＝30×0.5＋360×0.55＝213（元）$$
$$12 月电费＝300×0.55＋90×0.8＝237（元）$$

其他月份电费参照 1、8 月电费计算步骤。

任务拓展

各省的气候特点不同，阶梯电价分为按年或按月为周期执行。居民用户发生用电变更，按照实际用电月份数计算分档电量，用电不足一个月的按一个月计算。

练习变更用户阶梯电费计算：

某居民客户 2017 年 7 月 19 日新装用电，该户每月固定抄表时间为每月 5 日，客户 2017 年 8~12 月每月的抄见电量见表 9-9（设第一档电量为 220kWh，第二档电量为 310kWh，第三档电量大于 310kWh），按月方式计算客户 8~12 月份电费。

表 9-9 某居民客户 2017 年 8~12 月抄见电量

时间	8 月	9 月	10 月	11 月	12 月
抄见电量（kWh）	230	260	245	380	390
累计抄见电量（kWh）	230	490	735	1115	1505

🔧 任务评价

任务完成后，根据表 9-10 所列考核要求对学生进行综合评价。

表 9-10 任务实施评价标准表

考核点		考核要求	分值	得分
操作准备		遵循实训室管理规定，规范着装，正确佩戴和使用劳动防护用品，掌握工作中的危险源，明确安全防范措施	5	
电量	分档标准	选择或计算错误扣 2 分	10	
	结算分档电量	每档电量错误扣 5 分，少计算一项扣 5 分	25	
	结算分时电量	分时段电量错误扣 5 分，少计算一项扣 5 分	20	
电价	结算电价计算	分档电价错误每项扣 5 分	25	
电费	电度电费计算	各分档、分段、总电费计算错误，每项扣 5 分	10	
任务结束		严格执行作业指导书，操作行为规范，恢复工位，保持清洁	5	
总分			100	

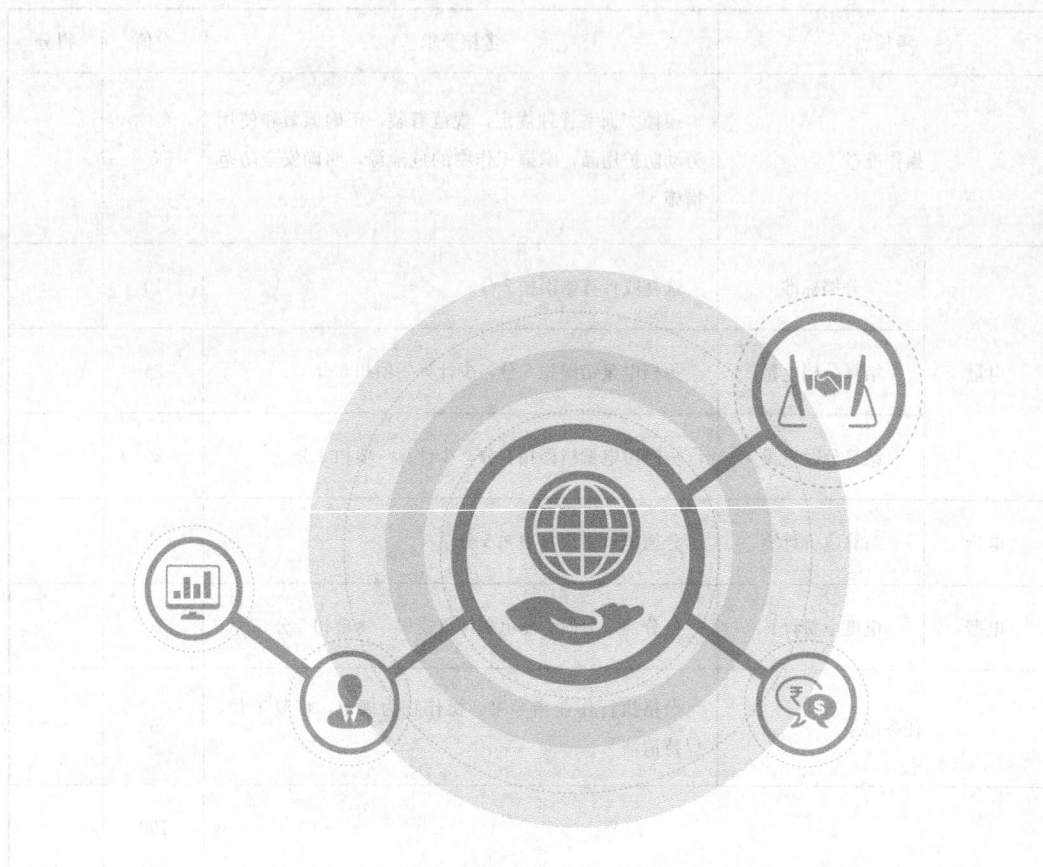

任务三　电　费　核　算

📽️ 任务描述

本任务借助营销业务应用系统中的电费计算模块，完成对指定抄表计划的抄表数据的电费计算、审核。

⌨️ 任务目标

通过本任务学习能够在营销业务应用系统的电费计算模块中顺利完成电费核算。

📖 知识准备

电费核算是电费管理的中枢，是对抄表读数复核后根据合同确认的容量及电价进行电费计算，并对电费计算结果进行校核处理的全过程管理。核算的质量影响到电费能否按照规定及时准确地收回、账目是否清楚以及统计数字是否准确。

电费核算的总体工作要求如下：

（1）按照《国家电网公司营业抄核收工作管理规定》，加强电量电费核算管理，确保电量电费核算的各类数据及参数的完整性、准确性和安全性。

（2）电量电费计算必须有可靠的数据备份和保存方法，确保数据的安全。

（3）电量电费计算必须记录中间过程数据，形成电量电费计算日志。

（4）电价管理要有严格的管理权限，并有操作记录备查。

（5）电费算法严格按照《供电营业规则》、发改委政策文件中的规定进行设计。

（6）电量电费审核严格按照《国家电网公司营业抄核收工作管理规定》要求进行审核。

（7）在电价政策调整、数据编码变更、营销业务应用系统软件修改、营销业务应用系统故障等事件发生后，应对电量电费进行试算并对各类客户的计算结果进行重点抽查审核。

（8）建立电量电费差错统计、分析和差错考核制度。

🎥 任务实施❶

一、召开班前会

（1）进行学生考勤、课前点名。

---

❶本任务设备准备、材料准备、人员准备、场地准备可参考"情景九任务一"。

（2）召开班前会，实训项目操作前，向学生进行安全交底，详细说明操作过程中存在的危险点、操作注意事项、安全防范措施和实训室管理规定；指导学员签署安全实训承诺书。

（3）填写培训日志、班前会记录。

二、电费计算

电费计算即对完成录入抄表数据，并经过抄表复核后的抄表段进行电费计算的过程，电费计算通常采用系统自动计算，人工审核的方式。

（1）登录系统，单击"工作任务＞＞待办工作单"，选择对应抄表段的工单（当前状态为电量电费计算），双击或者选中后单击"处理"按钮，显示如图 9-1 所示的"电量电费计算"初始页面。

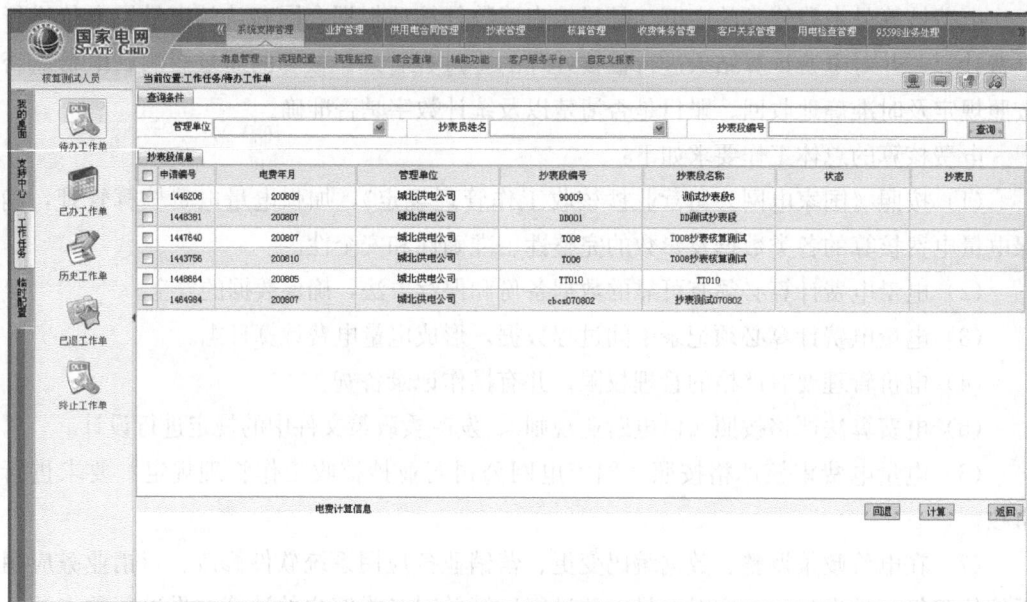

图 9-1 "电量电费计算"初始页面

（2）勾选抄表段信息，单击"计算"按钮，如图 9-2 所示页面。

（3）提示发送到"电量电费审核"环节，如图 9-3 所示。

三、电费审核

电费审核即对抄表段电费计算后中的计算数据进行审核的过程，目前电费审核主要为人工审核线上审核，以后将过渡为人工后台设置审核参数，系统自动审核，异常人为干预的方式。

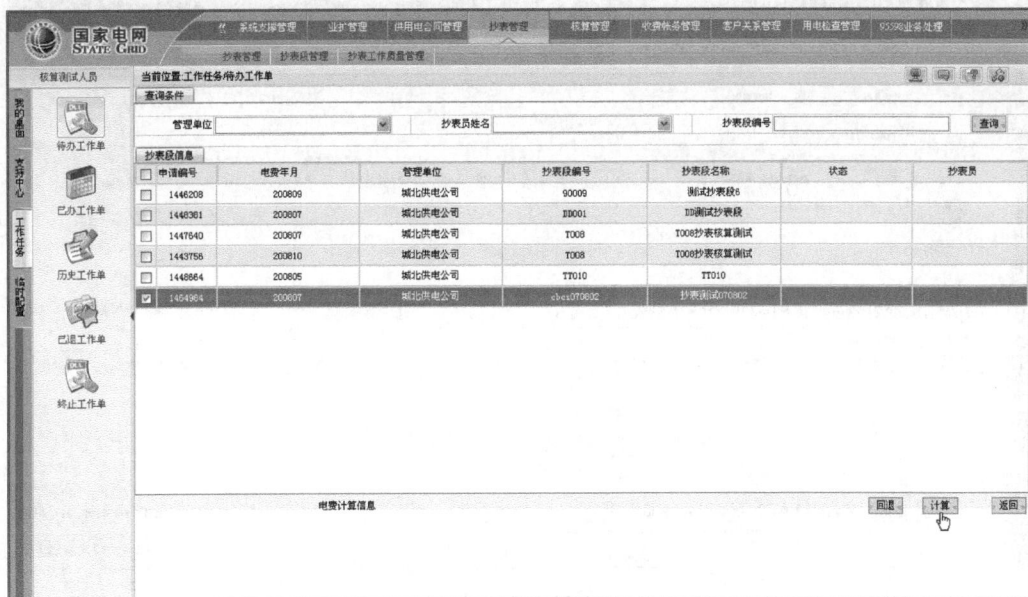

图 9-2　电量电费计算

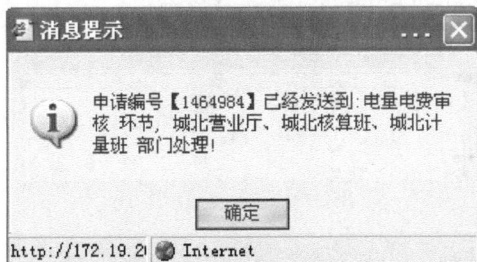

图 9-3　发送成功提示

（1）登录系统，单击"工作任务＞＞待办工作单"，选择工单，双击或者选中后单击"处理"按钮，显示如图 9-4 所示"电量电费审核"初始页面。系统默认显示"当前月信息"和"电费计算日志"两个 TAB 页中的内容。"当前月信息"TAB 页显示的内容以抄表顺序和用户编号排序。

（2）如图 9-5 所示，在"比较月份"中输入相应需要比较的月份，单击"查询"按钮，则"比较月份信息"显示"当前月信息"中的用户在"比较月份"中的电量电费情况。其中，电量（电费）变化（％）＝（本次－上次）/上次×100。双击选中的用户内容可显示详细的电费明细。如用户的单位与比较月的单位不一致，则查询不到比较月的电量电费信息。

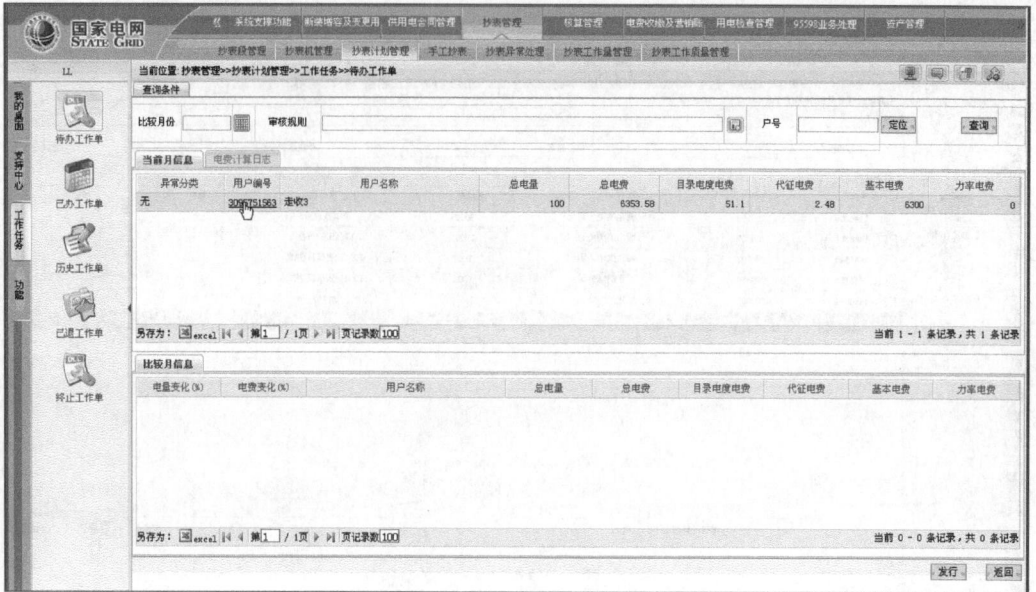

图 9-4　"电量电费审核"初始页面

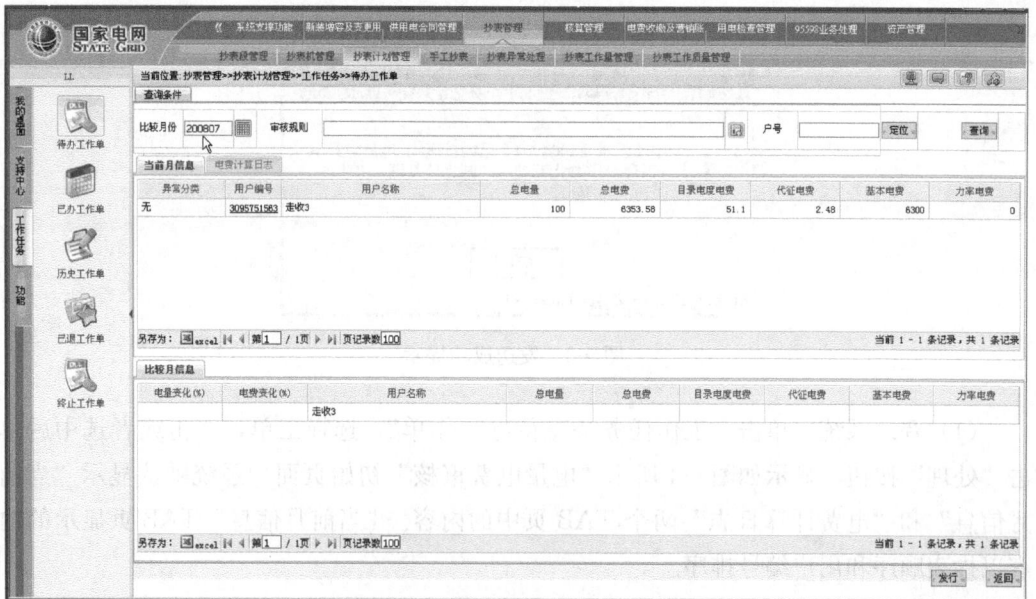

图 9-5　"电量电费审核"页面

（3）单击"审核规则"后 🔲 按钮，系统将弹出"审核规则"的页面，如图 9-6 所示。选中某条审核规则后，规则可以多选，但一次选中的规则的权重值不能超过 500。在"参数栏"可对应默认值，修改当前需要的参数值，单击"参数确认"按钮，则使输入的参数在当前操作中有效，单击"参数保存"按钮则修改数据库中的参数默认值。

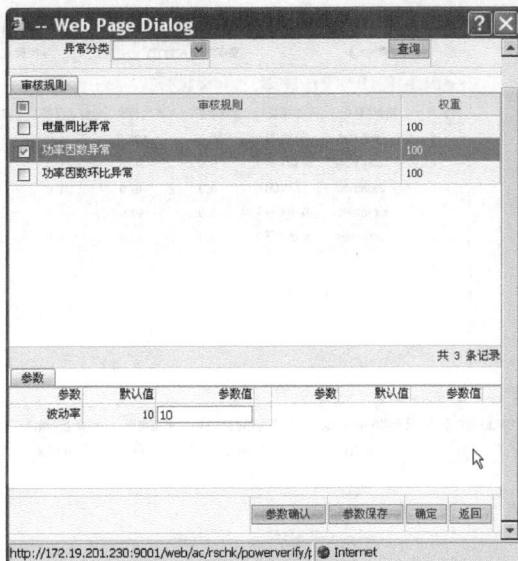

图 9-6 审核规则

（4）单击"确定"按钮，系统将返回到主窗口后，单击"查询"按钮，则显示相应的异常用户，如图 9-7 所示。若选择了相应的规则，则"异常分类"列以序号（1，2，3等）显示当前记录的异常分类，序号表示当前记录是当前选中的第几个异常，一条记录可以是多个异常。若未选择异常规则，则显示当前传单的所有用户，同时"异常分类"列显示"无"。

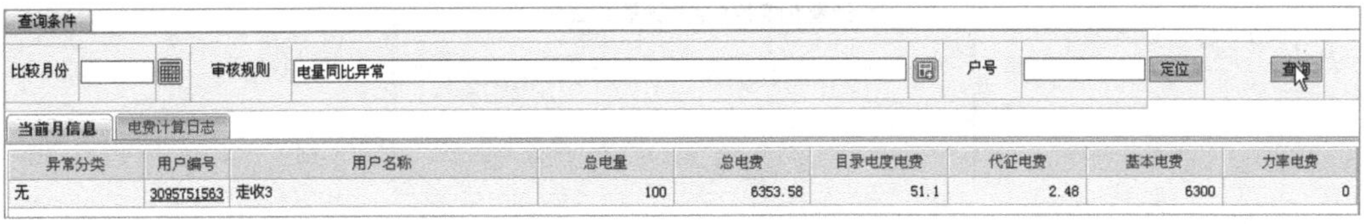

图 9-7 电量电费审核（电量同比异常）

（5）如图 9-8 所示页面，双击"当前月信息"TAB 页面中的用户，系统将弹出详细的电费明细，如图 9-8 所示。

（6）在"计量点树图"审核计量点关系，如图 9-9 所示页面。

（7）在"计量点树图"的右侧有"抄表数据""计量点电量""变压器快照""线路快照"四个 TBA 页，可审核电量信息，如图 9-10 所示。

（8）在"计量点树图"的下面有"目录电费""代征电费明细""基本电费明细""功率因数调整电费明细""变压器损耗"五个 TBA 页，可审核电费信息，如图 9-11 所示。

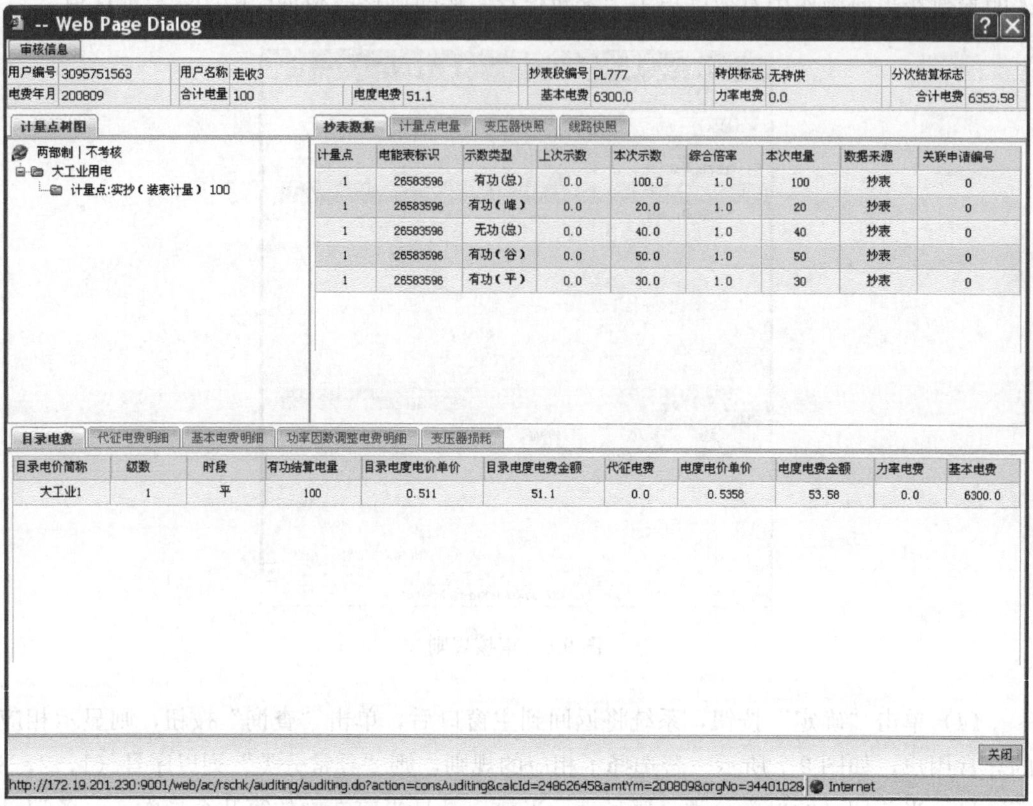

图 9-8　电量电费审核（电费明细）

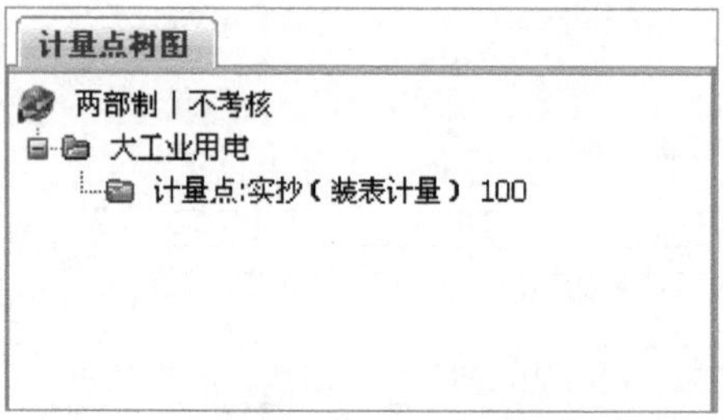

图 9-9　电量电费审核（计量关系审核）

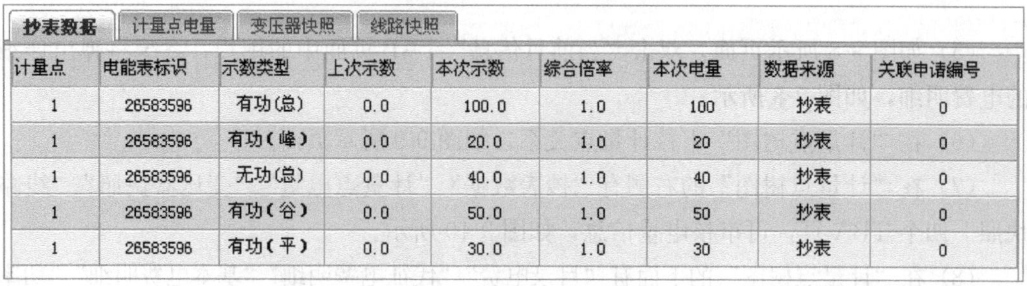

抄表数据	计量点电量	变压器快照	线路快照					
计量点	电能表标识	示数类型	上次示数	本次示数	综合倍率	本次电量	数据来源	关联申请编号
1	26583596	有功(总)	0.0	100.0	1.0	100	抄表	0
1	26583596	有功（峰）	0.0	20.0	1.0	20	抄表	0
1	26583596	无功(总)	0.0	40.0	1.0	40	抄表	0
1	26583596	有功（谷）	0.0	50.0	1.0	50	抄表	0
1	26583596	有功（平）	0.0	30.0	1.0	30	抄表	0

图 9-10　电量电费审核（计量点电量审核）

目录电价简称	级数	时段	有功结算电量	目录电度电价单价	目录电度电费金额	代征电费	电度电价单价	电度电费金额	力率电费	基本电费
大工业1	1	平	100	0.511	51.1	0.0	0.5358	53.58	0.0	6300.0

目录电费 代征电费明细 基本电费明细 功率因数调整电费明细 变压器损耗

图 9-11　电量电费审核（计量点电费审核）

（9）单击"关闭"按钮，系统将返回到主窗口后。审核不通过，则单击"返回"按钮；审核通过，则单击"发行"按钮，发行电费。

微课26

电费回收的重要性

任务拓展

将情境八中完成抄表任务的工单进行计算，核对计算结果并将电费发行。

任务评价

任务完成后，根据表 9-11 所列考核要求对学生进行综合评价。

表 9-11   **任务实施评价标准表**

考核点	考核要求	分值	得分
操作准备	遵循实训室管理规定，规范着装，正确佩戴和使用劳动防护用品，掌握工作中的危险源，明确安全防范措施	5	
计算审核	"查询"：根据选填的查询条件，查询出满足条件的电费计算抄表段信息	5	
	正确勾选抄表段信息，单击"计算"按钮	5	
	正确调取当前月信息和电费计算日志两个 TAB 页中的内容，缺少一项扣 5 分	10	
	显示"当前月信息"，记录查询比较结果，缺少一项扣 5 分	15	
	正确选择审核规则后，缺少或错选一项扣 5 分	10	
	按相应的规则记录审核的异常用户，缺少或错记一项扣 5 分	15	
	保存系统将弹出的电费明细	10	
	记录审核电费信息，缺少或错记一项扣 5 分	15	
	审核通过，发行电费	5	
任务结束	严格执行作业指导书，操作行为规范，退出营销业务系统，关闭计算机，恢复工位，保持清洁	5	
总分		100	

电 费 收 缴

【情境描述】

本情境设计了两项工作任务，分别是"电费收缴、冲正及解款"和"电费违约金的暂缓（减免）"。本情境的核心知识点为电费收取和减免的规则、规定，关键技能项为柜台收费与违约金减免。

【情境目标】

（1）知识目标：熟悉电费查询操作，掌握坐收电费及电费违约金暂缓的操作。

（2）能力目标：掌握坐收电费的操作要求，能够以坐收方式坐收完成电费收取。

（3）素质目标：通过任务实施，保证在操作过程中的电费回收数据正确，账目详实准确，树立细心、严谨、公平公正的岗位态度。

任务一　电费收缴、冲正及解款

任务描述

本任务模拟某客户到供电营业厅缴纳电费的场景，对某一收费数据，以坐收方式完成收费、冲正及解款的收费操作。

任务目标

熟悉电费收取工作要求，掌握坐收电费收取冲正及解款的要求及操作步骤。

知识准备

电费审核无误后，通过电费发行形成客户的应收电量电费，即进入了电费收取过程，电费收取是电费管理的最终环节，是反映电力企业所生产的电力商品的价值及经营成果的货币表现，是电力企业的一项重要经济指标，电费收取工作坚持实事求是、客观公正的原则。

目前电费收费渠道众多，用电客户可通过采用坐收、走收、代收、代扣、特约委托、充值卡缴费、卡表购电、负控购电、银行自助、POS机刷卡、远程费控多种缴费方式结清电费，方便客户的同时又有利于供电企业及时高效地回电费。

电费收取工作要求如下：

（1）严格做到准确、全额、按期收缴电费，按照财务制度规定开具电费发票及相应收费凭证。任何单位和个人不得随意减免应收电费。

微课27

电费滞纳金
计收

（2）电费发行后，电量电费信息应及时以电子账单方式或其他与电力客户约定的方式告知电力客户。账单内容包括本期电量电费信息、交费方式、交费时间、服务电话及网站等。

（3）电费收取应做到日清日结，收费人员每日将现金交款单、银行进账单、当日实收电费汇总表传递至电费账务人员。

（4）严格执行电费收费、账务处理、账务审核等不相容岗位分离制度，不相容岗位不得混岗。

任务实施[1]

一、召开班前会

（1）进行学生考勤、课前点名。

（2）召开班前会，实训项目操作前，向学生进行安全交底，详细说明操作过程中存在的危险点、操作注意事项、安全防范措施和实训室管理规定；指导学员签署安全实训承诺书。

（3）填写培训日志、班前会记录。

二、坐收收费及冲正

坐收收费是用户到电力营业厅柜台缴费的收费方式。坐收收费提供用电客户缴费、预收及打印票据的功能。

（1）登录系统，单击"电费收缴及营销账务管理＞＞客户缴费管理＞＞功能＞＞坐收收费"，如图10-1所示。

（2）单击"发票号码"或者"收据号码"后的 按钮，如图10-2所示，在弹出的"设置票据号码段"页面中，选择"票据类型"，单击"查询"按钮进行查询，在查询结果中选中一条记录，自动显示"票据号码"。可根据实际情况对"票据号码"进行修改，确认无误后，单击"保存"按钮保存并返回，如图10-3所示，系统在"发票号码"处显示出当前票据号码。

---

[1]本任务设备准备、材料准备、人员准备、场地准备参考"情景八任务一"。

图 10-1　坐收收费

图 10-2　当前票据号码段

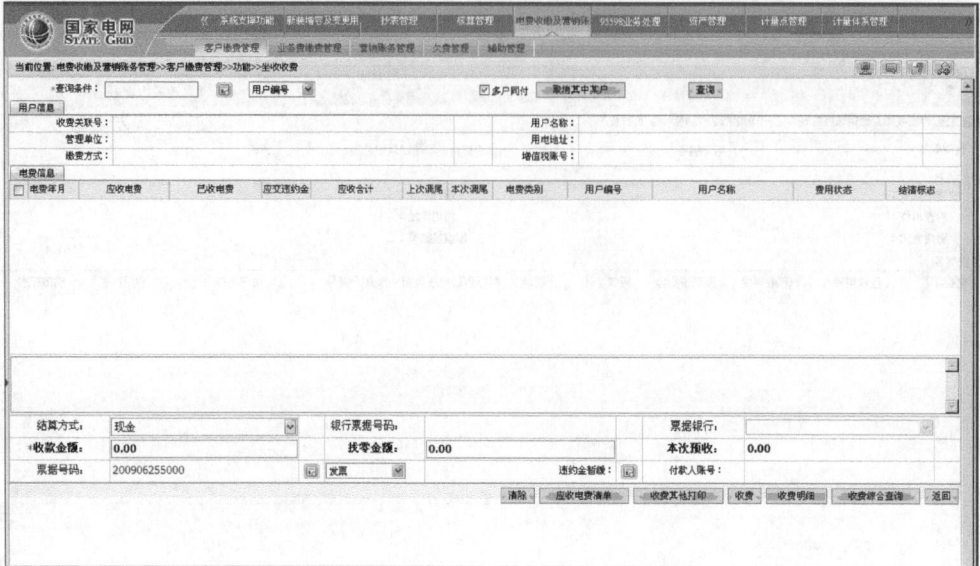

图 10-3　坐收收费

（3）在"用户编号"处输入需收费用户的用户编号，按回车键或单击"查询"按钮，查询出该用户欠费信息，如图 10-4 所示。

图 10-4　用户欠费信息

（4）如图 10-5 所示，可根据实际情况选择"结算方式"。如果"结算方式"选择为"支票"或"汇票"等，则须输入"票据号码"并选择"票据银行"。

图 10-5　结算方式

（5）输入"收款金额"，默认为经过取整处理后的合计总金额，如果"实收金额"大于合计总金额，则系统自动计算出应退金额。

（6）单击回车，系统操作对象自动跳转到"应找金额"，如果不想找零，可填入 0，将剩余金额作为预收收取，系统自动算出预收金额。

（7）单击回车，系统操作对象自动跳转到"收费"按钮，确认无误后，单击回车或单击"收费"按钮进行收费。

（8）单击"收费明细"按钮，进入收费明细查询页面。选择"收费时间"和"结算方式"，单击"查询"按钮，可查询出本操作员的收费信息，如图 10-6 所示。

（9）对于需要进行收费撤换的用户，选中该用户尚未解款的收费记录，输入"冲正原因"，单击"冲正"按钮，可将本条收费撤还，如图 10-7 所示，如果已经解款，则无法撤还。

（10）系统提示"确定要冲正该笔收费"，如图 10-8 所示，单击"确定"按钮，则对该笔费用进行撤还，单击"取消"按钮，则返回。

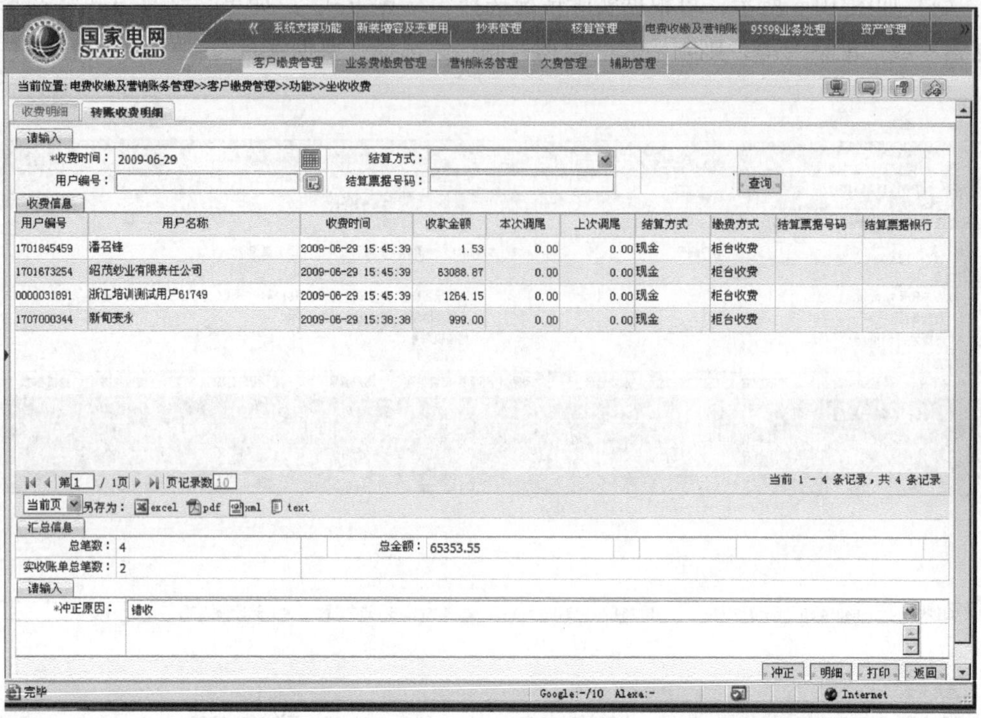

图 10-6　收费信息

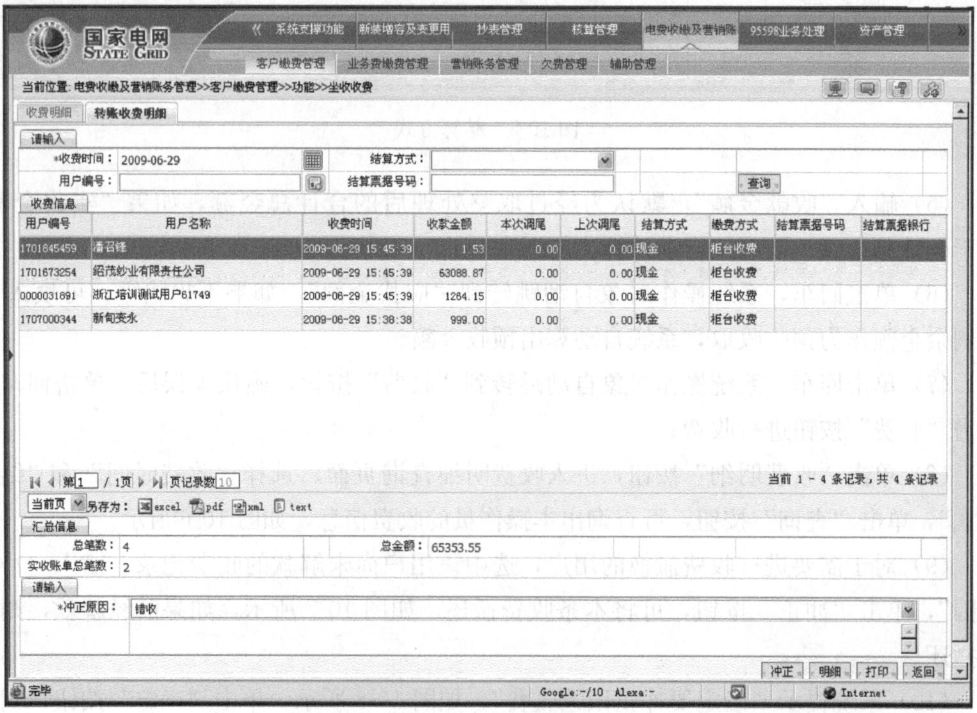

图 10-7　收费撤还

（11）单击"打印"按钮，可打印所显示明细。

（12）单击"解款"按钮，可跳转到解款页面，解款的具体操作，请参见解款部分操作文档。

三、解款

图 10-8 确定要冲正该笔收费

解款提供统计生成日实收电费、业务费交接报表，并统计打印解款单、进账单的功能。

（1）登录系统，单击"电费收缴及营销账务管理＞＞客户缴费管理＞＞功能＞＞坐收收费＞＞收费明细＞＞解款"，如图 10-9 所示。

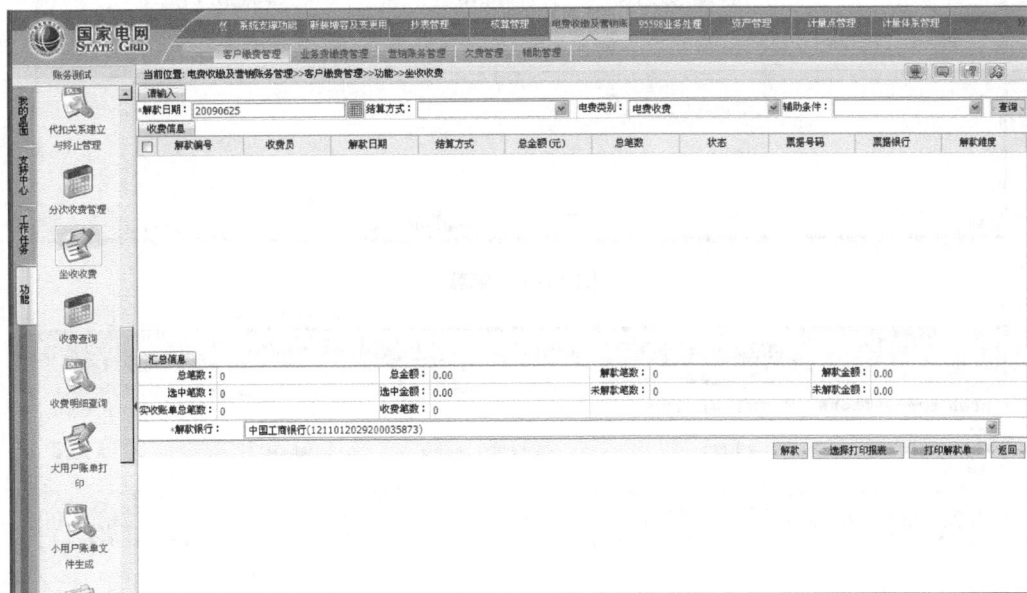

图 10-9 收费明细页面

（2）在"请输入"标签页输入查询条件，选择"解款日期""结算方式""电费类别"等查询条件，单击"查询"按钮，查询该收费员未解款的收费信息，然后单击☑选中需要解款的未解款记录，核对"选择笔数""金额"选择相应的解款银行，确定无误后单击"解款"按钮进行解款，如图 10-10 所示。

（3）解款后，需要打印现金解款单、解款交接报表和日实收电费交接报表，在解款界面，查询出解款记录，然后选中现金解款记录，单击"打印解款单"按钮，如图 10-11 所示。

（4）在打印现金解款单的预览窗口，单击"打印"按钮即可打印现金解款单，如图 10-12 所示。

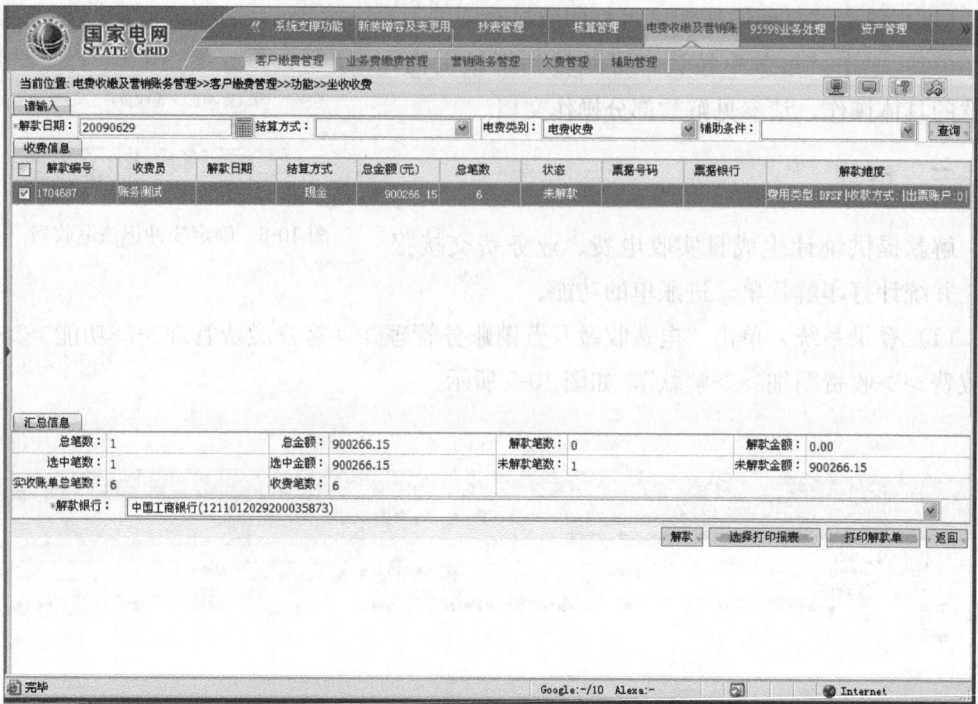

图 10-10 解款

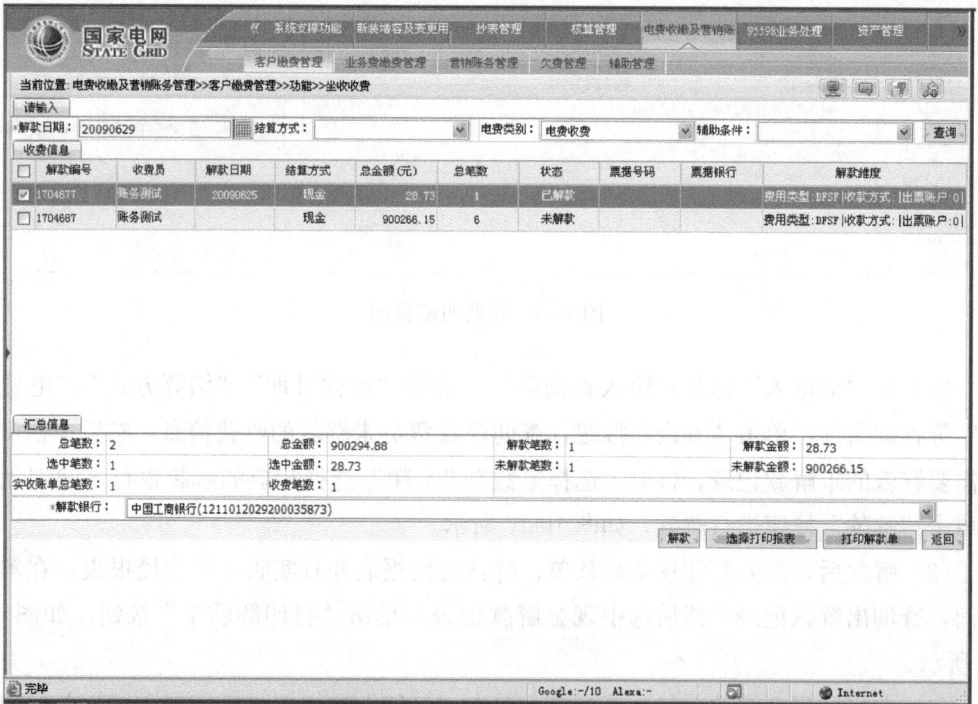

图 10-11 现金解款记录

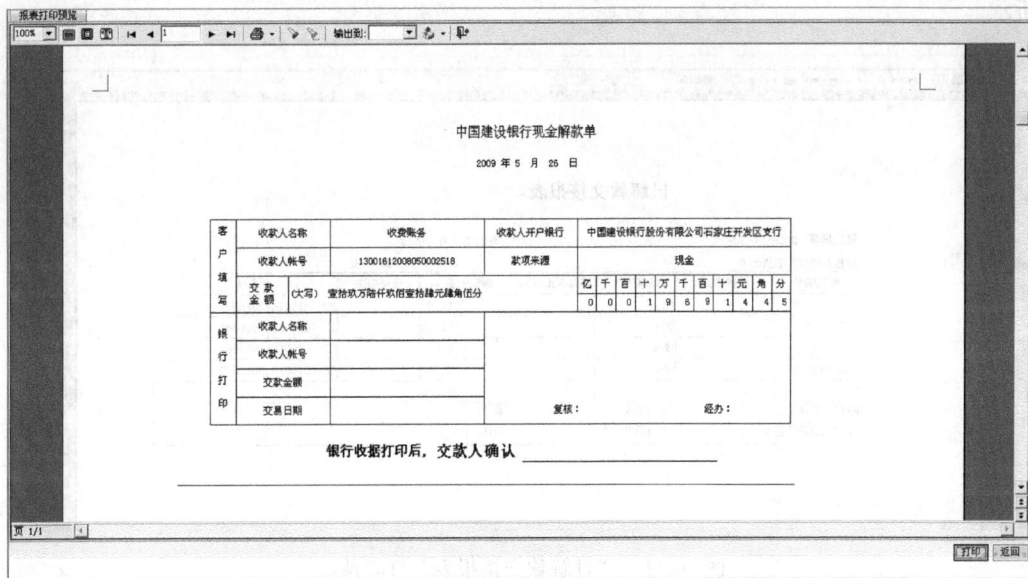

图 10-12　"现金解款单"打印

（5）在解款页面，单击"选择打印报表"按钮，在弹出的坐收解款页面对话框，选择解款日期、电费类别、缴费方式等选择条件，报表类型选择"解款交接报表"，然后单击"打印报表"按钮，如图 10-13 所示。

图 10-13　"解款交接报表"打印

(6）在预览打印“日解款交接报表”页面，单击“打印”按钮即可，如图 10-14 所示。

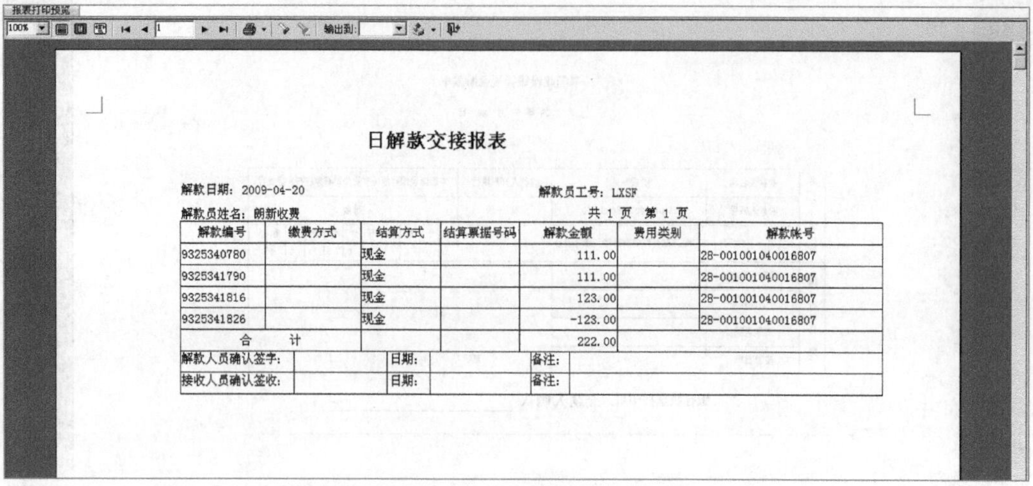

日解款交接报表

解款日期：2009-04-20　　　　解款员工号：LXSF

解款员姓名：朗新收费　　　　共 1 页　第 1 页

解款编号	缴费方式	结算方式	结算票据号码	解款金额	费用类别	解款帐号
9325340780		现金		111.00		28-001001040016807
9325341790		现金		111.00		28-001001040016807
9325341816		现金		123.00		28-001001040016807
9325341826		现金		-123.00		28-001001040016807
合　计				222.00		
解款人员确认签字:		日期:		备注:		
接收人员确认签收:		日期:		备注:		

图 10-14　“日解款交接报表”打印预览

(7）在弹出的坐收解款页面对话框，选择解款日期、电费类别、缴费方式等选择条件，报表类型选择“实收交接报表”，然后单击“打印报表”按钮，如图 10-15 所示。

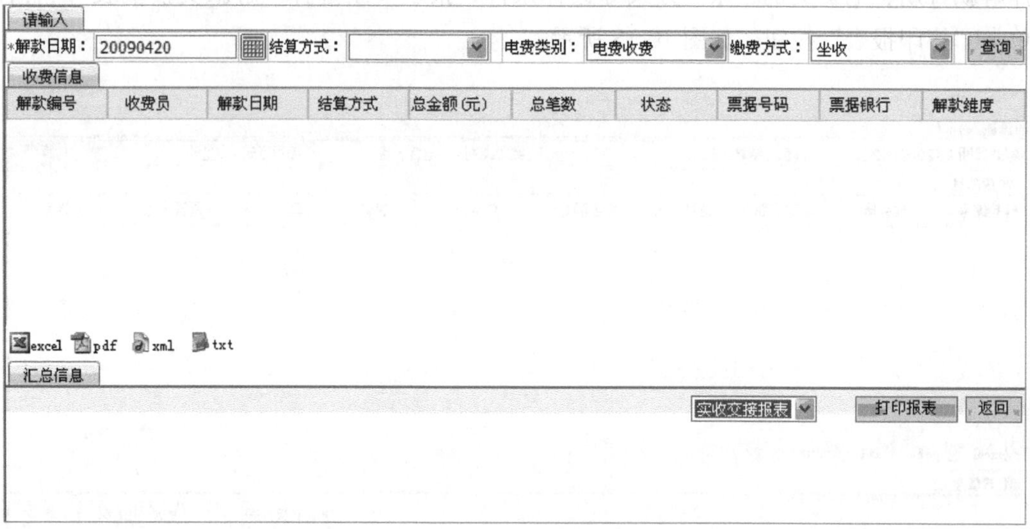

图 10-15　“实收交接报表”打印

(8）在预览打印“日实收交接报表”页面，单击“打印”按钮即可，如图 10-16 所示。

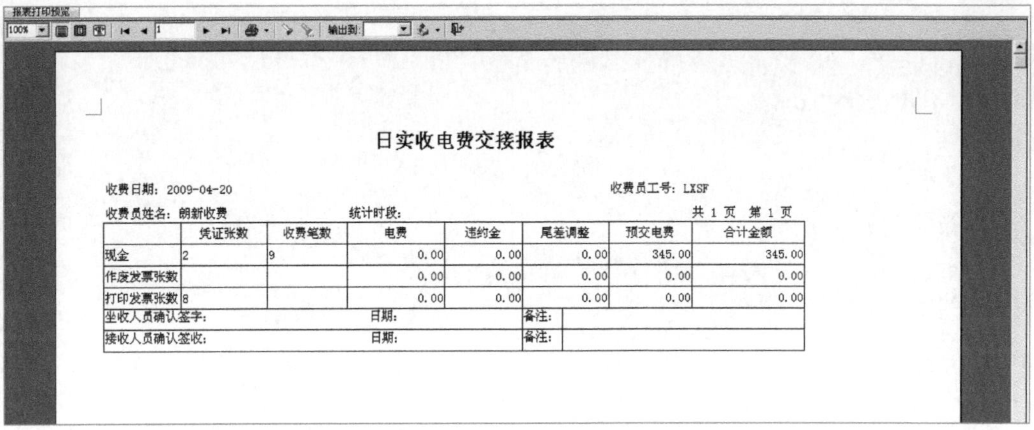

日实收电费交接报表

收费日期：2009-04-20　　收费员工号：LXSF

收费员姓名：朗新收费　　统计时段：　　共 1 页　第 1 页

	凭证张数	收费笔数	电费	违约金	尾差调整	预交电费	合计金额
现金	2	9	0.00	0.00	0.00	345.00	345.00
作废发票张数			0.00	0.00	0.00	0.00	0.00
打印发票张数	8		0.00	0.00	0.00	0.00	0.00
坐收人员确认签字：			日期：		备注：		
接收人员确认签收：			日期：		备注：		

图 10-16　“日实收交接报表”打印预览

任务拓展

（1）以坐收的方式收取情境九中发行的电费，并将收取的电费解款到银行中，记录解款凭证号码。

（2）练习欠费查询的操作。

（3）以坐收的方式，采用支票付款的结算方式收取一笔电费，并完成支票解款。

（4）完成一笔错收电费的冲正操作。

（5）完成一笔补打电费账单的操作。

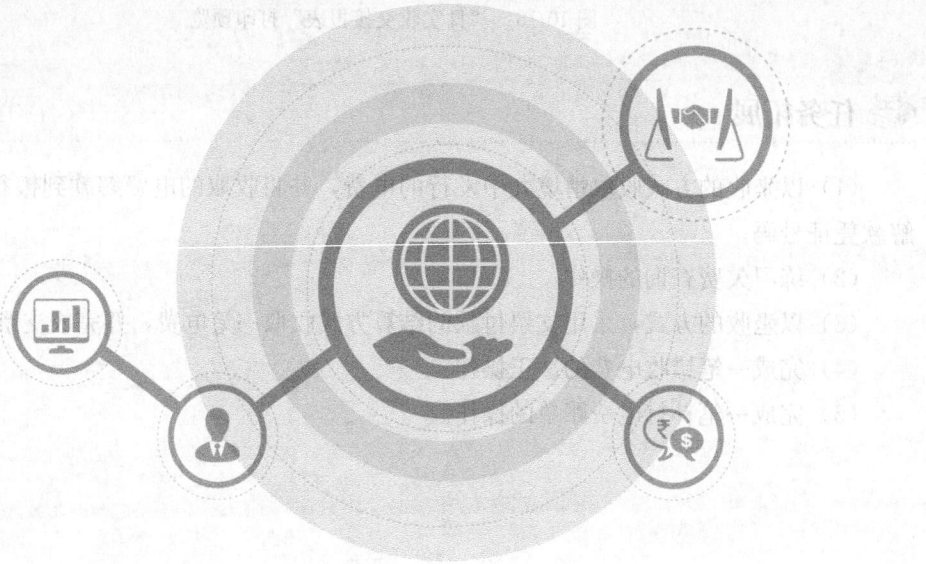

任务评价

任务完成后，根据表 10-1 所列考核要求对学生进行综合评价。

表 10-1 任务实施评价标准表

考核点	考核要求	分值	得分
操作准备	遵循实训室管理规定，规范着装，正确佩戴和使用劳动防护用品，掌握工作中的危险源，明确安全防范措施	10	
计算审核	"查询"：根据选填的查询条件，查询出满足条件的电费计算抄表段信息	5	
	正确勾选抄表段信息，单击"计算"按钮	5	
	正确调取当前月信息和电费计算日志两个 TAB 页中的内容，缺少一项扣 5 分	10	
	显示"当前月信息"，记录查询比较结果，缺少一项扣 5 分	15	
	正确选择审核规则后，缺少或错选一项扣 5 分	10	
	按相应的规则记录审核的异常用户，缺少或错记一项扣 5 分	15	
	保存系统将弹出的电费明细	10	
	记录审核电费信息，缺少或错记一项扣 5 分	10	
	审核通过，发行电费	5	
任务结束	严格执行作业指导书，操作行为规范，退出营销业务系统，关闭计算机，恢复工位，保持清洁	5	
总分		100	

任务二　电费违约金的暂缓（减免）

任务描述

本任务模拟某客户到供电营业厅缴纳电费时电费违约金暂缓的场景，以假定的用户编号进行电费违约金暂缓（减免）申请过程及电费违约金暂缓（减免）审批过程。

任务目标

通过本任务学习，了解电费违约金产生的原因，了解不同情况的违约金暂缓（减免）的流程，正确完成不同情况的电费违约金暂缓（减免）操作。

知识准备

一、电费违约金

《供电营业规则》中规定用户在供电企业规定的期限内未交清电费时，应承担电费滞纳的违约责任。电费违约金从逾期之日起计算至交纳日止。每日电费违约金按下列规定计算：

（1）居民用户每日按欠费总额的 1‰ 计算。

（2）其他用户：

1）当年欠费部分，每日按欠费总额的 2‰ 计算；

2）跨年度欠费部分，每日按欠费总额的 3‰ 计算。

电费违约金收取总额按日累加计收，总额不足 1 元者按 1 元收取。

《电力供应与使用条例》第三十九条规定，对逾期未交付电费的，供电企业可以从逾期之日起，每日按照电费总额的 1‰～3‰ 加收违约金，具体比例由供用电双方在供用电合同中约定；自逾期之日起计算超过 30 日，经催交仍未交付电费的，供电企业可以按照国家规定的程序停止供电。

二、电费违约金暂缓（减免）

根据《电力供应与使用条例》第三十九条规定：所有逾期付费的电费一律收取电费违约金。如有特殊情况需减免电费违约金的，应由客户提出申请，供电公司根据审批权限规定的职责对所属客户的电费违约金进行减免。

三、电费违约金暂缓（减免）履行手续

（1）营销系统违约金减免的申请及审批职责：

1）营业室负责居民客户的违约金减免；

2）各供电营业站、电费抄收组负责 100kW 以下非居民客户的违约金减免；

3）100kW 及以上客户违约金的减免需上报省公司营销部审批，35kV 及以上需报省公司分管副总。

（2）在营销系统的操作中，具体分为违约金暂缓（减免）申请及违约金暂缓（减免）审批，申请和审批的操作不得为同一人。申请人为营业员、抄表管理员、账务员，审批人为营业室组长、供电营业站站长、电费抄收（账务）组组长。

（3）对非居客户电费违约金的减免，要填写统一的减免审批单，居民单笔违约金暂缓（减免）的金额超过 100 元的，也需开具违约金减免审核单。物业等特殊批量付款的客户可以作为一个付款单位进行管理，开具书面单据，并附具体的明细清单。

（4）营业员不得随意减免电费违约金，需按照逐级审批减免的原则执行，按规定需书面审批的，必须看到书面审批单并核对正确后再进行操作。减免电费违约金的审批权限：

1）居民客户电费违约金的减免，由营业室组长或其授权人员进行审批；

2）100kW 以下非居民客户电费违约金的减免，由营销部电费抄收专职审批；

3）100kW 及以上客户电费违约金的减免，由营销部分管副主任进行审核，并上报省公司营销部审批，35kV 及以上需报省公司分管副总审批；

4）已实施欠费停电客户的电费违约金原则上不能减免，特殊原因需减免的，100kW 以下客户由电费专职审批。

（5）对书面审核后的减免审批单，一联由系统发起申请的业务人员附在电费发票上，另一联由系统审批人员进行留底、保存。

（6）减免审批单填写时要写明户名、地址、月份、减免金额、减免原因及审批人、审批日期。

（7）由于收款日与销根日差异造成的差额违约金由门收员进行减免操作。

（8）异地缴费的客户供电公司无减免权限一般不得减免违约金。

🔭 任务实施❶

一、召开班前会

（1）进行学生考勤、课前点名。

（2）召开班前会，实训项目操作前，向学生进行安全交底，详细说明操作过程中存在的危险点、操作注意事项、安全防范措施和实训室管理规定；指导学员签署安全实训承诺书。

---

❶本任务设备准备、材料准备、人员准备、场地准备参考"情景八任务一"。

（3）填写培训日志、班前会记录。

二、流程操作

1. 操作示意图

（1）不需书面审批的减免违约金申请流程如图 10-17 所示。

图 10-17 减免违约金申请流程（不需书面审批）

（2）需书面审批的减免违约金申请流程如图 10-18 所示。

图 10-18 减免违约金申请（需书面审批）

（3）物业（违约金 50 元以下）等特殊批量付款的操作流程如图 10-19 所示。

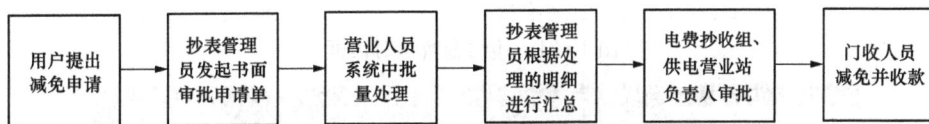

图 10-19 减免违约金申请（特征批量付款）

2. 操作说明

（1）登录系统，单击"电费收缴及营销账务管理＞＞客户缴费管理＞＞功能＞＞坐收收费"，如图 10-20 所示页面，在"查询条件"中，选择"用户编号"，输入居民客户户号或选择"条形码"扫描电费账单，查看居民客户的未付电费是否存在违约金。如果违约金单笔金额都在 50 元以下的，单击"违约金暂缓"按钮，弹出如图 10-21 对话框，在"暂缓原因"中写明原因，单击"保存"按钮。

（2）如居民客户申请减免的违约金单笔金额在 50 元以上，则单击"电费收缴及营销账务管理＞＞欠费管理＞＞违约金暂缓申请"，如图 10-22 所示，在"用户编号"中输入户号，选择减免月份的"起始日期"和"截止日期"，单击"查询"按钮，勾选需减免月份，选择"暂缓方式"，输入"暂缓原因"，单击"发送"按钮。

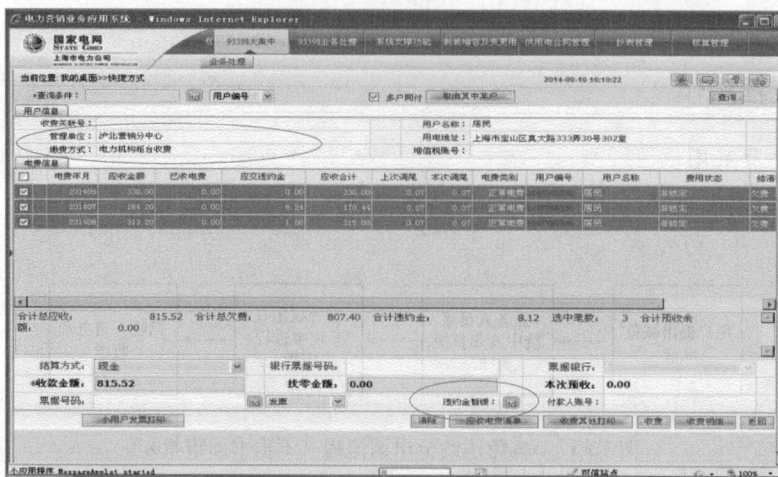

图 10-20　未付电费违约金查询

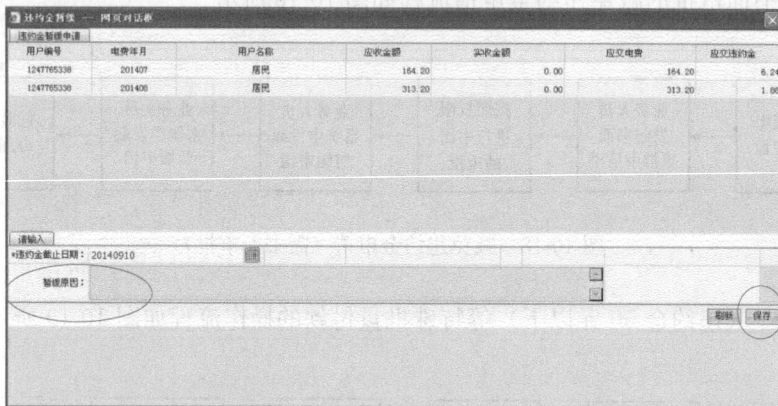

图 10-21　违约金暂缓对话框

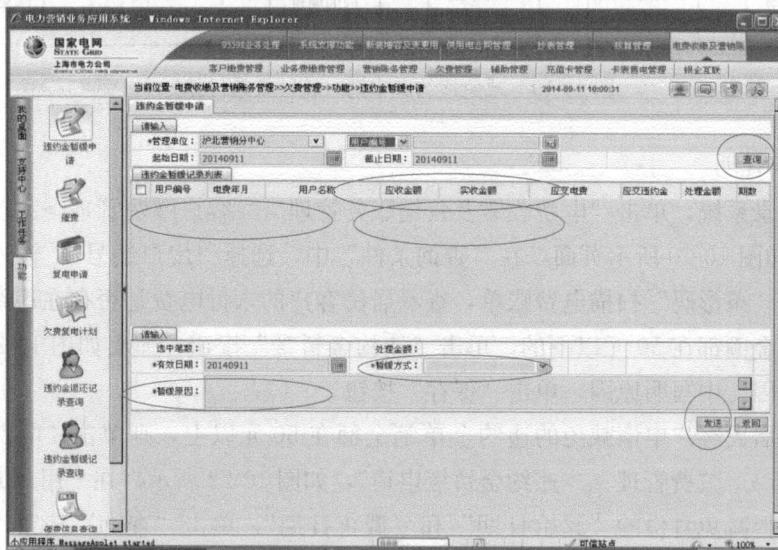

图 10-22　违约金暂缓申请

（3）待"违约金暂缓"审核完毕后，在待办业务栏里，输入申请编号，单击"违约金归档"，如图 10-23 所示，进入页面后，单击"确认"按钮，减免业务完成。

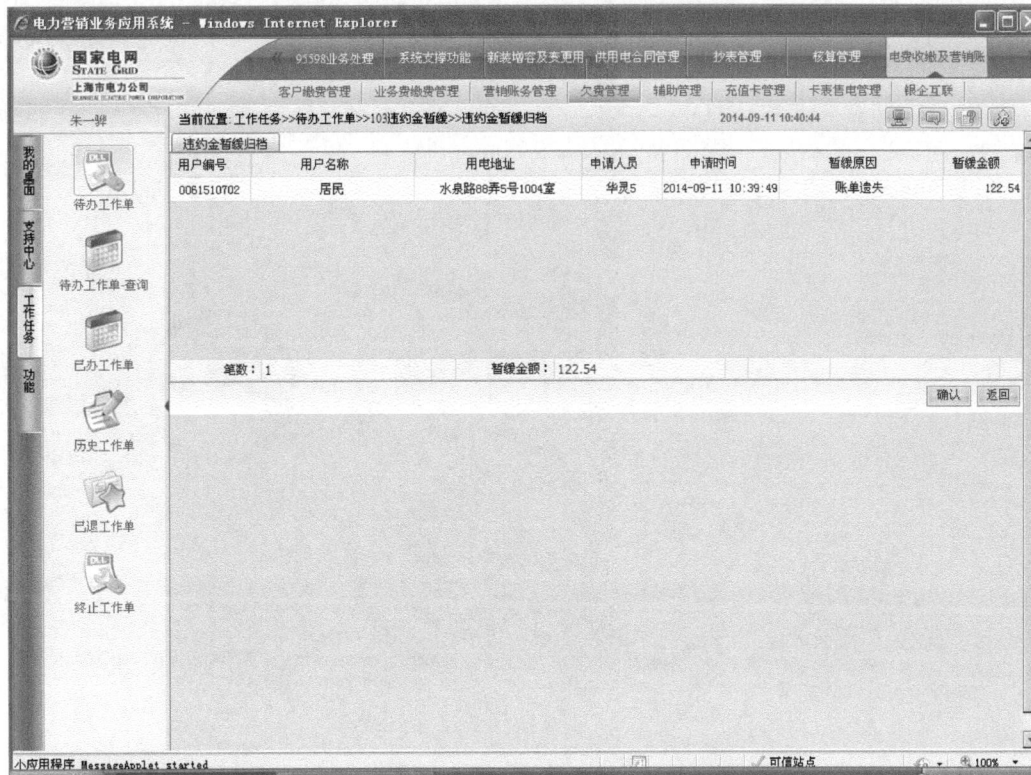

图 10-23 违约金归档

📖 任务拓展

（1）完成一笔电费违约金 50 元以下的居民客户电费违约金暂缓（减免）后收费的操作。

（2）完成一笔电费违约金 50 元以上的居民客户电费违约金部分暂缓（减免）后收费的操作。

（3）完成一笔电费违约金 500 元以下、100kW 以下非居民客户电费违约金的减免操作。

任务评价

任务完成后，根据表 10-2 所列考核要求对学生进行综合评价。

表 10-2 任务实施评价标准表

考核点	考核要求	分值	得分
操作准备	遵循实训室管理规定，规范着装，正确佩戴和使用劳动防护用品，掌握工作中的危险源，明确安全防范措施	10	
电费违约金暂缓（减免）	50 元以下居民电费违约金暂缓（减免）系统操作	10	
	50 元以上居民电费违约金暂缓（减免）系统操作	20	
	物业（违约金 50 元以下）等特殊批量付款的操作流程	20	
	100kW 以下非居民客户电费违约金暂缓（减免）的审批流程	15	
	100kW 及以上客户电费违约金暂缓（减免）减免审批流程	15	
任务结束	严格执行作业指导书，操作行为规范，退出营销业务系统，关闭计算机，恢复工位，保持清洁	10	
总分		100	

附录

电费计算方法

一、销售电价分类适用范围

1. 居民生活用电

（1）城乡居民住宅用电，是指城乡居民家庭住宅，以及机关、部队、学校、企事业单位集体宿舍的生活用电。

（2）城乡居民住宅小区公用附属设施用电，是指城乡居民家庭住宅小区内的公共场所照明、电梯、电子防盗门、电子门铃、消防、绿地、门卫、车库等非经营性用电。

（3）学校教学和学生生活用电，是指学校的教室、图书馆、实验室、体育用房、校系行政用房等教学设施，以及学生食堂、澡堂、宿舍等学生生活设施用电。执行居民用电价格的学校，是指经国家有关部门批准，由政府及其有关部门、社会组织和公民个人举办的公办、民办学校，包括：①普通高等学校（包括大学、独立设置的学院和高等专科学校）；②普通高中、成人高中和中等职业学校（包括普通中专、成人中专、职业高中、技工学校）；③普通初中、职业初中、成人初中；④普通小学、成人小学；⑤幼儿园（托儿所）；⑥特殊教育学校（对残障儿童、少年实施义务教育的机构）。不含各类经营性培训机构，如驾校、烹饪、美容美发、语言、电脑培训等。

（4）社会福利场所生活用电，是指经县级及以上人民政府民政部门批准，由国家、社会组织和公民个人举办的，为老年人、残疾人、孤儿、弃婴提供养护、康复、托管等服务场所的生活用电。

（5）宗教场所生活用电，是指经县级及以上人民政府宗教事务部门登记的寺院、宫观、清真寺、教堂等宗教活动场所常住人员和外来暂住人员的生活用电。

（6）城乡社区居民委员会服务设施用电，是指城乡居民社区居民委员会工作场所及非经营公益服务设施的用电。

2. 农业生产用电

（1）农业用电，是指各种农作物的种植活动用电，包括谷物、豆类、薯类、棉花、油料、糖料、麻类、烟草、蔬菜、食用菌、园艺作物、水果、坚果、含油果、饮料和香料作物、中药材及其他农作物种植用电。

（2）林木培育和种植用电，是指林木育种和育苗、造林和更新、森林经营和管护等活动用电。其中，森林经营和管护用电是指在林木生长的不同时期进行的促进林木生长发育的活动用电。

（3）畜牧业用电，是指为了获得各种畜禽产品而从事的动物饲养活动用电，不包括专门供体育活动和休闲等活动相关的禽畜饲养用电。

（4）渔业用电，是指在内陆水域对各种水生动物进行养殖、捕捞，以及在海水中对各种水生动植物进行养殖、捕捞活动用电，不包括专门供体育活动和休闲钓鱼等活动用电以及水产品的加工用电。

（5）农业灌溉用电，是指为农业生产服务的灌溉及排涝用电。

（6）农产品初加工用电，是指对各种农产品（包括天然橡胶、纺织纤维原料）进行脱水、凝固、去籽、净化、分类、晒干、剥皮、初烤、沤软或大批包装以提供初级市场的用电。

3. 工商业及其他用电

（1）工商业及其他用电，是指除居民生活及农业生产用电以外的用电。

（2）大工业用电，是指受电变压器（含不通过受电变压器的高压电动机）容量在 315kVA 及以上的用电，包括：①以电为原动力，或以电冶炼、烘焙、熔焊、电解、电化、电热的工业生产用电；②铁路（包括地下铁路、城铁）、航运、电车及石油（天然气、热力）加压站生产用电；③自来水、工业实验、电子计算中心、垃圾处理、污水处理生产用电。

（3）中小化肥用电，是指年生产能力为 30 万吨以下（不含 30 万吨）的单系列合成氨、磷肥、钾肥、复合肥料生产企业中化肥生产用电。其中复合肥料是指含有氮磷钾两种以上（含两种）元素的矿物质，经过化学方法加工制成的肥料。

（4）农副食品加工业用电，是指直接以农、林、牧、渔产品为原料进行的谷物磨制、饲料加工、植物油和制糖加工、屠宰及肉类加工、水产品加工，以及蔬菜、水果、坚果等食品的加工用电。

二、变损电量计算

变损电量计算是指根据变损计算标准和变压器参数计算出变压器损耗电量以及损耗电量的分摊。变压器损耗计算方式如下：

变压器的损失电量由铁损耗和铜损耗两部分组成。铁损耗与运行时间有关，铜损耗与负荷大小有关。变损电量为铁损电量和铜损电量之和。

根据变损计算标准规定，变损电量可以由公式法、查表法、协议值三种方法来计算。

三、线损电量计算

线损电量计算是指根据线损计算标准和线路参数等计算出线路损耗电量以及损耗电

量的分摊。

线损计算采用的方式有以下三种：

（1）采用线路参数和用电量公式计算；

（2）采用与客户协定损耗电量来计算；

（3）采用与客户协定线路损耗系数来计算。

四、基本电费计算

基本电费是指根据用电客户变压器的容量或最大需量和国家批准的基本电价计收的电费。按容量计收基本电费计算方法如下

$$基本电费＝变压器容量×基本电价$$

五、目录电费计算

目录电费是指依据用电客户的结算电量及该部分电量所对应的目录电价执行标准计算出来的电费，其中不含代征电费。

若用户为单费率计费方式，计算方法如下

$$目录电费＝计算电量×目录电价$$

若用户执行行复费率计算方式，则应分别写出按分时段结算电量及其对应的分时段目录电价来计算各项分时段目录电费，其计算方法如下

$$目录电费＝\sum_{i=1}^{n} 结算电量 i × 目录电价 i$$

式中　i——时段。

六、功率因数调整电费计算

功率因数调整电费是按用户实际功率因数及该用户所执行的功率因数标准对用户承担的电费按功率因数调整电费表系数进行相应调整的电费。

1. 执行范围

（1）功率因数标准 0.9，适用于 160kVA 以上的高压供电工业客户（包括乡镇企业客户）、装有带负荷调整电压装置的高压供电电力客户和 3200kVA 及以上的高压供电电力排灌站。

（2）功率因数标准 0.85，适用于 100kVA(kW) 及以上的其他工业客户（包括乡镇企业客户）、100kVA（kW）及以上的非工业客户和 100kVA（kW）及以上和电力排灌站。

（3）功率因数标准 0.80，适用于 100kVA(kW) 及以上的农业户和趸售客户，但大工业客户未划由电业直接管理的趸售客户，功率因数标准应为 0.85。

2. 功率因数的计算方式

功率因数计算方法如下

$$实际功率因数 = \frac{有功电量}{\sqrt{有功电量^2 + 无功电量^2}}$$

$$\cos\varphi = \frac{W_P}{\sqrt{W_P^2 + W_Q^2}}$$

其中：

$$W_P = 总抄见电量 + 旧表总电量 + 总分摊有功损耗$$

$$W_Q = 总无功抄见 + 旧表无功电量 + 总分摊无功损耗$$

3. 功率因数调整电费的计算

功率因数调整电费计算方法如下：

按实际计算出的功率因数与功率因数标准对照功率因数调整电费表，查出电费增减率。

$$单一制功率因数调整电费 = 目录电度电费 \times 功率因数调整电费增减率\%$$

$$两部制功率因数调整电费 = (基本电费 + 目录电度电费) \times 功率因数调整电费增减率\%$$

七、代征电费计算

代征电费是指按照国家有关法律、法规规定或经国务院以及国务院授权部门批准，随结算电量征收的政府性基金及附加。

其用户各项代征电费计算方式如下

$$代征电费\,i = 结算电量 \times 代征电价\,i$$

式中　i——代征类别。

计算出用户执行电价中所对应的各项代征电价的代征电费然后相加即可得到用户的代征电费。

参 考 文 献

［1］ Q/GDW 1581—2014.国家电网公司供电客户服务提供标准.北京：中国电力出版社，2014.

［2］ 国家电网公司人力资源部.用电业务受理.北京：中国电力出版社，2010.

［3］《营业窗口》编委会.营业窗口.北京：中国电力出版社，2016.

［4］ 国网山东省电力公司.供电营业厅标准化管理手册.北京：中国电力出版社，2015.

［5］ 国网山东省电力公司.供电营业厅标准化服务手册.北京：中国电力出版社，2015.

［6］ 王金亮.电力营销业务应用系统.北京：中国电力出版社，2013.

［7］ 张俊玲.抄表核算收费.北京：中国电力出版社，2013.